有钱人想在别人前面，走在别人前面。

有钱人之所以成为有钱人，大多并非是他们拥有超人的天赋，也不是依靠优裕的家庭条件和机遇的垂青，而是他们想的和你不一样。

· 获取财富的理想读本 ·

MILLIONAIRE MIND 有钱人
想的和你
不一样

胡宝林／编著

光明日报出版社

图书在版编目（CIP）数据

有钱人想的和你不一样 / 胡宝林编著 . –– 北京：光明日报出版社，2012.1

（2025.4 重印）

ISBN 978-7-5112-1884-1

Ⅰ.①有… Ⅱ.①胡… Ⅲ.①私人投资—通俗读物 Ⅳ.① F830.59–49

中国国家版本馆 CIP 数据核字 (2011) 第 225275 号

有钱人想的和你不一样

YOUQIANREN XIANG DE HE NI BUYIYANG

编　　著：胡宝林

责任编辑：李　娟　　　　　　　　　　责任校对：米　菲

封面设计：玥婷设计　　　　　　　　　责任印制：曹　净

出版发行：光明日报出版社

地　　址：北京市西城区永安路 106 号，100050

电　　话：010–63169890（咨询），010–63131930（邮购）

传　　真：010–63131930

网　　址：http://book.gmw.cn

E–mail：gmrbcbs@gmw.cn

法律顾问：北京市兰台律师事务所龚柳方律师

印　　刷：三河市嵩川印刷有限公司

装　　订：三河市嵩川印刷有限公司

本书如有破损、缺页、装订错误，请与本社联系调换，电话：010–63131930

开　　本：170mm×240mm

字　　数：195 千字　　　　　　　　　印　张：14

版　　次：2012 年 1 月第 1 版　　　　印　次：2025 年 4 月第 4 次印刷

书　　号：ISBN 978-7-5112-1884-1-02

定　　价：45.00 元

preface

前　言

尽管有一些人对金钱口诛笔伐，却不能改变它对人们生存极为重要的事实。金钱给人们以安全感、成就感，它能提高人们的生活品质，带来物质享受。

每个人都有获得财富的梦想，但现实中，不同的人在经济方面却呈现出很大差异，甚至天壤之别。因为这种差异，我们的社会分化为不同的群体，可以大致概括为三大阶层：有钱人、中产阶层和穷人。其中，有钱人成为万众瞩目的佼佼者、成功人士，他们为数不多，但掌握着整个社会绝大部分财富，享受着一般人难以企及的物质生活。而我们中大多数人不得不归入穷人的行列，过着拮据甚至贫穷的日子。人们在钦羡有钱人的风光之余，不得不追问："在相同的社会条件下，究竟是什么造成了贫与富的差别，有钱人到底凭借什么获取了享之不尽的财富？"

其实，有钱人之所以成为有钱人，大多并非因为他们拥有超人的天赋，也不是依靠优裕的家庭条件或机遇的垂青，更不是所谓命运的安排，而是由于一个关键的人为的因素——他们想的和你不一样。这种不一样可以概括为两个方面：一是对金钱及金钱规律的认识不一样；二是对金钱及金钱规律的使用方式不一样；前者为"里"，后者为"表"，两者相辅相成，共同构成了有钱人特有的有关金钱的思维方式和行为模式。有钱人想常人之未想，想常人之不敢想，他们拥有一种全新的金钱观，他们掌握金钱的运行规律，正确理财，他们成为金钱的主人。他们善于运用房地产、股票、债券、期货、收藏品等投资工具组合广开财源，并在日常生活开支中使用一些窍门进行谨慎节流。总之，对于他们来说，赚钱与花钱都是学问。

在理财致富方面，不能不说已成功的有钱人是我们的先知先行者，他们有关金钱的思想和行为已被他们自身的富有所证实，值得广大后进者学习和模仿。临渊羡鱼，不如退而织网。只要耐心学习，掌握有钱人的所想所为，按图索骥，顺应金钱规律行事，就能捕到财富之鱼，成为有钱人。

因此，为了让更多的人掌握获取财富的秘密，我们推出《有钱人想的和你不一样》这本书。本书让大家了解有钱人之所以成为有钱人，穷人之所以成为穷人的根本原因常常在于这种不同的金钱观。穷人遵循着"工作为挣钱"的思路，而有钱人则主张"让金钱为自己工作"。有钱人了解金钱的运行规律并为自己所用，正确理财；而穷人由于不懂得金钱的运行规律，盲目瞎闯。这就是为什么有的人天资聪明能干，接受了良好的学校教育，具有很高的专业知识和工作能力，却成不了有钱人的原因。

本书以通俗易懂的语言解说了深刻的理财知识，简单而引人深思。书中融汇了"有钱人的财富蓝图"、"让金钱流动起来"、"消费也是一种智慧"等许多富有鲜明时代气息的内容。也许这本书会像一把钥匙，开启你尘封已久的理财潜能；也许这本书会像一股不息的力量，帮助你不断地修正以前错误的观念和做法；也许这本书就如一扇明亮的窗户，让你窥视财富美丽的奥妙；也许这本书让你从此开始梦想的财富之旅……

衷心地祈祷我们的努力能给你带来别样的惊喜和收获。这本书对于你也许可以用到这句哲言：一本好书可以改变一个人的命运。

contents

目　录

第一章　穷人关心眼前，有钱人关注未来

21世纪，人们致富的想法更加强烈，创造财富的途径更加多样，对财商与财富的认识更加全面。今天，社会需要财富，因为财富标志着进步与发展。我们需要财富，因为财富意味着成功与进步。面对创富的机遇，许多人仍然安守现状，只求满足眼前的需要，成为穷人，而一部分人敢于梦想未来，积极转变观念，迅速行动，他们成为有钱人。

第二章　有钱人的财富蓝图

任何一个人，对于任何一件事，没有目标就会没有方向，没有规划就没有步骤，追逐财富也要有具体的目标。但是追逐财富不是目标越高就越好，必须根据自己的实际情况来确立，确立了目标就是选择了致富的方向，踏上了致富的道路。

第三章　让金钱流动起来

穷人与有钱人在金钱的使用方面有着截然不同的认识。穷人的钱来之不易，他们不会轻易动用自己储蓄，他们认为钱花一个就少一个，他们宁愿让

钱在银行里睡觉，也不愿意轻易动用一分钱。有钱人认为钱是活的，应将储蓄用于投资，创办企业，让钱流动起来，进入社会流通领域，不断增值，才能赚取更多的钱。

第四章　你不理财，财不理你

在现代社会的节奏下，许多人都没有理财的概念，认为理财是有钱人的游戏，并且对于金钱也没什么思考，有多少用多少，到了月末就成"月光一族"，总是闹个青黄不接、面临坐吃山空的窘境。有钱人认为理财是致富的重要一环，一个人要想致富，就要做好理财，其实理财并不是件困难的事情，而且成功的理财还能创造更多的财富。愈是成功者就愈重视理财，因为他们知道理财的乐趣和好处，理财既然有乐趣与好处。

第五章　风险越大，回报越大

在变化多端、复杂难测的投资世界里，各种不确定的情况都可能发生，这就是风险。而当风险发生之时，该如何面对它，这是每一位投资人所必须面对的问题。投资者在从事风险管理的同时，必须了解"你永远无法事先为风险作好'万全'的准备"。你可以设法降低风险，但不要尝试完全消除风险。许多人想利用预测或专家的建议来避免风险，事实上，不管你的预测技术多么精确，专家的预言多么神奇，也不可能完全规避风险。预测最大的伤害，不是因为它们经常不准，而是投资人容易因为过分相信预测而丧失风险意识，只在乎预测的结果是否发生，而不在乎潜在风险有多大。

第六章 消费也是一种智慧

面对这个消费的社会，要拒绝诱惑当然不是那么容易，要对自己辛苦赚来的每一分钱具有完全的掌控权就要先从改变理财习惯下手。"先消费再储蓄"是一般人易犯的理财的习惯性错误，许多人生活常感到左入右出、入不敷出，就是因为他们的"消费"是在前头，没有储蓄的观念。或是认为"先花了，其他的再说"，往往低估自己的消费欲及零零星星的日常开支。对于有钱人来说，其实消费也是一种智慧。

第七章 诚信是致富的灵魂

在商业社会，人类制定了众多而纷繁的法律和规章制度，目的就是要消除人性中恶的因素。但是，我们却不无忧虑地看到，尽管人们可以针对制度、律法的不足不断地完善它，修正它，但人类永远不能靠它来构建起人类良知善性的大厦。为此，道德作为社会中调整人与人之间，人与自然之间关系的一种内在力量，就显得尤为重要。它尽管不能保证人人向善从善，但它却比制度、法制有着更深刻，更基础性的教化力量。因此，现代物质文明的高度发达日益呼唤着人类的道德良知。"人者心之器"，道德的力量将是永恒的。人类道德中总包含着诚信、宽容、善良之类的基本要义，做道德的忠实实践者，这不但应体现在我们的日常生活中，也体现在我们的商业行为当中，要用诚信之灯点亮商誉。

第八章　让钱生出更多的钱

有钱人认为，如果你有余钱而一时找不到实业投资机会时，或者已不愿再投资于实业时，不妨把你的钱投向金融等别的市场，在那里，钱生钱，增值快。在金融投资市场上，有多种多样的赚钱投资的工具，概括起来，一般可分为两大类：一类是金融性投资工具；另一类是实物性投资工具。

第九章　该出手时就出手

人们总是羡慕有钱人一次又一次地抓住商机，获得财富，改写人生，而埋怨自己天生背运。为何商机从来不降临在自己的身上？其实人一生当中只缘身在机遇中，才不知商机的真面目。往往就在人们的这一声声感叹中，商机、财富一次又一次地与自己擦肩而过。商机永远不会凭空放在你的手中，万千商机虽与你一路同行，但阳光雨露却总是更多地赐给跑在前面的人；财富虽遍地都有，但滚滚的财富总是被勤奋者握在自己的手中。有钱人认为商机、财富永远只会留给那些有准备的人，而且，唯有准备充分的人，才能识别它的存在，才能让自己的每个念头、每个想法得到省悟，得到改变。人生中只要下定决心，努力去做，坚持理想，用正确的方法，日复一日地去实践，每一天都是生命的转折点。

第十章　借鸡下蛋，财源滚滚

投身商海，置身商战，没有一个人能够只依靠自身的力量，不借助外界的力量而能生财创富成就大业；必须善借外力，利用他人，才有可能拓宽创富之路，步入致富的圣殿。

第十一章　时间是财富的源泉

有句名言说："今天就是最后一天，永远不要等待明天，因为没有人知道明天会是什么。"一个人在忙碌地工作，一分钟也不可以放弃，因为创造财富要有时间，必须有大量的时间可以让你支配，否则是不会轻易地成功。成功是经过大量艰苦的劳动得到的，要善于利用并及时把握时间。时间就是金钱，在这个世界上，时间是最宝贵的东西。它不像金钱和宝物，丢失了可以再找到或者可以赚回来，而时间只要被浪费掉了，就永远不会回来了。

第十二章　魅力是财富的外衣

　　作为潜能的财商，在每个人身上无疑都会打上个性的烙印。个性直接影响着个人的财商高低，关系着创造财富的难易程度与成败。也曾有人说过，性格决定着命运。一个人所具有的性格特征在很大程度上决定了他一生中所适合从事的职业以及他在这一个职业上的成就如何。在现实生活中的调查研究发现，特殊的个性与性格在许多成功商人的人生轨道中占据了十分重要的位置。有些性格帮助他们克服巨大的困难，有的性格使他们具有了有钱人的优势，这一切都是他们魅力体现的不可缺少的组成部分。

第十三章　金钱不是最重要的

　　生命有限，事业无限；金钱有价，真情无价。庸俗的人往往只知道以有限的生命去追逐物质财富，而又被金钱所累，成为守财奴；高尚的人则以有限的生命去创造财富，而又以此谋求造福千百万人的事业。他们重创造、重奉献、重付出、重给予，这种助人为乐、慷慨大方的精神值得人们去颂扬，他们也应该获得美好的祝福。现实生活中，有钱人大多属于后一种人。

第一章

穷人关心眼前，
有钱人关注未来

　　21 世纪，人们致富的想法更加强烈，创造财富的途径更加多样，对财商与财富的认识更加全面。今天，社会需要财富，因为财富标志着进步与发展。我们需要财富，因为财富意味着成功与进步。面对创富的机遇，许多人仍然安守现状，只求满足眼前的需要，成为穷人，而一部分人敢于梦想未来，积极转变观念，迅速行动，他们成为有钱人。

穷人穷思想

美国人罗伯特先生所著的《富爸爸，穷爸爸》一书中，穷爸爸受过良好的教育，聪明绝顶，拥有博士的光环，他曾经在不到两年的时间里修完了 4 年制的大学本科学业，随后又在斯坦福大学、芝加哥大学和西北大学进一步深造，并且在所有这些学校都拿到了金奖。他在学业上都相当成功，一辈子都很勤奋，也有着丰厚的收入，然而他终其一生都在个人财务的泥沼中挣扎，被一大堆待付的账单所困。

穷爸爸生性刚强、富有非凡的影响力，他曾给过罗伯特许多的建议，他深信教育的力量。对于金钱和财富的理解，穷爸爸会说："贪财是万恶之源。"在很小的时候，穷爸爸就对他说："在学校里要好好学习喔，考上好的大学，毕业后拿高薪。"穷爸爸相信政府会关心、满足你的要求，他总是很关心加薪、退休政策、医疗补贴、病假、工薪假期以及其他额外津贴之类的事情。他的两个参了军并在 20 年后获得了退休和社会保障金的叔叔给他留下了深刻的印象。他很喜欢军队向退役人员发放医疗补贴和开办福利社的做法，也很喜欢通过大学教育继而获得稳定职业的人生程序。对他而言，劳动保障和职位补贴有时看来比职业本身更为重要。他经常说："我辛辛苦苦为政府工作，我有权享受这些待遇。"

当遇到钱的问题时，穷爸爸习惯于顺其自然，因此他的理财能力就越来越弱。这种结果类似于坐在沙发上看电视的人在体质上的变化，懒惰必定会使你的体质变弱、财富减少。穷爸爸认为有钱人应该缴纳更多的税去照顾那些比较不幸的人，并教导罗伯特先生："努力学习能去好公司。"还说明他不富裕的原因是因为他有孩子，他禁止在饭桌上谈论钱和生意，说挣钱要小心，别去冒风险。他相信他的房子是他最大的投资和资产，对于房贷，他是在期初支付的。

穷爸爸努力存钱，努力地教罗伯特怎样去写一份出色的简历以便找到一份好工作，他还经常说："我从不富有，罗伯特对钱没有兴趣，钱对于我来说并不重要。"他很重视教育和学习，希望罗伯特努力学习，获得好成绩，找个挣钱的工作，能够成为一名教授、律师，或者去读 MBA。

尽管这种思想的力量不能被测量或评估，但当罗伯特先生还是小孩子的时候，就已经开始明确地关注自己的思想以及自我的表述了，并注意到了穷人之所以穷，不在于他挣到的钱的多少，而在于他的思想和行动。一直到后来，罗伯特先生都这样认为，穷人之所穷，那是穷于他的思想。

✎ 有钱人富理念 ✎

富爸爸没有毕业于名牌大学，他只上以了八年级，而他的事业却非常成功，一辈子都很努力，他成了夏威夷最富有的人之一，他一生为教堂、慈善机构和家人留下了数千万美元的巨额遗产。

富爸爸性格也是那样的刚强，对他人有着很大的影响力，在他的身上，罗伯特先生看到了有钱人的思想，同时带给了自己许多的思考、比较和选择。

迄今为止，在美国的学校里仍没有真正开设有关"金钱"的课程。学校教育只专注于学术知识和专业技能的教育和培养，却忽视了理财技能的培训。这也解释了为何众多精明的银行家、医生和会计师们在学校时成绩优异，可一辈子还是要为财务问题伤神；国家岌岌可危的债务问题在很大程度上也归因于那些做出财务决策的政治家和政府官员们，他们中有些人受过高等教育，但却很少甚至几乎没有接受过财务方面的必要培训。

富爸爸对罗伯特的观念产生了巨大的影响，同时，他时常说："脑袋越用越灵活，脑袋越活，挣钱就越多。"在他看来，轻易地就说"我负担不起"这类话是一种精神上的懒惰。当他遇到钱的问题时，他总是想办法去解决。长此以往，他的理财能力更强了。这种结果类似于经常的体育锻炼可以强身健体，经常性的头脑运动可以增加自己获得财富的机会。富爸爸与穷爸爸在观念上的差异很大，富爸爸说："税是惩勤奖懒。"并教导罗伯特努力学习之后，能发现并将有能力收购好公司，他一直认为，他必须富的原因是我有孩子。他在吃饭时鼓励孩子谈论钱和生意，并教他们如何管理风险。他认为房子是负债，如果认为自己的房子是最大的投资，那么自己会有麻烦了，他是在期末支付贷款的。

在经济上他完全信奉经济自立，他反对那种"理所应当"的心理，并且认为正是这种心理造就了一批虚弱的、经济上依赖于他人的人，他提倡竞争、不断地投资，并教罗伯特写下了雄心勃勃的事业规划和财务计划，进而创造创业的机会。富爸爸总是把自己说成一个有钱人，他拒绝某事时会这样说："我是一个有钱人，而有钱人从来不这么做。"甚至当一次严重的挫折使他破产后，他仍然把自己当作有钱人。他会这样鼓励自己："穷人和破产者之间的区别是：破产是暂时的而贫穷是永久的。"他永远相信：金钱是一种力量，一种思想，他鼓励罗伯特去了解钱的运动规律并让这种规律为自己所用。

罗伯特9岁那年，最终决定听从富爸爸的话并向富爸爸学习挣钱。同时，罗伯特决定不听穷爸爸的，因为，虽然他拥有各种耀眼的大学学位，但不去了解钱的运转规律，不能让钱为自己所用也没用的。罗伯特明白了，富爸爸之所以富，那是他拥有不一样的理财理念。

穷人为金钱而工作

穷人总是被动地适应工作，他们认为工作的目的只是为了挣钱，为了养家糊口。他们绝大多数却并不富裕。

根据对人均国民收入世界排名前30位的发达国家的一项调查，在这30个发达国家中，年收入在1～5万美元的人占绝大多数为57%；年收入在5～20万的人占10%；年收入在20～100万美元的人占2%；年收入在100～1000万美元的占0.5%；年收入超过1000万美元的人不足0.05%。我们知道，发达国家的教育系统都是比发达的，受过高等教育的人口比例大都超过20%。不难得出，在这个世界上，高教育背景的人并未全致富。反过来，有钱人也并非全部高智商且受过良好的教育。博士为中学毕业的老板打工的事到处可见，世界上有太多的有才华的穷人。

这是为什么呢？有才华的穷人们在思索，世界许多经济学者也在研究。

罗伯特先生的《富爸爸，穷爸爸》一书，通过对穷人和有钱人的各方面对比，告诉人们为什么穷人越来越穷。

首先，信息时代的到来，使财富的形式从农耕时代的土地和工业时代的不动产变为今天的知识、信息、网络，财富让观念陈旧的穷人看不到它的影子，更不用说利用新的观念去致富了。

其次，穷人追求职业保障而非财务保障。例如看到别人下海致富了，一些人边看边说："我很满意我的位置。"另一些人说："我对我的位置不满意，但是我现在不想改变或者移动。"他们还在固执地认为目前的职务可以给他带来生活保障，下海有巨大风险，为自己工作不如为别人或政府工作安全。

最后，穷人不懂建立自己的财务系统的好处。有钱人让资产为自己工作。他们懂得控制支出，致力于获得或积累资产。他们因开展业务而支付的必要花费应该从收入中扣除。但是，他们研究各项开支后得出结论，只要时机允许，就将需要纳税的个人支出，用于无须上税的公司业务支出。他们让业务中免税的情况达到最大限度。

当我们明白了穷人之所以贫穷的原因之后，我们可以得出一个结论：穷人为金钱而工作。

有钱人让金钱为自己工作

与穷人恰恰相反，有钱人从不为了金钱而工作，而是让金钱为自己工作。世界上到处都有精明伶俐、才华横溢、受过良好教育并且很有天赋的人，我们每天都会碰到他们，或许他在我们的周围，然而遗憾的是，真正能够很好利用这种才华的人总是太少，但是有才华的穷人成为有钱人，就可能是灵光闪现的一瞬间，彻底地改变一个人的财富命运。

在《富爸爸，穷爸爸》中，罗伯特从美国商业海洋学院毕业了。他受过良好教育的爸爸十分高兴，因为加州标准石油公司录用他为它的运油船队工作。他是一位三副，比起他的同班同学，他的工资不算很高，但作为他离开大学之后的第一份真正的工作，也还算不错。他的起始工资是一年4.2万美元，包括加班费。而且他一年只需工作7个月，余下的5个月是假期。如果他愿意的话，可不休那5个月的假期而去一家附属船舶运输公司工作，这样做能使年收入翻一番。

尽管前面有一个很好的职业生涯等着他，但他还是在6个月后辞职离开了这家公司，加入海军陆战队去学习飞行。对此他受过良好教育的穷爸爸非常伤心，而富爸爸则赞赏他做出的决定。

"对许多知识你只需要知道一点就足够了。"这是富爸爸的建议。

对于受过良好教育的穷爸爸来说，稳定的工作就是一切。而对于富爸爸来说，不断学习才是一切。

1973年从越南回国后，他离开了军队，尽管他仍然热爱飞行，但他在军队中学习的目标已经达到。他在施乐公司找了一份推销员的工作，加盟施乐公司是有目的的，不过不是为了物质利益，而是为了锻炼自己的才干。他是一个腼腆的人，对他而言，营销是世界上最令人害怕的课程，但施乐公司拥有在美国最好的营销培训项目。

富爸爸为他感到十分自豪，而受到良好教育的爸爸则为他感到羞愧。作为知识分子，穷爸爸认为推销员低人一等。罗伯特在施乐公司工作了4年，直到他不再为吃闭门羹而发怵。当他稳居销售业绩榜前5名时，他再次辞去了工作，又一次放弃了一份不错的职业和一家优秀的公司。

1977年，罗伯特组建了自己的第一家公司。富爸爸培养过迈克和他怎样管理公司，现在他就得学着应用这些知识了。他的第一种产品尼龙带搭链的钱包，在远东生产，然后装船运到纽约的仓库里。他的正式教育已经完成，现在是他单飞的时候了。如果他失败了，他将会破产。富爸爸认为破产最好是在30岁以前，富爸爸的看法是"这样你还有时间东山再起"。就在他30岁生日前夜，富爸爸的货物第一次装船驶离韩国前往纽约。

有一句古老的格言说："工作的意义就是比破产强一点。"然而，不幸的是，这句话确实适用于千百万人，因为学校没把财商看作是一种智慧，大部分工人都"按他们的方式活着"，这种方式就是：干活挣钱，支付账单。

还有另外一种可怕的管理理论这样说："工人付出最高限度的努力以避免被解雇，而雇主提供最低限度的工资以防止工人辞职。"如果你看一看大部分公司的支付额度，你就会明白这一说法确实道出了某种程度的真相。

结果是大部分工人从不敢越雷池一步，他们按照别人教他们的那样去做：得到一份稳定的工作。大部分工人为工资和短期福利而工作，但从长期来看这样做却常常是灾难性的。

相反，罗伯特劝告年轻人在寻找工作时要看看能从中学到什么，而不是只看能挣到多少。在选择某种特定的职业之前或者在陷入为生计而忙碌工作的"老鼠赛跑"之前，要仔细看看脚下的道路，弄清楚自己到底需要获得什么技能，不论你选择了什么工作，都不要忘记培养自己成为金钱的主人，让金钱为自己工作。

第二章

有钱人的财富蓝图

　　任何一个人，对于任何一件事，没有目标就会没有方向，没有规划就没有步骤，追逐财富也要有具体的目标。但是追逐财富不是目标越高就越好，必须根据自己的实际情况来确立，确立了目标就是选择了致富的方向，踏上了致富的道路。

　　条条大路通罗马，每个行业都可致富，我们只有选择了合适的致富道路，才有可能达到创富的目标。因此，制定一个经过努力能够实现的财富目标就特别地重要。

⊘ 有钱人有明确的财富目标 ⊗

有钱人在确立财富目标时通常需要考虑再三，在考虑的过程中，有钱人遵循以下几个原则：

一、具体量度性原则

如果财富的目标是："我要做个很富有的人"、"我要发达"、"我要拥有全世界"、"我要做李嘉诚"……那么可以肯定你很难富起来，因为目标是那么抽象、空泛，而这是极容易移动的目标。有钱人认为最重要的是要具体可数，比如，要从什么职业做起，要争取达到多少收益，等等。此外，有钱人还以为必须考虑这个目标是否有一半机会成功，如果没有一半机会成功的话，就应该暂时把目标降低，务求它有一半成功的机会，在日后当它成功后再来调高。

二、具体时间性原则

有钱人认为要完成整个目标，就要定下期限，规定在何时把它完成，要制定完成过程中的每一个步骤，而完成每一个步骤都要定下期限。

三、具体方向性原则

有钱人认为，要做什么事，必须十分明确执着，不可东一榔头西一棒，朝三暮四。有钱人认为，如果有一个只有一半机会达成的目标，等于有一半机会失败，当中必然遇到无数的障碍、困难和痛苦，远离或脱离目标路线，所以要确实了解你的目标，必须预料导致在完成目标过程中会遇到什么困难，然后逐一把它详尽记录下来，加以分析，评估风险，把它们依重要性排列出来，与有经验的人研究商讨，把它解决。

有钱人的财富计划表

在有钱人眼中，财富就像一棵树，是从一粒小小的种子长大的，如果在生活中制定一个适合于自己的财富计划表，那么财富就依照计划表慢慢地增长，起初是一粒种子，但种子总有一天会长成参天大树。

有钱人认为制定一个财富计划表对自己的财富增长相当重要。在设定财富计划表时，有钱人总要先弄清楚以下几个问题：

（1）我现在处于怎样的起点？

（2）我将来要达到什么样的制高点？

（3）我所拥有的资源能否使我到达理想目标？

（4）我是否有获取新资源的途径和能力？

弄清以上几个问题后，有钱人就能订出明确的目标并设法达到。有了适度的财富目标，并以此目标来主导其获取财富的行动，就可以到达幸福的彼岸。

制定财富计划表是有钱人的重大财务活动，有钱人认为必须要有目标，没有目标就没有行动、没有动力，盲目行事往往成少败多。在设定财富计划表时应该把需要和可能有机地统一起来，在此过程中，必须要考虑到以下6点要素：

1. 了解本人的性格特点

在当前这样一个经济社会中，你必须要根据自己的性格和心理素质，确认自己属于哪一类人。由于性格千差万别，每一个人面对风险的态度是不一样的，概括起来可以分为三种：一种为风险回避型，他们注重安全，避免冒险；一种是风险爱好者，他们热衷于追逐意外的收益，更喜欢冒险；另一种是风险中立者，在预期收益比较确定时，他们可以不计风险，但追求收益的同时又要保证安全。生活中，第一种人占了绝大多数，因为大多数人都害怕失败，只追求稳定。往往是那些勇于冒险的人走在了富裕的前列。

如果你想开启财富的大门，那么就按自己能够承受的风险的大小来选择适合自己的投资对象。

（1）稳重的人投资国债。这种人有坚定的目标，讨厌那种变化无常的生活，不愿冒风险，比较适合购买利息较高，但风险极小的国库券。

（2）百折不挠的人搞期货。这类人不满足于小钱小富，决心在金融大潮中抓住机遇，即使是失败了，也不灰心，放长线，闯大浪，不达目的不罢休。

（3）信心坚定的人选择定期储蓄。这种人在生活中有明确的目标，没有把握的事不干，对社会及朋友也守诺言，不到山穷水尽不改变自我。

（4）脚踏实地的人投资房地产。他们干劲十足，相信自己的未来必须靠自己的艰苦奋斗。他们知道，房地产是长期的，同时也是最赚钱的投资。

（5）井然有序的人投资保险。这种人生活严谨，有板有眼，不期望发财，但求满足眼前，一旦遇到意外，也有生活保证。

（6）审美能力高的人投资收藏。这类人对时髦的事物不感兴趣，反而对那些稀有而珍贵的东西则爱不释手。

（7）最爱冒风险的人投资股票。这种人喜欢刺激，把冒风险看成是浪漫生活中的一个重要内容。他们一经决定，就义无反顾地参与炒股活动，甚至终生不渝。

与此同时，每个人都要具备独立思考的能力，这样，就能得心应手地独立投资。当市场喜讯频传，经济报道极为不乐观之时，股市如果没有持续上涨的理由和政策支持，那么就应该考虑出售了。反之，当股市一片卖单，人人都绝望透顶时，一切处于低潮，这时就是投资的良机，你就可以乘虚而入，大胆介入买股，然后长期持有的必有厚利。

2．知识结构和职业类型

有钱人认为创造财富时首先必须认识自己、了解自己，然后再决定投资。了解自己的同时，一定要弄清自己的知识结构和综合素质。每个人要根据自己的知识结构和职业类型来选择符合自己制造财富的方式：

有的人在房地产市场里如鱼得水，但做股票却处处碰壁；有的人爱好集邮，上路很快，不长时间就小有成就，但对房地产却费了九牛二虎之力，仍找不到窍门。如果受过良好的高等教育，知识层面比较高，又从事比较专业的工作，你大可抓住网络时代的脉搏，在知识经济时代利用你的专才，运用网络工具进行理财。如果你是从事专门艺术的人才，你可充分发挥你的专长，在书画艺术投资领域一展身手，但这是一般外行人难以介入的领地。如果你是一名从事具体工作的普通职员，你也不必灰心，你完全可以从你熟悉的领域入手，寻找适合自身特点的投资工具。相信有一天，你也会成为某一方面的"理财高手"。如果你对股票比较精通，信息比较灵通，且有足够的时间去观察股票和外汇行情，不断地买进、卖出，你就可以将股票和外汇买卖作为投资重点，并可以考虑进行短线投资。如果你是一名职员，上班时间非常严格，又不喜欢天天盯在股市上，你就可以选择证券投资基金。投资基金汇集了众多投资者的资金，由专门的经理人进行投资，风险较小，收益较为稳定。

创造财富是人人都想做的事情，同时也是一门学问，有钱人认为制定一个财富计划表对创造财富相当重要。创富者只能从实际出发，踏踏实实，充分发挥自己的知识，善于利用自我的智慧，这样，才有可能成为一个聪明的创富者。

3. 资本选择的机会成本

在制订财富计划的过程中，考虑了投资风险、知识结构和职业类型等各方面的因素和自身的特点之后，还要注意一些通用的原则，以下便是绝大多数创富者的行动通用原则：

（1）不要把鸡蛋放在同一个篮子里。一般而言，年轻人可能都想在高科技类股或是新兴市场上多下点注，而上了年纪的人则倾向于将钱投到蓝筹股，但理智的做法就是让你的投资组合多样化。

正所谓中国的一句古话："东方不亮西方亮，黑了南方有北方。"这就表明鸡蛋不能放在同一个篮子里。生活中也有着这样精彩的片断。

众所周知，传媒大亨默多克一直关注于文字传播，对于报纸、杂志情有独钟，但从1980年开始，默多克把注意力集中于图像而不是文字上，因为他已经敏锐地认识到过去的投资方向太过于单一了。1985年，他买下了威廉·福克斯的20世纪福克斯电影公司。当时公司附属的福克斯电视台还只不过是个名不见经传的小型独立电视台。可一年以后，默多克就将它改造成结构合理的电视网，变成了一座可开采的宝藏。不久，他又购买了即将破产的英国收费电视台——英国天宇电视台，然后用他的魔力使之起死回生。他从内部的市场信息中得到结论，他认为，在全球的信息社会中，世界范围的卫星电视将来会获得丰厚的利润，必要时他会很快地把报纸卖掉。比如，1993年，为了进军中国市场，默多克不顾资金紧张，囊中羞涩，果断地卖掉了《南华早报》，毅然买下了卫星电视网，同时发行了5000万新股。结果在股票上市8个月后，上涨的股市完全弥补了默多克的资金短缺。这件事具有深刻的象征意义，非常清楚地表明了默多克把经营重点从报纸转向电视和电子媒体的决心。

2001 年 6 月，为了适应香港政府关于有线电视特许权的新政策，他更是斥资把自己在香港有线电视有限公司的股份额从 48% 提高到了 100%。他在随后发表的声明中说："我们很高兴能成为全部股份的所有者，这是一个重要的保证，它将保证我们在香港进一步大规模投资，要知道香港是我们经营的大本营之一。"

诚如其言，这三笔交易实际上构成了"默多克新闻帝国"的三大支柱。

至今为止，全世界是有 2.5 亿家庭在通过卫星收看默多克帝国传送的节目。

（2）保持一定数量的股票。股票类资产必不可少，投资股票既有利于避免因低通胀导致的储蓄收益下降，又可抵御高通胀所导致的货币贬值、物价上涨的威胁，同时也能够在市道不利时及时撤出股市，可谓是进可攻、退可守。

（3）反潮流的投资。别人卖出的时候你买进，等到别人都在买的时候你卖出。大多成功的股民正是在股市低迷无人入市时建仓，在股市里热热闹闹时卖出获利。

像收集热门的各家书画，如徐悲鸿、张大千的，投资大，有时花钱也很难买到，而且赝品多，不识别真假的人往往花了冤枉钱，而得不到回报。同时，也有一些现在年轻的艺术家的作品，也有可能将来得到一笔不菲的回报。又比如说收集邮票，邮票本价格低廉，但它作为特定的历史时期的产物，在票证上独树一帜。目前虽然关注的人不少，但潜在的增值空间是不可低估的。

（4）努力降低成本。我们常常会在手头紧的时候透支信用卡，其实这是一种最为愚蠢的做法，往往这些债务又不能及时还清，结果是月复一月地付利，导致最后债台高筑。

（5）建立家庭财富档案。也许你对自己的财产状况是一清二楚，但你的配偶及孩子们未必都清楚。你应当尽可能的使你的财富档案完备清楚。这样，即使你去世或丧失行为能力的时候，家人也知道如何处置你的资产。

4、收入水平和分配结构

选择财富的分配方式，也是财富计划表中一个不可缺少的部分。分配方式的选择首先取决于你的财富的总量，在一般情况下，收入可视为总财富的当期增量，因为财富相对于收入而言更稳定。在个人收入水平低下的情况下，主要依赖于工资薪金的消费者，其对货币的消费性交易需求极大，几乎无更多剩余的资金用来投资创造财富，其财富的分配重点则应该放在节俭上。

在这里，投资资金源于个人的储蓄，对于追求收益效用最大化的创富者而言，延期消费而进行储蓄，进而投资创富的目的是为了得到更大的收益回报。因此，个人财富再分配可以表述为，在既定收入条件下对消费、储蓄、投资创富进行选择性、切割性分配，以便使得现在消费和未来消费实现的效用最大。如果为这段时期的消费所提取的准备金多，用于长期投资创富的部分就少；提取的消费准备金少，可用于长期投资的部分则就多，进而你所得到的创富机会就会更多，实现财富梦想的可能性就会更大。

有钱人善于掌握商机

在这个变化快速、财富充沛的时代，每个人都渴望发财致富，借以提高自己的生活水准或达到人生的目标。在这攸关未来财富地位的时代里，穷人由于观念落后、知识贫乏、缺少人脉等原因，难以发现把握商机，而有钱人则能把握财富增长的轨迹，沿着财富增长的路走下去，最终在追逐财富的过程中赢得胜利。

现实中就有一则关于财富增长的经典故事：

对于李嘉诚这个名字，人们都不会陌生，但对于他经营财富的过程，可能不是很清楚。李嘉诚童年过着艰苦的生活。在他14岁那年（1940年），正逢中国战乱，他随父母逃往香港，投靠家境富裕的舅父庄静庵，但不幸的是不久父亲因病去世。

身为长子的李嘉诚，为了养家糊口同时又不依赖别人，决定辍学，他先在一家钟表公司打工，之后又到一塑胶厂当推销员。由于勤奋上进，业绩彪炳，只两年时间便被老板赏识，升为总经理，那时，他只有18岁。

1950年夏天，李嘉诚立志创业，向亲友借了5万港元，加上自己的全部积蓄7000元，在筲箕湾租了厂房，正式创办"长江塑胶厂"。

有一天，他翻阅英文版《塑胶》杂志，看到一则不太引人注意的小消息，说意大利某家塑胶公司设计出一种塑胶花，即将投放欧美市场。李嘉诚立刻意识到，战后经济复苏时期，人们对物质生活将有更高的要求，而塑胶花价格低廉，美观大方，正合时宜，于是决意投产。他的塑胶花产品很快打入香港和东南亚市场。同年年底，随着欧美市场对塑胶花的需求愈来愈大，"长江塑胶厂"的订单以倍数增长。到 1964 年的时候，前后 7 年时间，李嘉诚已赚得数千万港元的利润；而"长江塑胶厂"更成为世界上最大塑胶花生产基地，李嘉诚也赢得了"塑胶花大王"的美誉。不过，李嘉诚预料塑胶花生意不会永远看好，他更相信物极必反。于是急流勇退，转投生产塑胶玩具。果然，两年后塑胶花产品严重滞销，而此时"长江"却已在国际玩具市场大显身手，年产出口额达 1000 万美元，为香港塑胶玩具出口业之冠。

随着财富增长，20 世纪 70 年代初，李嘉诚就拥有楼宇面积共 630 万平方英尺，1990 年后，李嘉诚又开始在英国发展电讯业，组建了 Orange 电讯公司，并在英国上市，总投资 84 亿港元。到 2000 年 4 月，他把持有的 Orange 四成多股份出售给德国电讯集团，作价 1130 亿港元，创下香港有史以来获利最高的交易记录。Orange 是 1996 年在英国上市的，换言之，李嘉诚用了短短 3 年时间，便获利逾 1000 亿港元，使他的资产暴升一倍。进入 2000 年，李嘉诚更以个人资产 126 亿美元（即 983 亿港元），两度登上世界十大富豪排行榜，也是第一位连续两年榜上有名的华人。在这期间李嘉诚多次荣获世界各地颁发的杰出企业家奖，还 5 度获得国际级著名大学颁授的荣誉博士学位。

经过 20 多年的"开疆辟土"，李嘉诚已拥有 4 家蓝筹股公司，市值高达 7810 亿港元，包括长江实业、和记黄埔、香港电灯及长江基建，占恒生指数两成比重。集团旗下员工超过 3.1 万名，是香港第 4 大雇主。1999 年的集团盈利高达 1173 亿港元。

从这个故事中，我们清楚地看到，财富的增长，很大程度上取决于敢于冒险，不断地进行投资，同时也要把握住不同的机遇。

不少人将有钱人致富的原因，直接归因于他们生来富有。他们创业成功，他们比别人聪明，他们比别人努力或是他们比别人幸运。但是，家世、聪明、努力与运气并不能解释所有致富的原因。我们都熟悉自己生活中的不少有钱人，他们并非出生在有钱人家，也不是什么幸运人，也不显得很聪明，并且也不是都受过什么高等教育，如温州人本来很穷，但他们通过做生意很快地致富了，成了中国的"犹太人"。他们靠的是什么？靠的是他们能把握财富增长的轨迹，不断地寻求商机。

如何有效地利用每一分钟？如何及时地把握每一次投资的机会？如何改

善一个人或家庭的财务状况，与我们的致富目标还相差多远呢？有钱人认为其实你不需要是个有钱人，不需要是个高收入者，不需要是高学历者，不需要具备专门的知识与高超技术，不需要靠运气，你所需要的只是正确把握财富规律的思维习惯。

有钱人认为财富就像一颗种子，你越快播下种子，越认真培育小树苗，就会越快让"钱"树长大，你就越快能在树荫下乘凉，越快采摘到丰硕的果实。

◉ 有钱人致富意识超前 ◉

钱多钱少并不重要，关键是要树立挣钱的长远目光。挣钱是天经地义的，但为了挣更多的钱，必须要培养这种意识，眼前的利益必须放在长远的规划中来看待。

在国内几乎无人不知的一代华商霍英东，在香港的富豪中，他不是最有钱的，但他一直无私地支持国内的公益事业，所以他也最负盛名。

霍英东主要经营博新公司，还有地产、建筑、酒楼、航运、石油、酒店、金融、航空和公共交通等项目，持有40%澳门娱乐公司及信德船务的股份和40%的董氏信托股份，通过董氏信托持有东方海外国际企业与奥海企业50%股份等，并投资珠江两岸汽车轮渡服务，拥有广州白天鹅宾馆、东方石油主要股权和漠尤航空少数股权及加拿大一批物业。其总资产已超过130亿港元。

在香港华商中，霍英东的起点可能是最低的。他本是船民之子，当许多人已腰缠万贯时，他每天还在为吃饭问题苦苦挣扎。同李嘉诚一样，他没有祖业可以继承，也没有靠山可资荫庇，完全凭借自己的远大胸襟和永不气馁的创业精神，赤手空拳打天下，创建了自己的商业王国，大胆、勇敢、冒险、创新再加上坚忍不拔，成就了一个香港商业界传奇。霍英东吃苦耐劳的作风同样是广东商人精神的典范。他性格开放，容易接受新事物，勇于创新；他境界高远，不因小成就而满足，永远追求创业生活；他不甘渺小，意志坚定，从不转移目标，永远忙忙碌碌，用事业体现自身的生存价值。

他上中三时，日本侵华，时局动荡，他辍学加入了苦力行业，从事了各种不同的苦力工作，虽然他表现不错，但无奈收入太微薄，看看出头无望，于是他自动辞职了。一个人当被生活逼到绝处的时候很容易萎靡不振，但也有可能更加顽强、更加发奋，然而，饥饿、劳顿没有使他屈膝；反而，更加激发了他对美好生活的向往。

日本投降后，第二次世界大战的战火渐渐平息，人们生活趋于稳定，各行各业也渐次走上了发展轨道。霍母以其生意人的眼光，看准了运输业务急剧发展的前景，便放弃了杂货店经营，把股权卖了8000元，租下了海边的一块地皮，再次经营起驳运生意。霍英东替母亲管账，代她去收佣金，工作十分勤奋。母亲虽然精明稳健，是一家之主，但妇道人家仅以小生意为满足。霍英东却不然，他不满足于现状，一心想做成一番大事业，在这方面正好可以弥补母亲的不足。他领会到这样下去很难有太大的发展，便开始留心观察，等待机会。

1948年，霍英东得知日本商人以高价收购可制胃药的海草，他更加具有先见之明，以自己从小在舢板上长大的经验，他知道这种海草生在海底，而且是在太平洋柏拉斯岛周围才有。于是他当下买来一艘61英尺长的摩托艇，并联络到十多个想赚钱的渔民，一同驶向柏拉斯岛。

他的判断没错，但海草全部卖完结算时，他们在海上6个月的含辛茹苦的所得竟然只够开销，等于一无所获。

商人就是商人，无不想要赢得更多的利润，将生意做得更大。霍英东正是如此。他几乎可以说是一个天生的商人，始终不肯歇息，狂热地追逐着利润，并不以已有的成就为满足，总是在追寻着新的商机。航运上获得成功后，霍英东又看准时机，大胆涉足香港地产市场。

1954年，霍英东创建了立信建筑置业有限公司，放手从事地产业的投资经营。当时香港从事房地产投资的人很多，因为这是一个赚钱又多又快的行当，但真正在地产生意中获得成功的人却总是有限的。

从买进第一宗房地产起，几年内，立信建筑置业有限公司所建的楼在香港已到处可见，到20世纪70年代末80年代初，他名下有30多家公司，大部分经营房地产。

霍英东说："今天，一个佣人也可以拥有一层楼，他只需要付一笔小钱。不需要住房者还可以'炒楼花'，若半年或一年成交，往往能赚个对本。但是若用5年完成一项建筑计划，那就每年只赚5%了。这种预售楼宇的方法，很像内地的集资建房，买卖双方都有方便之处。"霍英东的这一成功发明，引来了香港地产界的纷纷效仿，港岛地产业由此刮起了一场具有"革命"意味的旋风，有力地推动了地产业的发展。小册子的宣传形式使"炒楼花"的方法尽可能详尽地广为人知，也使霍英东的地产生意越做越活。他说："我们开展各种宣传，以使更多有余钱的人来买，譬如来港定居或投资的华侨和侨眷，以及劳累了半生、略有小积蓄的职员，加上赌博暴发户和做其他生意胀满了腰包的商贩，都来投资房地产。谁不想自己有房住？只要有更多的人关心房地产，了解它，我们的生意就有希望。"

霍英东的真正突飞猛进，其实是从20世纪60年代初他经营房地产的同时兼"淘沙生意"开始的。60年代初，香港房地产业有了很大的发展，楼宇、码头建设兴盛，对河沙的需求量猛增，霍英东本人也在经营房地产的过程中为建筑材料的紧缺伤透了脑筋。也许正是因为他出身于水上人家，有着与其他房地产商不一样的参考系，他非常具有远见，想到了另一条财路:海底淘沙。

海底淘沙是一种费工多、收获少的行当，商人们不仅不愿轻易问津，甚至视之为畏途。但霍英东却有自己的如意算盘：从海底淘沙，不仅可以获得大量建筑用沙，而且可以挖深海床，植海造地，是一个很有前途的事业。只不过要想在海底淘沙中赚大钱，靠一般方式不行，需要加以改革，运用现代化的设备。

为了实现海底淘沙的设想，霍英东派人到欧洲订购了一批先进的淘沙机船，用现代化手段取代落后的人力方式。凭着为人所不敢为的果敢精神，霍英东从香港商界的视野盲点找到并挖到了宝，创出了奇迹。与此同时，霍英东奇招独出，又与港府有关部门订立了长期合同，专门由他负责供应各种建筑工程所用的海沙，这无疑是享有了淘沙生意的垄断权，成为香港淘沙业中的王者。此后，香港各区的大厦建筑、各处码头的建筑，以及填海工程，均由霍英东的"有荣公司"负责供应海沙。

他做生意的基本战略讲究的是"超前"意识，在思考上要有超前眼光，在落实上要有超前行动，因而他一旦思考成熟，便迅速动手。"填海造地"设想的实现过程也是如此：主意既定，便开始紧抓落实，大手笔地从美国、荷兰等国购进先进机具，放开手脚地承造当时香港规模最大的国际工程——海底水库淡水湖工程的第一期。此举打破了外资垄断香港产业的旧局面，并使霍英东"房地产工业化"的格局又增加了一项"填海造地"。及至后来，这一壮举不断地为香港房地产同业商人所沿用，成为香港地产业发展的一大趋势。

远大的目光加上超前的行动，是霍英东的经营智慧。但回顾他的创业经历，宝贵的还有他所具有的屡挫不馁的事业心，以及吃苦耐劳的精神，这其实也是许多商人的共性。

总之，要想成为一位富豪，必须具备长远的挣钱眼光和致富意识，这一点是必不可少的。

第三章

让金钱流动起来

穷人与有钱人在金钱的使用方面有着截然不同的认识。穷人的钱来之不易，他们不会轻易动用自己储蓄，他们认为钱花一个就少一个，他们宁愿让钱在银行里睡觉，也不愿意轻易动用一分钱。有钱人认为钱是活的，应将储蓄用于投资，创办企业，让钱流动起来，进入社会流通领域，不断增值，才能赚取更多的钱。

穷人攒钱，有钱人赚钱

穷人总是认为钱放在银行是最安全的，没有任何的风险，有钱人认为这种认识是不正确的，储蓄虽然是较为安全的一种，但在储蓄的过程中的确存在着操作上和通货膨胀的风险。由于储蓄风险的存在，常使储蓄利率下降，甚至本金贬值。

一般说来，风险是指在一定条件下和一定时期内可能发生的各种结果的变动程度。风险的大小随时间延续而变化，是"一定时期内"的风险，而时间越长，不确定性越大，发生风险的可能性就越大。所以，存款的期限越长，所要求的利率也就越高。这是对风险的回报和补偿。

存款有以下几类风险：

一、通货膨胀的风险

鉴于通货膨胀对家庭理财影响很大，我们有必要对通货膨胀有更多的了解。通货膨胀主要有两种类型，一种是成本推进型，一种是需求拉动型。如果工资普遍大幅度提高，或者原材料价格涨价，就会发生成本推进型通货膨胀；如果社会投资需求和消费需求过旺，就会发生需求拉动型通货膨胀。

通货膨胀产生的原因主要包括：

（一）隐性通货膨胀转变为显性通货膨胀

许多国家为了保持国内物价的稳定，忽视了商品比价正常变动的规律，实行对某些企业和消费对象财政补贴的政策。正是这种补贴，使原有价格得以维持，否则在正常情况下，这些商品的价格早已上涨了。一旦取消补贴，或把补贴转化为企业收入和职工收入，物价势必上涨，隐性通货膨胀就转化为显性通货膨胀。

（二）结构性通货膨胀

由于政策、资源、分配结构和市场等原因，一个时期内，某类产业某些部门片面发展，而另外的产业和部门比较落后，供给短缺，经过一定时期，只要条件改变，落后部门的产品价格势必上涨，由此带来整个物价水平的上升。

（三）垄断性通货膨胀

一国的经济中，如果存在某些部门、地区的社会性力量比较强大，对别的部门、地区居压倒性优势，则易于形成垄断性价格，并使价格居高不下乃至上升，构成垄断性通货膨胀。

（四）财政性货币发行造成通货膨胀

一般情况下，经济发展，需要每年增加一定货币投放量，以满足流通和收入增长的需要。但是如果增发的货币不是由于经济增长和发展的需要，而是由于国家存在庞大的财政赤字，增发货币用来弥补赤字，则被称作财政性的货币发行，必然带来通货膨胀。

（五）工资物价轮番上涨型通货膨胀

物价上涨使工资收入者的实际工资降低，各方面需求增加工资以弥补实际收入的减少，如果国家采取了增发工资的政策，将导致通货膨胀的再攀高。

在存款期间，一方面由于储蓄存款有息，会使居民的货币总额增加，但同时，由于通货膨胀的影响，单位货币贬值而使货币的购买力下降。在通货膨胀期间，购买力风险对于投资者相当重要。如果通货膨胀率超过了存款的利率，那么居民就会产生购买力的净损失，这时存款的实际利率为负数，存款就会发生资产的净损失。一般说来，预期报酬率会上升的资产，其购买力风险低于报酬率固定的资产。例如房地产、短期债券、普通股等资产受通货膨胀的影响比较小，而收益长期固定的存款等受到的影响较大。前者适合作为减少通货膨胀的避险工具。

通货膨胀是一种常见的经济现象，它的存在必然使理财者承担风险。因此，我们应当具有躲避风险的意识。

二、利率变动的风险

利率风险是指由于利率变动而使存款本息遭受损失的可能性。银行计算定期存款的利息，是按照存入日的定期存款利率计算的，因为利息不随利率调整而发生变化，所以应该不存在利率风险的问题。但如果有一笔款项，您在降息之后存的话，相比降息之前，就相当于损失了一笔利息，这种由于利率下降而可能使储户遭受的损失，我们也把它称为利率风险。这是因为丧失良好的存款机会而带来的损失，所以也称之为机会成本损失。

三、变现的风险

变现风险是指在紧急需要资金的情况下，您的资金要变现而发生损失的可能性。在未来的某一时刻，发生突发事件急需用钱是谁都难以避免的。或者即使您预料到未来某一时刻需要花钱，但也可能会因为时间的提前而使您防不胜防。这时，您的资产就可能面临变现的风险，要么您就不予以提前支取，要么您就会被迫损失一部分利息。总之，将使您面临两难选择。例如，如果您有一笔1年期的定期存款，在存到9个月的时候急需提取，那么您提前支取的时候就只能按照银行挂牌当日活期存款的利率获取利息，您存了9个月的利息就泡汤了。

由此可见，风险是投资过程中必然产生的现象，趋利避险是人类的天性，也是投资者的心愿。投资者总是希望在最低甚至无风险的条件下获取最高收益，但实际上两者是不可兼得的。储户在选择储蓄的时候，只能在收益一定的情况下，尽可能地降低风险；或者是在风险一定的情况下使收益最大。

四、银行违约的风险

违约风险是指银行无法按时支付存款的利息和偿还本金的风险。

银行违约风险中最常见的是流动性风险，它是导致银行倒闭的重要原因之一。银行资产结构不合理、资金积压过于严重或严重亏损等，就会发生流动性风险。一旦发生流动性风险，储户不能及时提取到期的存款，就会对银行发生信任危机，进而导致众多其他储户竞相挤提，最后导致银行的破产。

一般来说，国家为维持经济的稳定和社会的稳定，不会轻易让一家银行处于破产的境地，但是并非完全排除了银行破产的可能性。如果银行自身经营混乱，效益低下，呆坏账比例过高，银行也是可能破产的。一旦发生银行的倒闭事件，居民存款的本息都会受到威胁。1998年6月21日，海南发展银行在海南的141个网点和其广州分行的网点全都关门，成为自新中国成立以来第一家破产的银行。

海南发展银行成立于1995年8月18日，它是在当时的富南、蜀光等5家省内信托投资公司合并改组基础上建立起来的，47家股东单位中海南省政府为相对控股的最大股东。总股本10.7亿元人民币。

1997年底，海发行已发展到110亿元人民币的资产规模，累计从外省融资80亿元，各项存款余款40亿元，并在2年多时间里培养了一大批素质较高的银行业务骨干。但从1997年12月开始海发行兼并了28家资产质量堪忧的信用社，使自身资产总规模达到230亿元，从而给海发行带来灭顶之灾。到1998年4月份，海发行已不能正常兑付，因此规定每个户头每天只能取2万元，不久又降为每天5000元，到6月19日的兑付限额已经下降到100元，从而使海发行最终走向了不归路。

海发行的破产为中国的银行业敲响了警钟，同时也为广大储户上了生动的一课。虽然海发行最后由工商行接管并对其储户进行兑付，但储户所遭受的信用风险是实在的。

五、连战家族理财的启示

如果以上的种种说明仍然无法改变你一味地将钱存在金融机构的理财方式，那连战家族理财会成功的原因与其历史，或许可以加深你的印象。

连战的祖籍是福建漳州龙溪县，祖上于明末清初迁到台湾台南，世代以经商为生。虽说其祖上一直是名门贵族，但真正使连家达到富可敌国的兴旺程度，还应属连战的父亲和连战这两代人。当初连战的曾祖父连得政在日本占领中国前曾担任抗日筹饷之职，因此日本人割据台湾后将连家的家产全数充公。1936年，连战的祖父连横临终时曾对连战的父亲连震东说："余无长物留汝。"意思是没留下什么财产。但是，此后经过连震东和连战两代人的努力，连家财产总值据估计已达300亿元以上！不过，连战父子的发家，并不是依靠先辈惯用的经商做买卖，而是凭借科学的投资理财，大胆进行金融、房产投资，只用了几十年便从倾家荡产逐渐成了当地最富有的家族之一。

说起连家的投资理财不能不说到连战的母亲赵兰坤，赵兰坤出身于沈阳名门世家，毕业于北平燕京大学（现北京大学）。连震东一直在官场任职，天天忙于公务，几乎没有时间过问家里的理财事务，所以，赵兰坤便理所当然地成了连家的当家人。作为一位知识女性，她不像一般妇人那样只会把钱存在银行，而是积极进行投资理财。因为当时中小企业银行的董事长陈逢源与连震东是老乡，彼此了解，私交甚好，所以赵兰坤便大胆地购买了北企的原始股票，并担任了北企的董事；此后赵兰坤又陆续投资了彰化银行等股票。后来，依靠这些股票，连家获得了丰厚的回报。

连家持有金融股票，取得贷款比较方便，在进行股票投资的同时，赵兰坤向彰化商业银行贷款，开始积极涉足台湾的房地产业，她陆续在台北购买了大量的土地和房产，并只租不卖，长线投资，使家族资产不断膨胀。在1989 年国税局的资料中，登记在连战名下有 6 笔土地，约合 20250 平方米，据当时的报刊评估，两万余平方米土地按当前市价计算，价值约 200 亿元。

连战曾透露他们家的理财是无为而治，意思是买进房产或股票之后便不去管它，而进行长期投资。在连家进行投资理财的几十年里，他们只是追加投资，很少买卖，不以短期获利而喜，不以暂时亏损而悲，因此他们长期投资的平均收益率达到了 20%以上。不考虑复利因素，连家的资产以 5 年翻一番的速度增长，从而创造了从"余无长物"到富可敌国的理财神话。连战家族投资理财给我们的启示是，无论炒股还是投资房产，不能指望一两年就能取得多少收益，而是要选好投资目标，进行长期投资，那句长线是金，短线是银的老话，与连战家族的投资理财可以说不谋而合。

连震东夫妇投资股票和房产也都是听从了朋友的劝告，从中小企业银行的董事长陈逢源，到彰化银行董事长张聘山，都是他父亲的老乡或同学，双方对彼此的为人、信誉以及经济实力等情况可以说非常了解，所以他们巧用人脉资源，较好地选准了投资方向，避免了投资失误。一个人能走多远，取决于他和什么样的人为伍，在我们日常理财中，个人掌握的理财知识和理财信息毕竟是有限的，这时如果有几位理财方面的良师益友，便可以开阔自己的视野，提高理财水平。

如果你手中有 10 万元，投资的年收益是 10%，那你一年可获利 1 万元；你觉得这项投资十分稳妥，又向银行申请了 20 万元贷款进行投资，假设扣除5%的贷款利息，那你一年总的投资收益就是 2 万元。连战家族就是运用了这种借鸡生蛋的投资方式，他们投资银行股票，本身会从股票增值和分红中获利，另外还可以非常方便地取得银行贷款，从而加大投资筹码，获得更大收益。如果连战家族一直靠自己的积蓄进行投资的话，估计现在和普通老百姓差不了哪里去。所以，如果你有房产、基金等收益可观又相对稳妥的投资项目，可以适当地进行负债投资。

连家最初投资股票和房产的时候，多数人认为这是风险投资，基本无人涉足，而连战的父母从数十年前就敢于炒股、炒房，这需要相当大的胆量。

对于广大工薪族来说，可以借鉴连战家族的经验，抛弃有钱存银行的老观念，适当进行较高收益的风险投资。以储蓄和开放式基金为例，储蓄比基金稳妥，但年税后收益只有 1.8%；基金虽然要承受一定风险，但很多基金的年收益都达到了 10%。长此以往，采用不同的理财方式，在财富积累上就会出现分化，其结果是贫者越贫，富者越富。所以，要想取得连战家族那样可观的理财收益，必须选择增值快的非传统投资方式。

虽然有些人认为家庭必须要存预备资金，以支应不时之需，其实纵使家里突然发生重大事故，导致银行内的存款不敷所需，投资者也不需担心，因为上述之高报酬率投资标的——股票、房地产，其变现性也不如想象的那么差。就上市股票而言，股票市场，除特殊假日外，几乎是全年无休，且市场交易热络，故若个人碰到紧急事件，急需用钱，可立即卖出，两三天就可取得现金，若舍不得卖，股票还可以抵押借款。

房地产的变现性当然没有股票好，但目前多家银行已提供所谓的"循环性房贷"，是有壳族将不动产转换为动产的一项重要渠道。所谓循环性房贷，是指客户可将房子等不动产设定抵押，然后取得该不动产价值七成到七成五的贷款。既然名为循环性房贷，就是指客户可以随时借、随时还，借款期间才计息。例如，一栋 1000 万元的房子，设定抵押贷款 750 万元额度的循环性房贷，若一次支用 500 万元，可借用额度还有 250 万元，且不计息，仅就 500 万元计息。借款者一有闲置资金时，可以随时偿还部分借款，可减轻利息负担。

不少理财专家建议理财三分法，即将财产分为三等份，一份存银行，一份投资房地产，一份投资于较投机的工具上。但作者建议的投资组合为"两大一小"，即大部分的资产以股票和房地产的形式投资，小部分的钱存在金融机构作为日常生活所需。这种"两大一小"的组合方式并非我所发明的，事实上，这正是所有利用理财致富的人所采用的投资组合方式。

钱存银行是最危险的理财方式，因为利息在通货膨胀的侵蚀下，报酬率接近零。银行虽提供方便性但无法提供高报酬率。存在银行的金额只要保持两个月的生活所需。钱存在银行想致富，就如同打棒球，不挥棒却想赢球。

六、有钱不置半年闲

《圣经》上有一则劝人善加理财的故事，叙述一个大地主有一天将他的财产托付给三位仆人保管与运用。他给了第一位仆人五个单位的金钱，第二位仆人两个单位的金钱，第三个仆人一个单位的金钱。地主告诉他们，要好好珍惜并善加管理自己的财富，等到一年后再看看他们是如何处理钱财。

第一个仆人拿到这笔钱之后做了各种投资；第二位仆人则买下原料，制造商品出售；第三位仆人为了安全起见，将他的钱埋在树下。一年后，地主召回三位仆人检视成果，第一位及第二位仆人所管理的财富皆增加了一倍，地主甚感欣慰。唯有第三位仆人的金钱丝毫未增加，他向主人解释说："唯恐运用失当而遭到损失，所以将钱存在安全的地方，今天将它原封不动奉还。"

主人听了大怒，并骂道："你这个懒惰的仆人，竟不好好利用你的财富。"财富不善利用等于浪费金钱，浪费了天赋资源。《圣经》故事内的第三位仆人受到责备，不是由于他乱用金钱，也不是因为投资失败遭受损失，而是因为他把钱存在安全的地方，根本未好好利用金钱。

钱存在银行是当今一般人投资理财最普遍的途径，同时也是一般人理财所犯的最大错误。因此，本书在此要提供给读者第一个也是最重要的理财守则是：钱不要存银行。这里所指的银行，泛指邮局、一般银行及其他可存钱之金融机构。

多数人认为钱存在银行能赚取利息，能享受复利效果，如此，金钱已经做了妥善的安排，已经尽到理财的责任，事实上，利息在通货膨胀的侵蚀下，实质报酬率接近于零，等于没有理财，因此，钱存在银行不算理财。

每一个人最后能拥有多少财富，难以事先预测，唯一能确定的是，将钱存在银行而想致富，难如登天。试问：你是否听说有单靠银行存款而致富的人？将所有积蓄都存在银行的人，到了年老时不但无法致富，常常连财务自主的水平都无法达到，这种例子时有所闻。选择以银行存款作为理财方式的人，其着眼点不外乎是为了安全，但是读者必须了解：钱存在银行短期是最安全，但长期却是最危险的方式。

在某研究院曾公布过一份"一般家庭各种金钱投资项目参与率"的调查报告，排名前3位的投资标的依序为活期存款（72%）、定活两便存款（53%）、定期存款（36%），显然大多数人倾向于传统的理财方式。且根据1994年所做的问卷调查：如果有1000万元的储蓄，你将会如何使用？结果发现约有41%的受访家庭表示，会将钱存入银行机构生利息，可见一般人对银行存款之钟爱程度。

这个现象显示，常人投资理财仍然过于依赖传统的银行存款，理财时只着重完全性与便利性的考虑，而忽略"报酬率"的重要性。然而，只顾省钱，并将储蓄下来的钱生息，往往是投资理财错误的第一步。

与此同时，如果在通货膨胀 5% 之下，却将钱存在名目利率约为 5% 左右的银行存款，那么实质报酬率等于零。

在这种情况下，复利作用完全失效。一个人的财富，必须完全靠自己聚沙成塔、积少成多，一点一滴地累积下来。试想一个人一年存下 50 万元，需要多少年才能成为亿万富翁？答案是 200 年！

一个人一年储蓄 50 万元很难，一个人要活 200 岁那就更难了！因此，假如尽心尽力地开源节流，却将钱全部存在银行，我们可以预见，这个人这辈子别想成为有钱人，更糟糕的是，他连下辈子都没希望致富。

一个人平均寿命是 75 岁，两辈子也只不过是 150 年，钱都存银行的人要到第三辈子才有机会致富。

一个家族的理财观念如果一直固守"勤俭持家，然后将钱存在银行"的理财方式，这个家族至少要 200 年，大约是 7 代之后才有机会致富。反之，若是你能理财得当，40 年（半辈子）便可致富。

因此，有钱人认为：钱存银行，是无法致富的。在当今的市场经济条件下，人们不能仍然保持那过去而又陈旧的理财观念，不能把钱全放在银行，应该把钱拿出来做其他方面的投资，有钱人告诉我们，让金钱流动起来。

穷人用今天的钱，有钱人用明天的钱

穷人虽知道怎样挣钱，但往往不知道怎样花钱。而有钱人既知道怎样赚钱，也知道怎样花钱。穷人用今天的钱，有钱人用明天的钱。

有一则很富有哲理的小故事。一个中国老太太和一个美国老太太在入地狱之前进行了一段对话。

中国老太太说："我攒了一辈子的钱终于买了一套好房子，但是现在我又马上要入地狱了。"而美国老太太则说："我终于在入地狱之前把我买房子的钱还清。但幸运的是我一辈子都住上了好房子。"

初看这组对话，它只是反映了东西方人的消费观念的不同。但再进一步深层挖掘，其中蕴含了一个深刻的哲理，即要善于把自己明天（未来）的钱挪到今天用。

过平常生活要如此，经商致富更是如此。这也是现代创富理念的重要内涵。

就一般人而言，在致富之初都缺乏资金，但这并不意味着他今后没有钱。这主要取决于他对自己未来事业的信心和个人成功致富的基本素质与条件。只要他个人有信心致富，个人有良好的致富素质和条件，那么他未来就肯定能成为一个有钱人。既然他未来是有钱人，那么就可以把未来的钱挪到今天用。

有钱人认为，就今天而言，未来的钱只是一个虚拟，你若想把其变成现实的钱用于今天，就必须先向别人借钱或向银行贷款。这样你就能实现"把明天的钱挪到今天用。"

中国的改革开放 20 多年来，人们的观念发生了翻天覆地的变化，尤其是在财商理念的熏陶之下，在我国又掀起了一股理财的浪潮。

赵先生经商数年，虽然算不上是家财万贯，也是薄有积蓄。刚刚在市郊购买了一栋百余平方米的高档住宅。房子有了，交通却成问题了。于是赵先生打算再买一辆车，公私两用。

可谈到买车，赵先生却犹豫了。赵先生一直青睐本田雅阁，价格合理，售后服务也不错，现在也不用加价提车了。赵先生只是拿不准应该是一次性付款，还是应该贷款买车？于是他向两位好友——大刘和小魏咨询。

大刘说："赵哥，我劝你一次性付款。方便省事，一手交钱，一手提车，当天就可以搞定。既不用整天跑银行去办贷款手续，又不用付给银行利息。你又不是拿不出那十几万块钱？你说对不？"赵先生听完，连连点头称是。

可死党小魏一听大刘这话，一个劲儿地直晃脑袋："不对不对，绝对不对。赵哥，车只会越用越旧，价值在降低，但这就是说买车不是投资，不会增值。应该贷款买车，把省下来的钱拿去投资股票啦，地产啦，只要投资得当，没准贷款没还完，车钱就能先赚回来了呢。"听了这话，赵先生认为也很有道理。

于是，赵先生就自己算了算，车价＋新车购置税＋牌照费用＋保险费用，共计是：290323 元。

如果首付 30%，分 3 年按揭，首付 128095 元，每月还款本金 5052 元，利息 439 元，合计 5491 元。3 年共计还款 325771 元。如果首付 30%，分 5 年按揭，则首付 144731 元，月还本金 3031 元，利息 449 元，合计 3480 元。

5 年共计还款 353531 元。（首付指：汽车价格 × 首付百分比 + 车辆购置税 + 保险费用 + 牌照费用）

现在我们看到，同样一辆新雅阁，贷款购车（3 年按揭）比一次性付款要累计多交 35448 元，而首付则可减少 162228 元。

换句话说，赵先生如果选择贷款购车，要在 3 年内用这 162228 元，净赚到 35448 元以上，即年收益率在 7.28% 以上，才有利可图。当然，这么说是不算 3 年汽车折旧费的。如果你对于高风险投资自认很在行，不妨贷款购车，用省下来的钱去投资；如果你觉得这钱在手里的收益达不到这么高，那还是一次性付款更划算。

贷款买车是近几年新兴的一种购车方式。它是指购车人使用贷款人发放的汽车消费贷款购车，然后分期向贷款人偿还贷款。双方本着"部分自筹、有效担保、专款专用、按期偿还"的原则，依法签订借款合同。

在汽车消费大国——美国，80% ~ 85% 的消费者都是通过汽车贷款来购车。在中国，根据慧聪 160 电话调查中心的统计，有 68.3% 的人愿意选择分期付款的方式，31.7% 的人选择一次性付款方式。可见，贷款买车还是深入人心的，是一种大众十分乐于接受的购车方式。

对于中国大部分普通家庭来说，贷款购车，分期还款的方式，降低了汽车消费门槛，圆了他们的汽车梦。对于汽车企业来说，贷款购车极大地刺激了百姓的汽车消费热情，使得中国的汽车销售有了一个井喷期。这其实是一种把明天的钱放在今天用的消费方式。

穷人花自己的钱，有钱人花别人的钱

穷人贫穷的主要原因，就是只知道花自己的钱，他们将挣的钱存在银行，要用钱的时候就小心翼翼地到银行取钱，他们很少想到用别人的钱来消费或做生意。而有钱人则认为善用别人的钱赚钱，是获得巨额财富的好方法。富兰克林、尼克松、希尔顿都用这个方法。如果你已经很省钱，同样的方法依然适用。

威廉·尼克松说："百万富翁几乎都是负债累累。"

富兰克林在 1748 年《给年轻企业家的遗言》中说："钱是多产的，自然生生不息。钱生钱，利滚利。"

所谓"用别人的钱"是正当，诚实的，绝不违背道德良知。同时，要作优惠的回馈。

诚信是无可替代的，缺乏诚信的人，即使花言巧语，也会被人识破。使用别人的钱，首重诚信。诚信是所有事业成功的基础。

银行是你的朋友。银行的主要业务是放款，把钱借给诚信的人，赚取利息；借出愈多，获利愈大。银行是专家，更重要的是，它是你的朋友，它想要帮助你，比任何人更急于见到你成功。

加州的威尔·杰克是百万富翁。起初他身无分文，直到外出工作，才有了一些积蓄。每个周末威尔会定期到银行存款，其中一位柜员注意到他，觉得这个人天生聪慧，了解金钱的价值。

威尔决定创业，从事棉花买卖，那位银行工作人员向他放款。这是威尔第一次使用别人的钱。一年半之后，他改为买卖马和骡子，过了几年，累积许多的经验。

有一次，两个保险公司的业务员来找他。两个人都是优秀的保险业务员，业绩非常好，他们用推销保险的收入，自己开公司，却经营不善，只好把公司转卖给别人。

很多销售人员以为只要业绩好，企业就能获得利，这是错误的观念。不当的管理会将利润腐蚀殆尽。他们的问题正是如此，两个人都不懂管理。

他们专找威尔，说出自己失败的经验。"我们的公司没有了，推销保险至今所赚取的佣金，都缴了学费。如今连养家糊口都有困难。"

"我们对于推销工作非常在行，应该尽量发挥。你具有专业的知识和经验，我们需要你，大家共同合作，一定会成功。"

几年之后，威尔买下他和那两位推销员共同创立的公司全部股份，他怎么有钱？当然是向银行借钱。因为从小他就知道银行是他的朋友。

威尔向加州银行贷款。银行非常乐于把钱贷给像威尔一样有诚信的人，并且有可行性的人。威尔的贷款额度不受限制，他的寿险公司，原来的资本只有40万。通过基本客户群制度，在短短10年之内，获得4000万。其后，他更运用别人的钱投资旅馆、办公大楼、制造厂和其他企业。

资金困难时，借钱是明智之举。但是，借钱的同时必须考虑到自己的实力、信用，提出切合实际的要求，才不会被拒绝，这是真正的借钱生财术。

看着别人赚钱容易，而自己一动手却会失败，这是许多不敢创业者的心理状态。但要成功地创业就一定要克服这种畏惧心理，找到一条风险小又容易成功的道路。

显然，用"利用别人的钱"的方法，比用现金的方法，所赚的钱要多得多。"利用别人的钱"的缺点——这是难免的——是你要担更大的风险。如果你刚把地买下来，附近房地产的价值就跌下来，这种办法就会把你弄得一身是债，骑虎难下。这时，你不是忍痛赔钱把它卖掉，就是背着债，一直到市场好转，而采取现金式的办法，就不会有这种麻烦。

穷人的钱是死钱，有钱人的钱是活钱

穷人认为挣钱不容易，将钱当作财神一样供奉，生怕有一天钱会飞走。"存钱防老"，是他们的一贯思想。

在有钱人的观念里面，就是"有钱不要过丰年头"，与其把钱放在银行里面睡觉，靠利息来补贴生活费，养成一种依赖性而失去了冒险奋斗的精神，不如活用这些钱，将其拿出来投资更具利益的项目。

有钱人认为：要想捕捉金钱，收获财富，使钱生钱，就得学会让死钱变活钱。千万不可把钱闲置起来，当作古董一样收藏，而要让死钱变活，就得学会用积蓄去投资，使钱像羊群一样，不断地繁殖和增多。

有钱人经商有个特点，采取彻底的现金主义。

富商凯尔，资产上亿美元，然而他却很少把钱存进银行，而是将大部分现金放在自己的保险库。

一次，一位在银行有几百万存款的日本商人向他请教这一令他疑惑不解的问题。

"凯尔先生，对我来说，如果没有储蓄，生活等于失去了保障。你有那么多钱，却不存进银行，为什么呢？"

"认为储蓄是生活上的安全保障，储蓄的钱越多，则在心理上的安全保障程度越高，如此积累下去，永远没有满足的一天。这样，岂不是把有用的钱全部束之高阁，把自己赚大钱的机会减少了，并且自己的经商才能也无从发挥了吗？你再想想，哪有省吃俭用一辈子，光靠利息而成为世界上知名富翁的？"凯尔不慌不忙地答道。

日本商人虽然无法反驳，但心里总觉得有点不服气，便反问道："你的意思是反对储蓄了？"

"当然不是彻头彻尾地反对，"凯尔解释道，"我反对的是，把储蓄当成嗜好，而忘记了等钱储蓄到一定时候把它提出来，再活用这些钱，使它能赚到远比银行利息多得多的钱。我还反对银行里的钱越存越多时，便靠利息来补贴生活费。这就养成了依赖性而失去了商人必有的冒险精神。"

凯尔的话很有道理，金钱只有进入流通领域，才能发挥它的作用。因为，躺在银行里的钱，几乎和废纸没什么区别。

有钱人经商，很重要的秘方是不作存款。

在18世纪中期以前，他们热衷于放贷业务，就是把自己的钱放贷出去，从中赚取高利。到了19世纪后，直至现在，他们宁愿把自己的钱用于高回报率的投资或买卖，也不肯把钱存入银行。

有钱人这种"不作存款"的秘诀，是一门资金管理科学。它表明做生意要合理地使用资金，千方百计地加快资金周转速度，减少利息的支出，使商品单位利润和总额利润都得到增加。

做生意总得要有本钱，但本钱总是有限的，连世界首富也只不过百亿美元左右。但一个企业，哪怕是一般企业，一年也可做几十亿美元的生意，如果是大企业，一年要做几百亿美元的生意，而企业本身的资本，只不过几亿或几十亿美元。他们靠的是资金的不断滚动周转，把营业额做大。

普利策出生于匈牙利，17岁时到美国谋生。开始时，在美国军队服役，退伍后开始探索创业路子。经过反复观察和考虑后，他决定从报业着手。

为了搞到资本，他靠自己打工积累的资金赚钱。为了从实践中摸索经验，他到圣路易斯的一家报社，向该老板求一份记者工作。

开始老板对他不屑一顾，拒绝了他的请求。但普利策反复自我介绍和请求，言谈中老板发觉他机敏聪慧，勉强答应留下他当记者，但有个条件，半薪试用一年后再商定去留。

普利策为了实现自己的目标，忍耐老板的剥削，并全身心地投入到工作之中。他勤于采访，认真学习和了解报馆的各环节工作，晚间不断地学习写作及法律知识。他写的文章和报道不但生动、真实，而且法律性强，吸引广大读者。面对普利策创造的巨大利润，老板高兴地吸收他为正式工，第二年还提升他为编辑。普利策也开始有点积蓄。

通过几年的打工，普利策对报社的运营情况了如指掌。于是他用自己仅有的积蓄买下一间濒临歇业的报馆，开始创办自己的报纸——《圣路易斯邮报快讯报》。

普利策自办报纸后，资本严重不足，但他很快就渡过了难关。19世纪末，美国经济开始迅速发展，很多企业为了加强竞争，不惜投入巨资搞宣传广告。普利策盯着这个焦点，把自己的报纸办成以传递经济信息为主的媒体，加强广告部，承接多种多样的广告。

就这样，他利用客户预交的广告费使自己有资金正常出版发行报纸。他的报纸发行量越多广告也越多，他的收入进入良性循环。即使在最初几年，他每年的利润也超过15万美元。没过几年，他成为美国报业的巨头。

普利策初时分文没有，靠打工挣的半薪，然后以节衣缩食省下极有限的钱，一刻不置闲地滚动起来，发挥更大作用，是一位做无本生意而成功的典型。这就是有钱人"不做存款"和"有钱不置半年闲"的体现，是成功经商的诀窍。

美国著名的通用汽车制造公司的高级专家赫特曾说过这样一段耐人寻味的话："在私人公司里，追求利润并不是主要目的，重要的是把手中的钱如何用活。"

对这个道理，许多善于理财的小公司老板都明白但并没有真正地利用。往往一到公司略有盈余，他们便开始胆怯，不敢再像创业那样敢做敢说，总怕到手的钱因投资失败又飞了，赶快存到银行，以备应急之用。

虽然确保资金的安全乃是人们心中合理的想法，但是在当今飞速发展、竞争激烈的经济形势下，钱应该用来扩大投资，使钱变成"活"钱，来获得更高的利益。这些钱完全可以用来购置房产铺面，以增加自己的固定资产，到10年以后回头再看，会感觉到比存银行要增很多利，你才会明白"活"钱的威力。

商业是不断增值的过程，所以要让钱不停地滚动起来，有钱人的经营原则是：没有的时候就借，等你有钱了就可以还了，不敢借钱是永远不会发财的。

攒钱只会让人变得越来越贫穷，因为连他的思维也贫穷了；赚钱会让人富有起来，因为这是一个有钱人的思维。

　　有句话说："人往高处走，水往低处流。"还有句话说："花钱如流水。"金钱确实流动如水。它永远在不停地运动周转流通，在这个过程中，财富就产生了。像过去那些土财主一样，把银子装在坛子里埋在房基下面，过一万年还是只有这么多银子，丝毫也没有增值。

第四章

你不理财，
财不理你

在现代社会的节奏下，许多人都没有理财的概念，认为理财是有钱人的游戏，并且对于金钱也没什么思考，有多少用多少，到了月末就成"月光一族"，总是闹个青黄不接、面临坐吃山空的窘境。有钱人认为理财是致富的重要一环，一个人要想致富，就要做好理财，其实理财并不是件困难的事情，而且成功的理财还能创造更多的财富。愈是成功者就愈重视理财，因为他们知道理财的乐趣和好处，理财既然有乐趣与好处。那为什么大多数人还是不会理财呢？最主要的原因是漠视金钱的重要性，无论东方西方，国内国外，老祖宗就告诫子孙金钱的重要性，在东方的俗话是："三分钱逼死英雄汉"，而西方的谚语是："Money isn′t everything,but it is something（钱不是万能的，没钱则是万万不能的）"。所以我们必须学会理财，摆正心态。

有钱人重视一分钱的力量

在日常生活中，总有许多工薪阶层或中低收入者抱有"有钱才有资格谈投资理财"的观念。普遍认为每月固定的工资收入应付日常生活开销就差不多了，哪来的余财可理呢？"理财投资是有钱人的专利，与自己的生活无关"仍是一般大众的想法。

事实上，越是没钱的人越需要理财。例如，假如你身上有 5 万元，但因理财错误，造成财产损失，很可能立即出现危及你生活保障的许多问题，而拥有百万、千万、上亿元"身价"的有钱人，即使理财失误，损失其一半财产也不至影响其原有的生活。因此说，必须先树立一个观念，不论贫富，理财都是伴随人一生的大事，在这场"人生经营"过程中，愈穷的人就愈输不起，对理财更应要严肃而谨慎地去看待。

一般人总认为理财投资是有钱人的专利，大众生活信息来源的报纸、电视、网络等媒体的理财方略是服务少数人理财的"特权区"。如果真有这种想法，那你就大错而特错了。在芸芸众生中，所谓真正的有钱人毕竟占少数，中产阶层工薪族、中下阶层百姓仍占大多数。由此可见，投资理财是与生活休戚与共的事，没有钱的穷人或初入社会又身无固定财产的"新贫族"都不应逃避，运用得当更可能是"翻身"的契机呢！

其实，在我们身边，一般人只会说穷，时而抱怨物价太高，工资收入赶不上物价的涨幅，时而又自怨自艾，恨不能生为富贵之家，或有些愤世嫉俗者更轻蔑投资理财的行为，认为是追逐铜臭的"俗事"，或把投资理财与那些所谓的"有钱人"画上等号，再以价值观贬抑之……殊不知，这些人都陷入了自相矛盾的不合逻辑的思维——一方面深切体会到金钱对生活影响之巨大，另一方面却又不屑于追求财富的聚集。

因此，一般人必须改变观念，既知每日生活与金钱脱不了关系，就应正视其实际的价值，当然，过分看重金钱也会扭曲个人的价值观，成为金钱的奴隶，所以要诚实面对自己，究竟自己对金钱持何种看法？所得是否与生活不成比例？金钱问题是否已成为自己"生活中不可避免之痛"？

财富能带来生活安定、快乐与满足，也是许多人追求成就感的途径之一。适度地创造财富，不要被金钱所役、所累是每个人都应有的处世之道。要认识到"贫穷并不可耻，有钱亦非罪恶"，不要忽视理财对改善生活、管理生活的功能。谁也说不清，究竟要多少资金才符合投资条件、才需要理财。

从多年从事金融工作者的经验和市场调查的情况来看，理财应"从第一笔收入、第一份薪金"开始，即使第一笔的收入或薪水中扣除个人固定开支及"缴家库"之外所剩无几，也不要低估微薄小钱的聚敛能力，1000万元有1000万元的投资方法，1000元也有1000元的理财方式。绝大多数的工薪阶层都从储蓄开始累积资金。一般薪水仅够糊口的"新贫族"，不论收入多少，都应先将每月薪水拨出10%存入银行，而且保持"不动用"、"只进不出"的情况，这样才能为积累财富奠定一个初级的基础。假如你每月从薪水中拿出500元，在银行开立一个零存整取的账户，不管利息多少，20年后仅本金一项就可达到12万元了，如果再加上利息，数目更不止于此，所以"滴水成河，聚沙成塔"的力量不容忽视。

当然，如果嫌银行定存利息过低，而节衣缩食之后的"成果"又稍稍可观，有钱人的做法是开辟其他投资途径，或入户国债、基金，或涉足股市，或与他人合伙入股等，这些都是小额投资的方式之一。但须注意参与者的信用问题，刚开始不要被高利所蛊，风险性要妥为评估。绝不要有"一夕致富"的念头，理财投资务求扎实渐进。

总之，有钱人认为，不要忽视小钱的力量，就像零碎的时间一样，懂得充分运用，时间一长，其效果自然惊人。最关键的起点问题是要有一个清醒而又正确的认识，树立一个坚强的信念和必胜的信心。忠告人们：勿因钱少而不理财。

有钱人的孩子也"早当家"

有钱人相信，所有的孩子生下来都是既聪明又富有的。让我们来看一则有关年轻人赚钱的故事。一个来自罗马的10岁女孩儿，一个来自印度尼西亚的15岁男孩儿，两个来自印第安纳的大学三年级学生，他们小小年纪就学会理财的经历证明，学习财务知识永远不会为时过早。尽管梅茨、瑞特、卡夫和威廉尔处于人生的不同阶段，他们身上却都有一个共同之处：每个人都在选择自己的生活方式，都在考虑如何赚钱，从而实现财务自由。

他们并不觉得接受别人的钱是天经地义的事情，相反，他们都在设定目标，并想方设法自己赚钱，实现目标。尽管都还在求学阶段，他们都在学习如何掌握自己的生活。

和我们一样，他们都有老师，告诉他们学习财务知识永远不会为时过早。他们的父母以及高中老师为他们提供了相关的信息，这些信息让他们明白，任何年龄的人都可以自己赚钱。梅茨在车里听到了她妈妈的《选择当有钱人》的录音带，然后想出了一个赚钱的办法；瑞特看到自己的父母根据"富爸爸"系列图书提供的信息进行房地产投资，明白了他自己也同样能做到；卡夫和威廉尔正在攻读大学学位，他们不但自己学习财务知识，还鼓励别人也来学习。他们在高中阶段就玩过现金流游戏，这改变了他们对很多问题的认识：自己想过什么样的生活，如何赚钱，自己对社会的影响，等等。通过游戏，他们开阔了自己的眼界；进入大学以后，他们继续把自己学到的知识付诸实践。没有人强迫他们制定一个赚钱的计划。他们的父母也没有威胁说要停供他们的零用钱。他们是主动想办法为自己赚钱的。

梅茨、瑞特、卡夫和威廉尔自觉运用现有的信息，领先别人一步获得了理财方面的知识，然后继续采取行动。他们向大家证明：无论是创业还是进行房地产投资，年龄都不是问题。他们毫不犹豫、无所畏惧；他们明白自己想要的是什么，然后朝着自己的目标努力。和那些成年人不同的是，没有人年复一年地告诫他们，什么事情不能做，什么事情不该做。他们勇于尝试、不怕失败，因而不断获得成功。他们不会让任何人、任何事情阻碍他们实现自己的目标。

他们的身上都体现了一种创业者的精神：勇于迎接挑战、不怕风险。为了实现自己的目标，他们不断提高自己的财务技能，强化自己的实业家精神，并且乐此不疲。现在，他们已经明白了为别人工作、赚取薪水与积累资产、实现自己"钱途"的区别所在。读过"富爸爸"系列图书、听过录音带、玩过现金流游戏之后，他们就知道机会在向他们招手，也知道自己能够更好地把握机会。他们都有一种"我要获得成功"的积极心态。

英雄出少年，瑞特的妈妈为他们买了儿童版的现金流游戏，培养他们的理财意识，玩完那些游戏后，他开始从新的角度思考如何挣钱。每个长假期的零用钱只有 5 美元，暑假和周末时间则坐在一个角落里卖柠檬汽水来赚钱，但是，这些钱根本不够花。

妈妈总是教育他和弟弟，把零用钱攒起来，然后去买自己想要的东西。有很多次，他在商店里看到自己梦寐以求的东西，然后和妈妈商量预支一些零用钱。可她总是说，"不行！"

他希望自己有更多的钱。为了实现这个目标，他开始自己做生意。他只有 9 岁，在学校里他学到了很多东西，他意识到，自己创业永远不会为时过早。

起初，他向邻居兜售小石头，供他们放在鱼缸里或者是装饰用。妈妈认为这样做根本行不通，但是，他挨家挨户地去卖，的确赚了一些钱。他还按照妈妈教他的，对自己的收支情况作了记录。

然后，他决定卖蜡烛。上三年级的时候，他为他们的圣诞晚会做过一些蜡烛，而且他很喜欢做蜡烛。在他为做蜡烛采购原料的过程中，他学到了一些新的东西。

开始，他依旧挨家挨户地去卖，或者站在大街上卖，但是并不成功。后来他决定在网上销售，因为那样谁也看不到他，年龄就不成问题了。

就这样，他成了一名网主。妈妈帮助他建立了一个网站。他印了一些名片，在学校和教堂进行散发。他还把零用钱节省下来去买他需要的东西。只要接到订单，他就开始制作并发货。

他的启动费用大约是二三十美元，现在，他已经赚了五六十美元了。他的生意做得不错，而且他已经有一个助手了——他的弟弟艾里克。

理财应从娃娃抓起，要让孩子们很早就接受这种教育，投入时间和精力来学习理财对于孩子们来说是非常重要的事情，这样可以让他们善于思考，从而不断获得成功。

◎ 有钱人理财各显神通 ◎

听到"个人理财"这个名词，人们的脑海中会浮现出什么样的概念——储蓄？投资？用钱去赚更多的钱？或者仅仅是银行为了吸引客户挂出的一个新招牌？个人理财这个在中国还很陌生的名词起源于美国，流行于全世界，许许多多这个行业的先驱者和实践者正在用他们的亲身经历影响着越来越多的人，改变着他们的生活方式、财务状况甚至人生态度。

在中国，大家真正热切感受到"个人理财"是从《富爸爸，穷爸爸》开始的，而"富爸爸"系列图书在中国的畅销也充分证明了中国老百姓对"个人理财"的需求。在几千年的中国传统文化里，中国人秉承了既不习惯谈金钱问题，也不习惯谈个人需要的传统，大家耻于谈金钱，当然就更谈不上由金钱衍生出的理财问题。但不谈并不等于不想，耻于并不意味着拒绝。《富爸爸，穷爸爸》一书从 2000 年 9 月问世至今，已经先后出版了 6 本，其中第一本《富爸爸，穷爸爸》连续两年多一直名列畅销书排行榜前十名，至今依然保持着稳定的骄人销量，而刚刚推出的"富爸爸"系列第六本《富爸爸大预言》，在预售阶段就已经成为亚马孙第一名，这些无可辩驳的事实，已经充分说明了碍于脸面、羞于谈钱的中国人事实上是需要金钱的，更需要了解如何在不富裕的情况下管理好金钱。

在《富爸爸大预言》一书中，罗伯特·清崎秉承了"富爸爸"系列一贯倡导的理财观念，继续劝说人们要做好投资以备不时之需，在延续理财观念的同时，富爸爸又新提出了财务危机管理的新观点，告诉人们即使是身处阳光灿烂的沙滩，也要及时打造保障自己以及家人安全的财务挪亚方舟。同时为了能够引起更多人对财务危机管理的关注，作者罗伯特·清崎还大胆预言，如果不能很好地改变国家和个人现有的投资观念和社会经济制度，在不久后的 2020 年，拥有全球最强大经济实力的美国就将遭遇全面的经济崩溃。

但有意思的是，在《富爸爸大预言》推出前几天，另外一本名叫《九步达到财务自由》的新书也上市了，该书同样是讲述"个人理财"，同样来自于美国，作者同样是在美国家喻户晓的重量级人物，但在如何达到财务自由道路上两本书的观点却颇多不同，甚至在某些方面打起了"内战"。罗伯特·清崎强调投资、强调建立自己的资产项和系统，以积极的行动去创造财富，要敢于打破常规，哪怕在挫折中去创造自己的资产项，去规划自己的未来，不能相信任何人，甚至包括政府和整个社会保障体系；而《九步达到财务自由》的作者苏茜·欧曼则赞同稳健的理财，并以贴近生活本身而著称，她认为在适当投资的同时更要学会储蓄，学会利用社会保障体系以及更多的金融投资工具，包括让有经验的个人理财师来为你的财务未来保险。她还提出：要解决好财务问题，首先要从自己的金钱心理问题开始，要从造成每个人金钱困惑的源头下手，要平和地理顺自己与金钱的关系，包括金钱和财富在理财中的作用，要健康地、和谐地储蓄、投资、理财。从这一点上说，苏茜更像是一个金钱心理医师。

同样是理财，罗伯特．Ｔ．清崎和苏茜提出了不同的理财方法，相信不同的人会有不同的选择。

理财是一辈子的事

常听人们以"没有数字概念"、"天生不善理财"等借口逃避理财问题。似乎一般人易于把"理财"归为个人兴趣的选择，或是一种天生具有的能力，甚至与所学领域有裙带关系，没有商学领域学习经验者自认与"理财问题"绝缘，而"自暴自弃"、"随性"而为，一旦被迫面临重大的财务问题，不是任人宰割就是自叹没有金钱处理能力。

事实上，任何一项能力都非天生具有，耐心学习与实际经验才是重点。理财能力也是一样，也许具有数字观念或本身学习商学、经济等学科者较能触类旁通，也较有"理财意识"，但基于金钱问题乃是人生如影随形的事，尤其现代经济日益发达，每个人都无法自免于个人理财责任之外。

现代经济带来了"理财时代"，五花八门的理财工具书多而庞杂，许多关于理财的课程也走下专业领域的舞台，深入上班族、家庭主妇、学生的生活学习当中。随着经济环境的变化，勤俭储蓄的传统单一理财方式已无法满足一般人的需求，理财工具的范畴得到迅速的拓展。配合人生规划，理财的功能已不限于保障安全无虑的生活，而是追求更高的物质和精神满足。这时，你还认为理财是"有钱人玩的金钱游戏"，是与己无关的行为，那就证明你已落伍，该奋起直追了！

在我们身边，许多人一辈子工作勤奋努力，辛辛苦苦地存钱，却又不知所为何来，既不知有效运用资金，也不敢过于消费享受；或有些人企图"以小搏大"，不看自己能力，把理财目标定得很高，在金钱游戏中打滚，失利后颓然收手、放弃从头开始的决心，就只落得后半辈子悔恨抑郁再难振作。

　　要圆一个美满的人生梦，除了要有一个好的人生目标规划外，也要懂得如何应对人生不同阶段的生活所需，而将财务作适当计划及管理就更显其必要。因此，既然理财是一辈子的事，何不及早认清人生各阶段的责任及需求，制定符合自己的理财规划呢？

　　有钱人认为，一生理财规划趁早进行，以免年轻时任由"钱财如水流"，蹉跎岁月之后，老来嗟叹"白了少年头，空悲切"。同时，理财决不能流于"无头苍蝇瞎撞"，毕竟有目标才有动力，若是毫无计划，只是凭一时之间的决定主宰理财生涯，则可能有"大起大落"的极端结果。财富是靠积少成多逐渐累积的，平稳妥当的生涯理财规划应及早拟定，逐步实现"聚财"的目标。

第五章

风险越大，
回报越大

一位投资前辈说过这样的话："我能在一小时内教你如何选择股票，但要教你如何应付投资风险，却要花上5年以上的时间。"

在变化多端、复杂难测的投资世界里，各种不确定的情况都可能发生，这就是风险。而当风险发生之时，该如何面对它，这是每一位投资人所必须面对的问题。投资者在从事风险管理的同时，必须了解"你永远无法事先为风险作好'万全'的准备"。你可以设法降低风险，但不要尝试完全消除风险。许多人想利用预测或专家的建议来避免风险，事实上，不管你的预测技术多么精确，专家的预言多么神奇，也不可能完全规避风险。预测最大的伤害，不是因为它们经常不准，而是投资人容易因为过分相信预测而丧失风险意识，只在乎预测的结果是否发生，而不在乎潜在风险有多大。

有钱人喜欢冒险

要想做成任何一件事都有成功和失败两种可能，当失败的可能性大时，却偏要去做，那自然就成了冒险。问题是，许多事很难分清成败可能性的大小，那么这时候也是冒险。而商战的法则是冒险越大，赚钱越多。穷人不敢冒险，所以他们发不了财，永远是平庸之人。而有钱人大多具有乐观的风险意识，并常能发大财。

有钱人相信"风险越大，回报越大"，"财富是风险的尾巴"，跟着风险走，随着风险摸，就会发现财富。

确实，有钱人不仅做生意，而且也"管理风险"，即使生存本身也需要有很强的"风险管理"意识。所以在每次"山雨欲来风满楼"时，他都能准确把握"山雨"的来势和大小。这种事关生存的大技巧一旦形成，用到生意场上去就游刃有余了。有不少时候，有钱人正是靠准确地把握这种"风险"之机而得以发迹。

在公元 1600 年前后，摩根家族的祖先从英国迁移到美洲来，到约瑟夫·摩根的时候，他卖掉了在马萨诸塞州的农场，到哈特福定居下来。

约瑟夫最初以经营一家小咖啡店为生，同时还卖旅行用的篮子。这样苦心经营了一些时日，逐渐赚了些钱，就盖了一座很气派的大旅馆，还买了运河的股票，成为汽船业和地方铁路的股东。

风险总是与机遇、利益如影随形。如果一个商人整天只是想着要发财，要成功，要赚大钱，但又怕担风险，对未来心存胆怯而裹足不前，那么他就很可能与成功失之交臂，只有事后叹息、后悔的份了。

成功的企业家邱德根曾经这样说过："我不信命运，我从风浪中挨出来，建立了自己的斗志，即使到最后一刻也不会放弃，我的许多生意都是在风险中度过的。"

中国人喜欢求同的思维方式源远流长，可上溯至孔夫子的"中庸思想"。具体而言，就是表现为不敢为天下先，正如俗语说的"枪打出头鸟"，"出头的椽子先烂"，所以一般来讲，中国少有变革，"第一个吃螃蟹的人"往往不得善终。

其实很多事在未真正完成之前，都是具有风险性的，常常会有一波未平一波又起的时候，也常常会有看似平静，但内部汹涌澎湃隐藏危机的时候。商业场上更是如此。但是一旦你勇于去开始，敢于去克服那些困难，那么在最后你将会有意想不到的收获。在那些看似难以捉摸的风险背后，往往是隐藏着巨大财富！

1835年，约瑟夫投资参加了一家叫作"伊特纳火灾"的小型保险公司。所谓投资，也不要现金，出资者的信用就是一种资本，只要在股东名册上签上姓名即可。投资者在期票上署名后，就能收取投保者交纳的手续费。只要不发生火灾，这无本生意就稳赚不赔。

然而不久，纽约发生了一场大火灾。投资者聚集在约瑟夫的旅馆里，一个个面色苍白，急得像热锅上的蚂蚁。很显然，不少投资者没有经历过这样的事件。他们惊慌失措，愿意自动放弃自己的股份。

约瑟夫便把他们的股份统统买下。他说："为了付清保险费用。我愿意把这旅馆卖了，不过得有个条件，以后必须大幅度提高手续费。"

这真是一场赌博，成败与否，全在此一举。

另有一位朋友也想和约瑟夫一起冒这个险。于是，两人凑了10万美元，派代理人去纽约处理赔偿事项，结果，代理人从纽约回来的时候带回了大笔的现款。这些现款来自新投保的客户，他们出了比原先高一倍的手续费。与此同时，"信用可靠的伊特纳火灾保险"已经在纽约名声大振。这次火灾后，约瑟夫净赚了15万美元。

这个事例告诉人们，能够把握住关键时刻，通常可以把危机转化为赚大钱的机会。冒险是上帝对勇士的最高嘉奖。不敢冒险的人就没有福气接受上帝恩赐给人的财富。

任何一个企业要想做大，所面临的风险是长期的、巨大的和复杂的。企业由小到大的过程，是斗智斗勇的过程，是风险与机会共存的过程，随时都有可能触礁沉船。在企业的发展过程中常常会遇到许多的困难和风险，如财务风险、人事风险、决策风险、政策风险、创新风险等。要想成功，就要有"与风险亲密接触"的勇气。不冒风险，则与成功永远无缘，但更重要的是冒风险的同时，一定要以稳重为主，只有这样的成功，才是我们想要的成功。

与市场共舞

　　把握了市场的脉搏，你将与幸运同在。成功的商人指出将生意做大的关键就在于与市场共舞，即敏锐地把握市场的大势。在一个完善的市场竞争社会中，谁把握了市场的大势，谁就能够顺势而为。

　　成功商人索罗斯在著作《金融炼金术》中描述了他从 1985 年 8 月 18 日到 1986 年 11 月 7 日期间的交易行为。我们读下去，就会看到索罗斯对于金融走势的准确判断，以及卓越的预见性。我们知道，索罗斯喜欢用外来词为事情命名。他称这一段交易时期为"真正的时间试验"。在这期间，他基金的净资产价值增加了一倍。

　　故事开始于 1985 年 8 月，这使人联想起里根总统 1984 年的选举，以及随后的减税和增加国防开支的行动，它们开创了美元和股市繁荣的时期。美国决心对抗苏联，在政策上更加开放，欢迎外国投资者参与美国经济的扩张，这是外国投资者喜欢看到的。在外界看来，美国的地位确实很特殊：世界上几乎所有的国家要么由于受到苏联的威胁，要么由于内部原因而使投资者望而却步。因此，处于自信状态的美国自然就吸引了大量国际投资，有的是直接进行，有的是通过瑞士、卢森堡进行。

　　在里根总统执政的前期阶段，大量外资的流入，使美元市场和资本市场呈现出一派繁荣景象，刺激了新一轮的经济扩张，这又使更多的资金蜂拥而至，美元变得更加坚挺。索罗斯将这种现象称为"里根大循环"，这个模型暗示了走向泡沫经济的可能性，从本质看，这种经济最终一定会崩溃的，债务成本超过重新借债的能力的时候是它能够存在的最后界限。甚至在这之前，许多力量都可能要戳破它，于是，美元贬值，大量投机资本外逃，这反过来又导致了经济的衰退，造成螺旋式下降的局面。

　　这就是索罗斯商业故事开始时的背景（1985 年 8 月 18 日），此时基金总值为 6.47 亿美元。读者也许会记得在这一时期，投资者非常担心货币供给增加会导致高利率的繁荣，之后是暴跌；经济界忌讳的就是所谓"硬着陆"。周期性股票遇上繁荣时显得强大，但是靠低利率维持的股票在这种情况下则显得很脆弱。

在故事中，索罗斯宣称他根本不相信这种传统的说法。他认为"大循环"已经开始蹒跚，因此美元疲软、利率回升和衰退是不可避免的。他放弃了购买周期性股票的打算，购买了可能被接管的公司的股票，以及财产保险公司的股份，这使他迎来了一个最佳业绩年。至于货币，他正通过购买马克和日元而在钱币上大做文章。他还认为欧佩克将会解散，因此卖空了大量石油。

3周以后，即9月6日，他并没有得到利润。马克和日元贬值，而索罗斯在这两种货币上多头生意已达7亿美元，超过了基金总值。因此他损失惨重。截止到9月6日，他手中的马克和日元已接近8亿美元，几乎超出基金总值2亿美元。

由美国财政部负责召集的五国财政部长和中央银行会议在星期日举行。当天晚上已是香港星期一的早上，索罗斯大量买进日元，日元大幅升值，他的资产一下子增加了10%，他的日元持有量达4.58亿美元。

在9月28日的日记里，索罗斯将这次财长行长会议协定描绘为"生命中的一次挑战……一周的利润足以弥补4年来货币买卖损失的总和……"对于不走运的人们而言，4年时间太长了！这句话清楚地说明了货币买卖的艰难。如果读者看了索罗斯9月6日的日记，在量子基金表上，可以看到他持有的马克为4.91亿美元，日元为3.08亿美元，总计7.99亿美元，超过基金总值。到9月27日，马克对美元的汇率从2.92∶1变为2.68∶1，升值9%，日升值11.5%。下大赌注的结果使两种货币的持有量之和从7.91亿美元增加到10亿美元，但由于股票和石油市场的亏损，整个基金的净利润为7.6%，也就是说8%～10%的利润被其他方面的损失所抵消。索罗斯认为股票市场的跌落，强化了美元的熊市地位：股票的弱走势，使得消费者和商家都缺乏信心。而且，股票价格下降弱化了它们的担保价值，使不景气加剧。

到1985年11月份的第一个星期，索罗斯对美元的投资达到了最高点。马克和日元的总值为14.6亿美元，几乎是基金价值的两倍。这意味着他顺延过去增长的势头，继续增加投入，即进行所谓积累投资。对于想在外汇买卖中品尝风险滋味的人们来说，这是一个好机会，因为一旦趋势逆转，哪怕是短暂的，也将拥抱灾难。

"我一直增加投入的原因，在于我深信逆转已不复存在：我早已形成的关于浮动汇率的观点，短期变化只发生在转折点上，一旦趋势形成，它就消失了。"

这就是这位货币投机者的箴言。

有钱人认为，对于一个投资者，不管投资于房地产、股票、债券、外汇、期货、黄金珠宝、收藏品，都要对金融的走势有个牢牢地把握。虽然在投资的过程中有一定的风险，但潜在的风险有多大，都无法预测，人们可以通过金融形势的反映对风险有所了解，对所投资的行业有所熟知，做到尽量减少风险，以最大的程度上获得成功，紧紧把握金融的走势，每一个投资者有个美好的明天。

⚾ 有钱人做事前都要三思 ⚾

作为一个投资者，虽然有着承担风险的能力，但每一位投资者都不想在投资的过程中遇见太大的风险，因为风险不仅仅危及个人的利益，同时也给自己带来了许多的不便。因此，有钱人在做每一项投资时，都做慎重的思考，因为他们知道不怕一万，就怕万一。

成功的投资家是以"致富"为冒险背后的真正动力，尽管必须准备随时应付价格波动起伏带来的压力，但只要合理管理风险，冒险终会获得成功的。

每次投资前，务必先了解可能遭遇的风险，并对每种可能发生的状况预先设想应付方案。分析盲目冒险的成分有多大，预估成功的概率有多少，且在过程中，需不断地重新评估。有钱人在投资前都要列出一张风险报酬评估表，将所有的因素加以衡量，譬如最坏的情况发生时，自己是否能够承受，而此投资标的报酬率是否理想？

有钱人认为凡事必须作最坏的打算，也作最好的准备，投资理财更应该如此。在进行任何投资前，无论多么有把握，都应思考一下，"未来最坏的情况可能是什么？"如果以上的答案是肯定性的，那么只要投资的预期报酬足够高，便应投资；如果最坏的情况是我们所无法承担的，那么不管报酬多么的迷人，都应断然拒绝投资。

美国拉斯维加斯或大西洋城等地的赌城，在装潢豪华的赌厅里，你将发现赌厅内看不到钟，室内灯火通明，而且也看不到任何窗户。"山中无甲子，赌场无时间。"为什么赌场内不摆钟，也不设窗户？这就是赌场要利用大数法则赢你的钱。没有钟也没有窗户的目的，是想让你分不清昼夜，也就是希望赌徒能够尽兴玩乐，玩到忘了时间。因为人们玩得越久，玩的次数越多，赌场赢钱的概率就越大。玩的次数渐增，会使期望值逐渐现身。赌之所以必输，原因无他，主要是赌博的期望值为负值。少数几次看不出来，但经过越长的时间后，期望值逐渐显现出来，因此赌久了，必输无疑。这就是何以"十赌九输"，"久赌必输"的原因所在，其与大数法则的原理不谋而合。所谓的大数法则，系指游戏的次数越多，报酬率越接近该游戏的期望值。

许多人认为"高风险，一定有高报酬"的观点，其实这是一种错误的想法，为什么会这样认为呢？因为高风险会伴随着高报酬，但对于报酬的定义有所误解，高风险的确可能会有高的报酬，这最高的报酬可能只有微小概率。然而"高报酬、高风险"中，所指的报酬是指期望报酬（长期平均报酬），而非最高可能报酬。的确，赌博的最高可能报酬非常惊人，但是他的平均期望报酬却是负值，冒这种风险，不但无法获利，反而有害。

有钱人是天生的冒险家，他们在冒风险时就全面地分析，他们不是瞎冒险，有钱人忠告人们：要树立正确的风险观，去冒值得冒的险，然后再设法降低风险，凡事还要三思，不怕一万，只怕万一。

冒险、失败、再冒险、再失败……成功

未来的世界变化快速，不论在企业、经济、金融、政治、社会等各层面，必然会加速变化，况且整个理财的环境会变得更复杂，可以预见，未来的财富重分配也必然加速进行。规避风险是人类的天性，在过去的经济形态，你可以不冒险，安安稳稳地过日子，但面对未来多变的投资环境，不冒险反而变成是冒最大的风险。

风险使人们迟迟不敢投资，与致富失之交臂。将钱存在银行似乎是最安全的，不需要冒太大的风险。但根据前述分析，通货膨胀将严重地侵蚀金钱的实际价值，因此，就理财的观点而言，将钱存在银行是冒最大的风险，因为在30～40年后，当你周围的人都因为理财得当而成为亿万富翁时，将钱存在银行的人可能因经济能力不佳而危及生活。有钱人认为，不要一味地规避风险，风险其实没有那么可怕，冒有高报酬率的风险是绝对值得的。

常有人问一些专家："股票会不会再跌？"回答是："不知道。"接着又问："什么时候会开始上涨？"回答也是："不知道。"接着再问："哪一个股票可以买？能否报一个名牌"，回答仍然是："不知道。"接着他们会疑惑不解地问："你什么都不知道也敢投资，不是太冒险了吗？"回答是"你必须在以上所有问题都不知道的情况下投资理财，才能成功"。

为什么在上述问题都没有答案，且在未来充满不确定的情况下还要投资？有钱人认为理由很简单，未来虽然充满风险，不过有一点能确定的是：只要经济持续成长，企业获利能力不断上升，长期而言，整体股市的投资报酬率必然会高于银行存款，而且会高出很多。一再地规避值得冒的风险，将与"致富"绝缘。

有钱人认为，在规避风险的同时，也要学会一定的冒险。一个有冒险勇气的人，并不是说他没有恐惧，而是指他有克服恐惧的力量。

有钱人的冒险精神并非与生俱来，多半是经由训练而来，经由冒险、失败、再冒险、再失败……一步一步训练而来。

其实每个人都是敢冒险的，每个人也都曾经有过大胆冒险的经验。在幼儿时期，我们敢冒险起来学走路，都是经过不断的跌倒、爬起，才能学会走路。年纪稍长学骑自行车，也是不断地摔倒、爬起、再摔倒、再爬起，最后才能随心所欲地驾驭自行车。人生的大部分技能，例如游泳、溜冰、开车、公开演讲等等，没有一项是与生俱来的本能。想学会这些技能，一定要经过冒险的阶段，并遵循"越挫越勇"的精神，尝试再尝试，才有可能学会的。想学会投资理财也不例外，一定得经过这段冒险过程。

人们的冒险精神似乎是随着年龄增长而逐渐消退了，一方面是由于人们在经历失败与错误后，本能上会产生挫折感，因而泄气；另一方面是传统的教育观念造成的，长者基于保护幼者的心理，小孩子一旦做出任何危险行为，马上会受到大人们的谴责，因而养成安全至上，少错为赢的习惯，立志当个不做错事的乖小孩。随着年龄的增长，当人们的冒险精神逐渐消退之际，逃避风险便成为一种习惯。虽然规避风险并不是坏事，问题是过度地规避风险，就会成为投资理财的严重阻碍。

如何克服这种恐惧的心理呢？当一个人能够控制恐惧，他便能控制自己的思想与行动。他的自控力能让他在纷乱的环境下仍然处变不惊，并能无惧于后果的不确定性而作该作的决定。当结果并不如所愿，他随时准备承担失败的结果。这种临危不乱的勇气与冒险的精神，正是投资人所应具备的特质。勇于冒险的人并非不怕风险，只是因为他们能认清风险，进而克服对风险的恐惧。勇气源自于控制恐惧，而冒险精神始自于了解风险。

有钱人认为要想成为一个成功的投资人，就必先摒除规避风险的习惯，重新拾回失去的冒险本能，进而培养一个健康的冒险精神。的确，积习已久的避险习惯想在短时间内改变过来，谈何容易。但是，既然冒险是成功理财不可缺少的要素，学习投资理财的第一要务就是克服恐惧，强迫自己冒险，培养健康的冒险精神，勇于投资在高期望报酬的投资标的上并承担伴随它的高风险。

世界上任何领域的一流好手，都是靠着对他们所畏惧的事物冒险犯难，才能出人头地的。而一些通过理财致富，通过冒险实现梦想的人也都是如此，都是以冒险的精神作为后盾。切记！处处小心谨慎，则难以有成。缺乏冒险精神的话，梦想将永远都只是梦想。在机会来临的时候，不敢冒险的人也是一个平庸的人。

世界上最聪明的人应数犹太人，商人也如此，他们大多拥有着乐观的风险意识，犹太大亨哈默在利比亚的冒险成功就很能说明他们乐观的风险精神。

当时，利比亚的财政收入不高。在意大利占领期间，墨索里尼为了寻找石油，在这里大概花了1亿美元，结果一无所获。埃索石油公司在花费了几百万收效不大的费用之后，正准备撤退，却在最后一口井里打出油来。壳牌石油公司大约花了5000万美元，但打出来的井都没有商业价值。欧美石油公司到达利比亚的时候，正值利比亚政府准备进行第二轮出让租借地的谈判，出租的地区大部分都是原先一些大公司放弃了的利比亚租借地。根据利比亚法律，石油公司应尽快开发他们的租借地，如果开采不到石油，就必须把一部分租借地还给利比亚政府。第二轮谈判中就包括已经打出若干眼"干井"的土地，但也有许多块与产油区相邻的沙漠地。

来自9个国家的40多家公司参加了这次投标。参加投标的公司，有很多是"空架子"，他们希望拿到租借地后再转租。另一些公司，其中包括欧美石油公司，虽财力不够雄厚，但至少具有经营石油工业的经验。利比亚政府允许一些规模较小的公司参加投标，因为它首先要避免的是遭受大石油公司和大财团的控制，其次再去考虑资金有限等问题。

哈默虽然充满信心，但前程未卜，尽管他和利比亚国王私人关系良好。

但是，他不仅这方面经验不足，而且同那些一举手就可以推倒山的石油巨头们相比，竞争实力悬殊太大，真可谓小巫见大巫，但决定成败的关键不仅仅取决于这些。

哈默的董事们都坐飞机赶了来，他们在 4 块租借地投了标。他们的投标方式不同一般，投标书用羊皮证件的形式，卷成一卷后用代表利比亚国旗颜色的红、绿、黑三色缎带扎束。在投标书的正文中，哈默加了一条：他愿意从尚未扣税的毛利中拿出一部分钱供利比亚发展农业用。此外，还允诺在国王和王后的诞生地库夫拉附近的沙漠绿洲中寻找水源。另外，他还将进行一项可行性研究，一旦在利比亚找出水源，他们将同利比亚政府联合兴建一座制氨厂。

最后，哈默终于得到了两块租借地，使那些强大的对手大吃一惊。这两块租借地都是其他公司耗巨资后一无所获而放弃的。

这两块租借地不久就成了哈默烦恼的源泉。他钻出的头三口井都是滴油不见的干孔，仅打井费就花了近 300 万美元，另外还有 200 万美元用于地震探测和向利比亚政府的官员交纳的不可告人的贿赂金。于是，董事会里有许多人开始把这项雄心勃勃的计划叫作"哈默的蠢事"，甚至连哈默的知己、公司的第二股东里德也失去了信心。

但是哈默的直觉促使他固执己见。在和股东之间发生意见分歧的几周里，第一口油井出油了，此后另外 8 口井也出油了。这下公司的人可乐坏了，这块油田的日产量是 10 万桶，而且是异乎寻常的高级原油。更重要的是，油田位于苏伊士运河以西，运输非常方便。与此同时，哈默在另一块租借地上，采用了最先进的探测法，钻出了一口日产 7.3 万桶自动喷油的油井，这是利比亚最大的一口井。接着，哈默又投资 1.5 亿美元修建了一条日输油量 100 万桶的输油管道。而当时西方石油公司的资产净值只有 4800 万美元，足见哈默的胆识与魄力。之后，哈默又大胆吞并了好几家大公司，等到利比亚实行"国有化"的时候，他已羽翼丰满。这样，欧美石油公司一跃而成为世界石油行业的第八个姊妹了。

哈默的一系列事业成功，完全归功于他的冒险精神和魄力，他不愧为犹太的大冒险家，从这里我们可以得出一个结论：驾驭风险是理财投资成功的基础，不要一味地规避风险，我们要勇敢地面对一切风险。

有钱人做小事

有钱人冒险，绝不会把两只脚一起踏到水里试探水的深浅，他们会先伸出一只脚试试，一发现情况不对，迅速地把脚抽出，有这样一句俗话："只有傻瓜才会同时用两只脚去探测水深。"同样，只有傻子才会在没有投资经验时就孤注一掷。

有钱人认为对于不熟悉的投资机会，不要一开始就倾巢而出，要以"小"为宜。高明的将领不会让自己的主力军队暴露在不必要的危险下，但是为了获得敌情，取得先机，他们会派出小型的侦察部队深入战区，设法找出风险最小、效果最大的攻击策略。

有钱人认为投资的冒险策略也是如此，对于不熟悉的投资或状况不明、没有把握的情况，切忌倾巢而出，此时以"小"为宜，利用小钱去取得经验，去熟悉情况，待经验老到，状况有把握时，再投入大钱。

俗语说得好，"万事开头难"，克服恐惧的最佳良方就是直接去做你觉得害怕的事。有钱人认为冒险既然是投资致富中不可缺少的一部分，就不要极力逃避。从小的投资做起，锻炼自己承担风险的胆识。有了经验之后，恐惧的感觉会逐渐消除，在循序渐进地克服小恐惧之后，就可以去面对更大的风险。

规避风险是人类的本性，有钱人告诉我们千万不要因为一次投资的失败后，便信心大失，不敢再投资，而成为永远的输家。也不要因为一时手气好，便忘记风险之存在，多方借钱大举投入，造成永难弥补的损失。成功者与失败者同样对风险都感到畏惧，只是他们对风险的反应不同而已。

有经验的人告诉人们："投资的风险其实是很小的，其实比骑脚踏车的风险还要小。在你投资 10 年、20 年后，当你看到财富正呈现快速成长时，那种美好的感觉，会比骑脚踏车好上数百倍。"

有钱人认为投资的第一要素是要有一颗旺盛的冒险心，企图在风险与安全之间创造出相当的风险报酬。不论你选择什么样的投资，只要是高期望报酬，风险都在所难免。投资人应勇于冒险，并从中累积理财知识、经验，风险自然会随着知识的累积而降低，财富成长的速度自然与日俱增。

人们在理财时遭遇到最大的问题，就是无法正视风险。人们不知道如何面对风险，因此不敢冒险。殊不知阻碍投资理财最大的障碍就是害怕冒险。当然这种心态是可以理解的，因为大部分的投资理财决策都是在"不确定"和"变动"中决定。总之，有钱人认为要想投资致富就必须要敢冒险，而且要冒正确的风险。目前的社会中有许多人都因盲目冒险，热衷参与高风险的金钱游戏而遭到严重的损失。

如果你不愿意冒险，宁愿保守，那么最好心里有个准备，你将终生平庸，因为这是无法避免的。当然保守、平庸、快快乐乐地过一生也很好，决定权操之在己。人们通常只后悔没有去做某件事，而不会后悔已经试过的事。因此，去冒险，但要小心，并要懂得如何管理风险。

犹太人长期以来不仅是在做生意，而且也是在"管理风险"，就是他们的生存本身也需要有很强的"风险管理"意识，并且他们也懂得如何管理风险，在很长的一段时间里，犹太商人就背着一个投机家的名声，后来时代不同了，经济学家给他们换上了一个恰如其分的雅称，名之为"风险管理者"。他们不干坐着等"驱逐令"之类的厄运到来，也不毫无准备地使自己措手不及。所以在每次"山雨欲来风满楼"时，他们都能准确把握"山雨"的来势和大小。这种事关生存的大技巧一旦形成，用到生意场上去就游刃有余了。有不少时候，犹太商人正是靠准确地把握这种"风险"之机而得以发迹。

第六章

消费也是一种智慧

　　月初领薪水时，钱就像过节似的大肆花，月尾时再苦叽叽地一边缩衣节食，一边盼望下个月的领薪日快点到，这是许多上班族的写照，尤其是初入社会、经济刚独立的年轻人，往往无法抗拒消费商品的诱惑，也有许多人以金钱（消费能力）来证明自己的能力，或是补偿心理某方面的不足，这就使得自己对金钱的支配力不能完全掌握了。

　　面对这个消费的社会，要拒绝诱惑当然不是那么容易，要对自己辛苦赚来的每一分钱具有完全的掌控权就要先从改变理财习惯下手。"先消费再储蓄"是一般人易犯的理财的习惯性错误，许多人生活常感到左入右出、入不敷出，就是因为他们的"消费"是在前头，没有储蓄的观念。或是认为"先花了，其他的再说"，往往低估自己的消费欲及零零星星的日常开支。对于有钱人来说，其实消费也是一种智慧。

穷人盲目消费，有钱人理性消费

我们该如何避免挥霍金钱的习惯呢？一个解决的办法就是以对金钱的积极的态度取代消极态度。

圣地亚哥国家理财教育中心提出了"选择性消费"的观念——你不应该对自己说："我该不该买这东西？"而应该问："这东西所值的价钱，是不是在我这个月花钱的预算金额内？是否正是我所要花的钱？"

换句话说，你要问问自己，到底有多么想要花这笔钱来买这东西，而不仅仅是告诉自己能不能花这笔钱。

"我不应该花这笔钱"——就是国家理财教育中心所谓的"消极的输入"，因为它是消极的信息，容易被忽略，这也是人类的心理。然而消极的输入会迫使我们合理化我们的购买行为，如"这东西颜色很漂亮"、"这东西正在打折"和"我真的很想要这东西"等说法，就是一些很普遍的例子。许多人都有买过打折商品的经历，喜滋滋地买回了"物美价廉"的商品，心中有一份莫名的得意和逢人就想夸耀的冲动，殊不知，你正是上了"打折"的当。

原先卖一百元，提价到二百元，打五折，卖一百元，这是一种打折；本来值一百元，标价五百元，打五折，优惠价二百五十元，这是另一种打折。并非所有打折都是蒙人，但确有不少商家从给商品标价的那一刻起就想到了打折。

与前几年盛行的"放血价"、"跳楼价"相比，如今商场举起了看似理性的打折牌，其势头之猛有过之而无不及。

北京某商场一楼服装大厅，一个消费者在黑色嘉日隆女式套装前驻足，"原价780元，现价200元，怎么降价幅度这么大？"售货小姐说："号码不全。"消费者顺手拨弄衣领，发现各种号码应有尽有。售货小姐赶忙解释："因为定价高卖不出去，所以降价。"谁想到，时隔3日，3月21日上午10时，消费者再度光顾嘉日隆，物依然，只是标签已变为"原价515元，现价200元"。

在欧佩尼小饰品专柜前的两枚胸针，标价为48元买一送一。而当你看到旁边一家饰品专柜，过去一问，同样的东西，24元买一送一！有时售货小姐会低声告诉你，别相信什么打折；因为商场一组织促销活动，打折的柜台就在价签上做文章，你看原价标着198元，现价98元，其实压根儿就卖98元！

曾经流行过这样一句顺口溜——七八九折不算，四五六折毛毛雨，一二三折不稀奇。

"打折就是随意定价的结果，商家一开始就想好了用打折的办法'钓鱼'、蒙人"。一般人习惯上总喜欢廉价便宜的商品，他们看到打折商品，往往不加考虑就掏钱包购买，这正好落入商家的圈套。有钱人从不盲目购买打折的商品，他们告诉人们在打折面前，最好不要乱动，冷静一下，看看这个东西你是否真的需要。不需要，打再低的折也不为其所动。

通过选择性的消费，你想要花钱的本能还是能够得到满足的。这就像一个正在减肥的人必须减少热量的吸收，但每天却又还可以吃一点儿冰激凌一样，你不必试着去完全改变生活方式，而且也不必强迫自己克服心理上的排斥感。

不要误以为选择性消费很简单，其实它并不简单，它需要不断地练习。

阿敏是个超级购物迷，每次同学想去逛超市又找不到人陪时，找她准没错。她一到超市，立刻就兴奋起来，总能想起自己缺这个缺那个，于是买个没完，每次至少也是上百元。有时候买回来的东西放在一边也想不起来用，浪费了不少钱。

后来自己也有点急了，一次逛超市的时候，看到一个妈妈领着小孩一起买东西。小男孩手里拿着计算器，妈妈每放到购物篮里一件商品，就告诉他价格，他累计后把总额告诉妈妈。阿敏觉得这是个好办法，也照做，于是手机里计算器的功能就被充分利用了起来。一开始她给自己规定，每次购物的总额不得超过80元，后来这个金额被一再缩小，现在她已经能很好地控制自己的购物行为了。

为了节省开支，带上计算器逛街，让屏幕上飞涨的数字抵挡诱惑是个不错的方法。顾客在一般商店里购买商品，买一件就要支付现金，看着钱出去难免心疼。超市自选再统一结账，往手推车里放东西，"豪拿"中购物欲望便会大涨。带个计算器逛超市，买一个东西就用计算器加一下，这样就会知道自己不断支出的总数了，超过预算就罢手。这样可以自我核算，避免结账时出现多付。另外，认定目标，到熟悉的超市购物，可以很快找到想买的东西，减少受诱惑的机会，也是一种省时省钱的方法。

在逛超市时，应该给自己规定时间，一般不要超过10分钟，这样可以控制自己的购买欲望，进入超市，就可以拿出清单对号入座。

同时，逛超市的时候尽量空手进入，如要买的东西稍多，而购物篮可以盛下，就决不要去推购物车。购物篮和购物车本是方便顾客的，但它们同时又极其艺术地为商家做着诱购和促销工作，可以说，它们是使我们无形突破购物计划的"元凶"。

人们还切记千万不要被赠品所诱惑。很多商家常在商品上绑一些赠品来激起人们的购买欲。这是商家促销的一种方式，有些商品甚至因绑了赠品后价格有一定的上升。千万不要被一些花哨但没有价值的赠品糊弄了。

另外要避免数字误导。商家喜欢把商品定为类似9.9元的价格，这样常常会给人便宜的错觉，看到这样的商品，要习惯性地四舍五入。比如把9.9元看成10元，虽然只有一毛钱的差价，但在价格上就不会被误导了。

当我们去超市时会列出清单，为什么买其他东西时不会如此呢？其实你的消费是可以掌握的，不被于习惯、冲动或者广告左右，你几乎能够购买真正想要的东西，如果你养成了消费时去比较不同商品的价格、服务和品质，用同样的金额，还可以购买哪些东西的习惯，你的选择性消费也不会那么困惑，并且也能够聪明地消费并存下省下来的钱，照这样推算，那你就很快可能成为一个小小的富翁。

有钱人消费有绝招

有品位的节约是持之以恒的节约，它会让生活品质更佳，因此我们要学会省钱，寻找个人理财的方法。等待发薪水的日子，往往觉得依然是依赖着钱过生活，那么，到底要怎么省钱？又如何做到有效地理财呢？有钱人认为想要有精明的理财方法、要想提高生活的品质，就需要有决心、毅力和制订有效的计划。不过欲速则不达，点点滴滴的累积只会成为未来可观的财富，有钱人认为一般人要抛弃以前错误的消费习惯。

一、用循环信用购物

随着社会的发展，经济的进步，越来越多人使用信用卡，但我们有时要避免用信用卡循环购物。大部分信用卡的循环利息介于 14% 到 21% 之间，所以信用是很昂贵的。一台 4000 元的电视机如果用利率 15% 的贷款来购买，3 年下来会值 4900 元，也就是说，总价会超过用现金买的约 25%。如果一定要用信用卡，就应将消费的余额尽快清偿。

二、买个方便

现在吃省时的速食代价不菲，譬如说，一个知名品牌的冷冻面条，要比同样分量的一般面条贵上 2 ～ 5 倍的价钱。另外，所谓便利商店的东西也是比较贵的，因为他们的货物加成费用也比超级市场里的加费用成高。如果经常在便利商店购物，一年下来，两者的消费金额相差会有千元以上之多。另外一个高成本的便利服务项目，即很多旅馆饭店所提供的电话接线生的服务，应该尽量避免使用，不如通过长途电话公司自动拨接的方式打电话来得省钱。

三、冲动的消费

你是不是一个冲动的消费者？如果是，必须先来算算这个习惯的成本。试想如果每一周都冲动地买个价值 15 元的东西，一年下来得花 780 元。当然，偶尔还是要慰劳一下自己，但也不要太过分。如果经常有别人陪着购物，并且还鼓励你去买超过预算的东西，那么，最好还是自己一个人去购物。

四、消费的时间不恰当

买刚刚才送到商店里的衣服或当季的货品，是很昂贵的。事实上不久后，价钱就会降下来，特别是在销售情形不佳的季节里。其实可以等到新产品（如计算机、电脑和电子设备等）上市后开始降价时再买，这样也可以替自己省下些钱。

五、买个身份地位

信用卡使用方便，常会使人立即当场就购买商品或服务；有些人在和朋友或亲戚攀比物质生活时，会昏了头。在很多人的心目中，金钱和占有就等于成功。追求身份地位的人，会去买较贵、较好的东西，他们靠家里衣柜的大小或者是衣服的品牌标签来证明他们比别人更成功。这也是一种欠佳的表现。

六、安慰型消费

有些人则会以花钱作为代价，抒发自己的压力或沮丧的心情，譬如说，他们如果对配偶发脾气，就会跑到最近的购物中心去大肆消费，以作为一种惩罚，发泄心中的郁闷，这是相当愚蠢的。

七、买"错"了东西

货比三家可以省钱，如果你想要买家用器具，可以参考一下"消费者导报"之类的刊物，其中有各种品牌、形式和等级的说明介绍。有些百货公司自营商品的品质，事实上和某些名牌是同质品，因为他们都是由同一家制造商所制造的。

以上是普通消费者经常会患的 7 个错误习惯。下面看看消费省钱的秘诀吧。

（1）购物一定要有计划：这一条是节约的经典策略。购物无计划等于给存款判死刑。每个月都要根据家中需要制定详细、合理的购物计划，有时甚至要提前将每顿饭的菜单都设计好，并写在账本上，做到心里有数。

（2）穷追不舍买便宜货：据一对夫妇透露，每次到超市购物，他们都会在购物架前来回逡巡，寻找要购买物品的最便宜价格，直到找到最低价才买东西。在夫妇俩的带动下，孩子也学会了节约，总是陪着父母耐心搜索最低价格。即使在不购物的时候，他们也会像炒股者关注股票一样，随时留心各种物品价格的涨落。

（3）每个月只购物一次：建议大家，最好每个月只购物一次，因为逛得多一定会买得多，买得多就花费多。

（4）巧妙利用购物优惠：许多商场、超市都会推出买二赠一、低价促销等购物优惠活动，对此应经过反复比较，以最优惠的价格买下所需要的物品。

（5）提前预算以防危机：理财专家说："如果你不提前作预算，你就很可能从一个财政危机走入另一个财政危机。"在他们看来，一旦家中经济拮据并最终导致负债，那么接下来整个生活就是一种危机了。

（6）永不花费超过信封内总金额80%的钱：有的夫妇从结婚初期，就开始采用"信封体系"理财，即每个月把家中的钱放入一个个信封，分别用于买食物、衣服、汽油，付房租等等，而且永远不花费超过信封内总金额80%

的钱。这样，不仅支付了基本开支，还可以省下一笔钱。

（7）提前购买节日物品：每逢重大节日前，要提前购买一些节日所需物品，并储备起来，以防节日时涨价。

除了上述七大省钱招数外，为还要抓住机会，想办法多赚钱！现在都成立了专门的网站，向人们介绍各种理财的好方法，因此，人们只要付费，都可以在网上学到"省钱真经"。

有钱人从小钱起家

两个年轻人一同寻找工作，一个是英国人，一个是日本人。一枚硬币躺在地上，英国青年看也不看地走了过去。日本青年却激动地将它捡起来。英国青年对日本青年的举动露出鄙夷之色：一枚硬币也捡，真没出息！日本青年望着远去的英国青年心生感慨：让钱白白地从身边溜走，真没出息！

两个人同时走进一家公司。公司很小，工作很累，工资也低，英国青年不屑一顾地走了，而日本青年却高兴地留了下来。

两年后，两人在街上相遇。日本青年已成了老板，而英国青年还在寻找工作。英国青年对此迷惑不解，说："你这么没出息的人怎么能这么快地'发'了？"

日本青年说："因为我没有像你那样绅士般地从一枚硬币上迈过去。你连一枚硬币都不要，怎么会发大财呢？"

也许这个英国青年并非不要钱，可他眼睛盯着的是大钱而不是小钱，所以他的钱总在明天。但是，没有小钱就不会有大钱，你不懂得从小钱积起，那么财富就永远不会降临到你的头上。

这个故事告诉我们一个真理：财富的积累离不开金钱的积累。而要积累金钱，还得掌握金钱的特性，因为钱是喜欢群居的东西，当它们处于分散的状态时，也许没有什么威力，但当它们由少成多地聚集起来时，成千上万的金币就会发挥巨大的力量。另外，金钱还有这么一个特性，就是你越尊重它，它便越拥护你；你越蔑视它，它便越避开你。以上故事启示我们，要想积累财富，首先就得掌握金钱的特性，不要放过身边的每一个小钱。

亚凯德是巴比伦的一位巨富，他曾向人们传授他致富的经验。在某次课堂上，亚凯德向一位自称卖蛋的节俭人说："假使你每天早上收进 10 个蛋放到蛋篮里，每天晚上你从蛋篮里取出 9 个蛋，其结果是如何呢？"

"时间久了，蛋篮就要满溢啦。"

"这是什么道理？"

"因为我每天放进的蛋数比取出的蛋数多一个呀。"

"好啦，"亚凯德继续说，"现在我向你介绍发财的一个秘诀，你们要照我说的去做。当你把 10 块钱收进钱包里，只取出 9 块钱作为费用，这样你的钱包将逐渐膨胀。当你觉得手中钱包重量增加时，你的心中一定有满足感。"

"不要以为我说得太简单而嘲笑我，发财秘诀往往都是很简单。开始，我的钱包也是空的，无法满足我的发财欲望，不过，当我开始向钱包放进 10 块钱只取出 9 块花用的时候，我的空钱包便开始膨胀。我想，如果如法炮制，各位的空钱包自然也会膨胀了。"

现在来告诉大家一个发财秘诀，它的道理很简单：当你的支出不超过全部收入 90%时，你就会觉得生活过得很不错，不像以前那样穷困。不久，觉得赚钱也比往日容易。能保守而且只花费全部收入的一部分的人，就很容易赚得金钱；反过来说，花尽钱包里的钱的人，他的存款账户上永远都是空空的。

在有钱人的圈子里，有一个所谓 9：1 法则，那就是当你收入 10 块钱时，你最多只花费 9 元，让那 1 元"遗忘"在钱包里，无论何时何地，永不破例，哪怕只收入 1 元，你也保证冻结 1/10。这是白手起家的第一法则。

别小看这一法则，它可以使你的钱包由空虚变充实。其意义并不仅仅在于攒几个钱，它可以使你形成一个把未来与金钱统一成一个整体的观念，使你养成积蓄的习惯，刺激你获取财富的欲望，激发你对美好未来的追求。从一个方面来看，当你的投资进入最后阶段时，这最后的一块钱往往能起到决定性的作用。

富有商人的成功并不是起点很高，并不是一开始就想着要赚大钱。他懂得，凡事要从细小的地方入手，一步一步进行财富的雪球才会越滚越大。

凡事从小做起，从零开始，慢慢进行，不要小看那些不起眼的事物。这一道理从古至今永不失效，被许多成功人士演练了无数次。

有个叫哈罗德的青年，开始只是一个经营一小型餐饮店的商人。他看到麦当劳里面每天人潮如人涌的场面，就感叹那里面所隐藏的巨大的商业利润。

他想，如果自己可以代理经营麦当劳，那利润一定是极可观的。

他马上行动，找到麦当劳总部的负责人，说明自己想代理麦当劳的意图。但是负责人的话却给哈罗德出了一个难题——麦当劳的代理需要 200 万美元的资金才可以。而哈罗德并没有足够的金钱去代理，而且相差甚远。

哈罗德并没有因此而放弃，他决定每个月都给自己存 1000 美元。于是每到月初的 1 号，他都把自己赚取的钱存入银行。为了害怕自己花掉手里的钱，他总是先把 1000 美元存入银行，再考虑自己的经营费用和日常生活的开销。无论发生什么样的事情，都一直坚持这样做。

哈罗德为了自己当初的计划，整整坚持不懈存了 6 年。由于他总是在同一个时间——每个月的 1 号去存钱，连银行里面的服务小姐都认识了他，并为他的坚韧所感动！

现在的哈罗德手中有了 7.2 万美元，是他长期努力的结果。但是与 200 万美元来讲仍然是远远不够的。麦当劳负责人知道了这些，终于被哈罗德的不懈精神感动了，当即决定把麦当劳的代理权全部交给哈罗德。就这样，哈罗德开始迈向成功之路，而且在以后的日子里不断向新的领域发展，成为一代巨富。

如果哈罗德没有坚持每个月为自己存入 1000 美元，就不会有 7.2 万美元了。如果当初只想着自己手中的钱太微不足道，不足以成就大事业，那么他永远只能是一个默默无闻的小商人。为了让自己心中的种子发芽，哈罗德从 1000 美元开始慢慢充实自己的口袋，而且长达 6 年之久，终于感动了负责人，也开始了他自己的富裕人生。万丈高楼平地起。你不要认为为了一分钱与别人讨价还价是一件丑事，也不要认为小商小贩没什么出息。金钱需要一分一厘地积攒，而人生经验也需要一点一滴地积累。在你成为富翁的那一天，你就会明白：积累财富也是一种理财的表现，在我们消费的过程中，就不能把硬币不当钱，我们要学会节约每一分钱，做一个理财高手。

◎ 有钱人精明到点滴 ◎

许多人每天早出晚归努力工作，甚至牺牲休息时间加班加点，结果到了月底，仍然觉得收入和支出刚刚扯平，有时还不够用，这是怎么回事呢？事实上，每个月虽净赚不多，但有结余的人，不在少数，差别只在于你是不是能有效地运用每一笔资金，是不是将每一笔钱详实地记录下来。通过有效地运用和记录两种方法，你不但不会把钱浪费掉，反而会因此更了解自己的用钱习惯，如此一来，存一笔钱，成为人人羡慕的小富翁，就不是难事了。

有钱人认为，日常生活中很多费用是不必要的，有些花销看似不起眼，但长年累月持续下来，也是一大笔钱，所以必须从小处开始节约。

（1）交际费：交际费是生活中最想节省却往往节省不下来的那笔开销，其实最理想的方案就是尽量在家里解决聚餐和吃饭问题，这要比外面的饭店省钱很多，而且还很卫生。至于实在省不掉的开销，比如结婚礼金等等，就记一笔人情账，人家送多少适量还多少，就当成是定期储蓄了。

（2）餐饮费：如果想和朋友聊天，尽量把他们约到家里来，这样可以节省一笔饮料费开销。除此之外，还可以自己下厨，体验自己做饭的快乐，因为到餐厅吃吃喝喝十分费钱。

（3）交通费：交通费其实最容易控制，如果路远的话，每天只要提早出门，多搭公共汽车，少拦的士，即可轻轻松松省下一笔庞大而不必要的开销。

（4）美容费：如果想省钱，可以自己动手做保养，如清洁、按摩以及去除青春痘、粉刺等等，比到专业美容店，每月可省下几十元至几百元不等的费用。

（5）服装费：聪明的女士都知道，宁可挑一两件质地好、又不容易过时的服装，也不要选购"仅在这个季节流行"的服装。

（6）娱乐费：为了有效节约，很多娱乐活动都可以在非繁忙时间段进行，比如早场电影票价就比一般的电影票价要便宜一半左右。

（7）其他杂费：常见的杂费包括水费、电费、电话费等等。节约杂费的诀窍在于"用一些巧思"。比如冰箱中食物不要放得太满，可防止电量的损耗；照明用节能灯；使用煤气烧开水时，小火比大火要省煤气，等等。

除此之外，有钱人通常还有以下一些精明到点滴的小窍门，如果把它们变成习惯，那你的财务状况一定会好很多的。

第一，扬长避短选卖场。很多人逛大卖场完全凭兴趣，其实不同的卖场有不同的强项和弱项，只要留心就能扬长避短，买到更新鲜更便宜的商品。例如：

家乐福：生鲜食品质量好、半成品菜肴新鲜、品牌档次较高、价格优势不明显。

欧尚：日常用品较便宜、产品比较大众化、拎货物用的塑料袋质量不好。

易初莲花：服装鞋帽区较大、产品较普通、冷藏食品多但生鲜产品少。

农工商：牛奶、蜂蜜、鸡蛋、米、面之类的食品、副食品较便宜。

乐购：价格有优势但产品来源较杂，最好选择有品牌的货物。

华联：生鲜食品品种多，但很多分店不能停车，不方便。

第二，长个心眼看促销。如今各大卖场都热衷举办"周年庆"之类的大型促销活动，活动期间会以抽奖的方式送出价值不等的产品，如彩电、冰箱、微波炉、餐具之类。很多人以为，在促销期间购买商品一定比平时合算，其实不然。有些商品在大型活动期间不但没有跌价反而价格略微提升，这其中是否有"均摊促销费"的嫌疑？另外，还有一些大卖场规定在促销期间，消费者要购买一定金额的产品才可参加抽奖，无形中设立了"最低消费额"。

所以，在促销期消费者购物一要理智、二要精明，千万不要盲目购买，造成不必要的浪费。

第三，买促销保健品勿忘索取赠品。大卖场已经成为市民购买保健品的首选场所。大卖场里的保健品不但品种多、价格低，而且往往有赠品相送。

以前，凡是有赠品相送的产品会在陈列架前张贴说明，然后在销售区外设立一个柜台赠送赠品。近年来，很多保健品商家都将赠品拿到销售区来赠送，而且不再张贴字条明示。很多不知情的消费者买了保健品就走，殊不知，如果你找到一位促销人员并向她询问时，往往能意外获得一些赠品，而且赠品的数量有时是可以"讨价还价"的。

第四，聆听促销人员介绍。促销人员的煽动性有多大，说起来你可能都不相信：从一家销售食用油的商家获悉，有没有在大卖场设立促销人员，月营业额可以相差 30%。

多数促销员的话还是比较中肯的，有一定的借鉴作用，但也有一些纯粹是"王婆卖瓜"。如果对产品不太熟悉，最好的办法就是多问几位不同品牌的促销人员，将他们的话综合起来分析，往往会让你迅速地了解不同品牌的各自优势。

第五，开好发票勿忘索取收银条。很多大卖场规定，如果索要发票的话，商家就要收回收银条。而一旦没有了收银条，换退货就会遇到麻烦，商家会说："你拿什么证明这产品是在我们这里买的？"

解决的办法是：要求商家在收银条上盖上"已开发票"之类的凭证后将收银条还给你。再不行，可以要求商家在发票上一一注明所购商品，当然，这对开发票的小姐来说实在麻烦，但却很好地保障了你的利益。最重要的是，无论收银条还是发票，都要保存好。

最后，结账时核对单价和数量，因为，你在标签上看到的价格不一定就是你付款时的价格。

其实，大卖场里货物价格的更换是很频繁的，有时候因为工作的失误，价格标签可能没有及时更换。很多人冲着标签上的低价乐呵呵地购买，结果实际价格已经更改，吃了个"空心汤圆"。另外，有些价格是会员价，结账时要出示会员卡才能享受。如果正好买了会员价的产品又没有办会员卡，最好的办法就是结账时问别人借一个。所以说结账时千万要耐心核对一下单价和数量。

任何商业行为都无法摆脱获取更多利润的初衷，有些促销活动只是"看上去是那样的美丽"，由于营销理念的局限性，商家往往会有意识地设置一些消费陷阱，这时就需要我们的精明，不要怕"丢面子"，实际上，注意一些点点滴滴的细节，不但对你无害，反而有助于你养成良好的理财习惯。

理财高手的预算方案

在你精明到点滴的同时，只要你想出一个方法来实行你的计划，那你的梦想——不论多么宏大，都可以实现。你的计划可以让你变成百万富翁，不论你的计划如何制定都无所谓，重要的是要有一个计划和方案。

理财方案实质上应与一个人最基本的生涯规划相结合，什么样的生涯就应制定什么样的理财方案，良好的理财方案对自己的发展有着很好的帮助。有钱人通常都是理财高手，他们在一年内会拿出一份至三份的预算案，这样对于你的理财会有一个很好的把握。

第一项：基本保障理财方案

你要准备一定的现金作为你每个月的经常开支，以下关键性的家庭支出是有钱人及其家庭的理财保障方案中常有项目，列明如下：

项　目	每月现金支出
①按揭支出（住房及汽车等）	元

②杂项开支（水电杂用等） 元

③交通费（包括车牌及车保险） 元

④食用（饮宴及三餐） 元

⑤保险费（医疗人寿等） 元

⑥税项（平均每月） 元

⑦人情费（含必须服饰等） 元

⑧其他（租项等） 元

⑨每月总数 元

我的基本保障理财方案是：

⑩最低限度的保障是要累积至少 12 个月

的基本开支，以备不时之需（12× 总数） 元

第二项：活力理财方案

要拓宽生命领域，就必须给自己保留少许生活空间及活力，需要将第一项理财方案与第二项总数加起来。下列附加支出请详细列明：

项 目 每月现金支出

①基本娱乐及应酬费用 元

②个人每月的储备金、退休保险或投资 元

③儿女教育／教育保险基金 元

④服饰支出 元

⑤长短假期旅行（本地或外国）

元

⑥风险投机及投资 元

⑦烟酒或进修开支 元

每月总数 元

⑧总数 ×2(全年) 元

活力理财方案全年最基本的需求现金为与基本保障财方案划相加之总和（第一项第⑩条与本项第⑧条）。

活力理财方案要创建财富为每年最少 元

第三项：富裕理财方案

要完全拓宽自己的生命领域，拥有独立、自主的生活空间，得到物质上完全的生活情趣，享受自由和清闲，并且不需要为生活而工作，为糊口而奔波，那么究竟你需要每年收入多少才可以这样？现提议你先注意下列事项：

你想要而现在还不能拥有的（例如）：

项目	估计价钱	每月现金支出
①一套高级音响	2 万元	1000 元
②出国度假、旅游	10 万元	2500 元
③家庭私用汽车	20 万元	5000元
④一栋别墅或高级住宅	100 万元	1 万 元
全年		元
加第一项基本策划全年		元
加第二项活力策划全年		元
富裕理财策划全年需要现金总数		元

财务的预算方案之所以可行，是因为人们可以利用它来控制收支，这个方案是基于个人的喜好来作决定的。

没人可以规定你的生活形态或用钱方式，如果你认为和家人每周至少在外共进一次晚餐很重要，你可能会比别的家庭在吃的方面多一些开销，不过如果在外面用餐能带来很大乐趣，则在这个项目上减少开销，就可能是个错误。因此你最好在其他类别项目上少花费一些，使整个用钱方案能不偏离正轨。

因为人生充满了未知的事物，每个用钱计划都需要一个备用金项目。这是为了应付一些意外事情所准备的钱，对大部分家庭来说，每月 500 元到 2000 元应该足够，在用钱计划中有备用金项目的人，在碰到意外发生时，可以不必动用到储蓄账户里的钱或以信用卡借款来支付。

一旦将资金分配好给每一特定项目时，你就只要照方案执行即可。接下来，再想想看目前的情形以及 5 年或 10 年后的情形，据此建立一个能反映出你和家人都觉得重要的用钱方案来，如果搞清楚自己有多少钱，以及还需要多少钱，你就会处于一个能够掌握自己财务的最佳状态，同样，你也就成了一个理财的高手。

第七章

诚信是致富的灵魂

在商业社会，人类制定了众多而纷繁的法律和规章制度，目的就是要消除人性中恶的因素。但是，我们却不无忧虑地看到，尽管人们可以针对制度、律法的不足不断地完善它，修正它，但人类永远不能靠它来构建起人类良知善性的大厦。为此，道德作为社会中调整人与人之间，人与自然之间关系的一种内在力量，就显得尤为重要。它尽管不能保证人人向善从善，但它却比制度、法制有着更深刻，更基础性的教化力量。因此，现代物质文明的高度发达日益呼唤着人类的道德良知。"人者心之器"，道德的力量将是永恒的。人类道德中总包含着诚信、宽容、善良之类的基本要义，做道德的忠实实践者，这不但应体现在我们的日常生活中，也体现在我们的商业行为当中，要用诚信之灯点亮商誉。

品德是信誉的担保

金钱是商人经济的担保，而品德是信誉的担保。说到经商成功，人们常常最先想起的是聪明、勤奋、机遇等等。然而人们不会想到，有时品德却在不经意之间决定了一切。

法国银行大王莱菲斯特年轻时有段时期因找不到工作赋闲在家。有一天，他鼓起勇气到一家大银行找董事长求职，可是一见面便被董事长拒绝了。

他的这种经历已经是第52次了。莱菲斯特沮丧地走出银行，不小心被地上的一根大头针扎伤了脚。"谁都跟我作对！"他愤愤地说道。转而他又想，不能再叫它扎伤别人了，就随手把大头针捡了起来。

谁也没有想到，莱菲斯特第二天竟收到了银行录用他的通知单。他在激动之余又有些迷惑：不是已被拒绝了吗？

原来，就在他蹲下拾起大头针的瞬间，董事长看在了眼里，董事长根据这件小事认为这是个谨慎细致而能为他人着想的人，于是便改变主意雇用了他。

莱菲斯特就在这家银行起步，后来成了法国银行大王。

莱菲斯特的机遇表面上只因拾起一根针，是偶然之事。但实际上是他可贵的品格给了成功的可能，所以培养良好的品格是成功必不可少的条件。

品德不但能够使人获得他人的好感，而且还是扩大事业的重要条件。事实证明，如果你能够以良好的道德标准去处理每一件事，甚至对于那些举止过分的人也能以德报怨，那么你必定能够赢得人们的理解和支持。

有一个顾客欠了迪特毛料公司15万美元。一天，这位顾客愤怒地冲进了迪特先生的办公室，说他不但不付这笔钱，而且一辈子再也不花一分钱购买迪特公司的东西。迪特先生让他耐心地说了个痛快，然后对他说："我要谢谢你到芝加哥告诉我这件事，你帮了我一个大忙。因为如果我们的信托部门打扰了你，他们就可能也打扰了别的好顾客，那就太不幸了。相信我，我比你更想听到你所告诉我们的话。"

这个顾客做梦也没有想到会听到这些话。迪特先生还要他放心："我们的职员要照顾好几千个账目，比起他们来，你不太可能出错。既然你不能再向我们购买毛料，我就向你推荐一些其他的毛料公司。"

结果，这个顾客又签下了一笔比以往都大的订单。他的儿子出世后，他给起名为迪特。后来他一直是迪特公司的朋友和顾客，直到去世为止。

由此可见，良好的品德对于商人是不可缺少的，如果一个人拥有良好的品德，或许就因为一件小事会改变一生。在世界上四大商业群体——犹太商人、阿拉伯商人、印度商人和中国商人中，每个群体都具有不同的品德和经营的智慧，在19世纪末到20世纪中这段时间中，广东商人，客家商人和福建商人成了中国商人的典范，在东南亚各地形成了经济实力强大的华济社。而对于今天的商人来说，广东商人的品德修炼对中国各地的商人都具有一定的启发性。

潮州商人翁锦通也是这一时期成功的中国商人的代表之一。他以香港为经营的根据地。虽然同是潮商，与同乡李嘉诚、谢国民等比较起来，他则属于大器晚成型。翁锦通作为老一代潮商，同样注重个人品格的铸造，他留给后代子孙的最大启示就是：性格修炼是成功的重要条件。

翁锦通的祖上曾辉煌一时，明朝出了个翁迈达，官至兵部尚书。但祖荫太远，500年后翁锦通出世时，翁家早已不再是什么官宦世家、书香门第。家道既然早已没落，难免家贫子贱。穷人的孩子早当家，翁锦通六七岁就参加繁重的农业生产，每天凌晨两点钟就要起来用水灌田，起得迟了就被父亲一顿痛骂。不需要干农活时，他便去当童工。他曾在表亲开的酿酒厂干活，盛夏酷暑天里要用铁锹不停地把谷糠燃料送进火炉里，人还没有锹高，就得干这种成年人的活，当然很辛苦。干活期间他大病一场，几乎送命。后来他又进赌场当打杂的小厮。他的童年多灾多难，只有劳动，没有欢乐。但这样的童年也给翁锦通带来了终生受用不尽的好处，就是吃苦耐劳的品质，以及一种"活着，就得去赚钱"的信念。没有这种信念，翁锦通也不可能在劳碌半生后，于晚年成为一代富豪。

12岁时，翁锦通经姐夫介绍到厚生抽纱公司洗熨部做工，初步接触了当时潮州的新兴工艺——抽纱。3年后，厚生抽纱公司老板计划在山东烟台创办一家公司。翁锦通勤快好学，很得老板看重，常被带在身边，此时老板见翁锦通在工作上渐渐成熟，便将建分公司的事交给了他和自己的两个弟弟，翁锦通从此成为烟台新公司的工厂主管。

在这一时期，翁锦通对儒家君子哲学作了一个世俗化的总结：第一，要讲婚姻道德，切莫有婚外邪僻行径，勿贪女色之美，勿听长舌之言。这一条也许有些陈腐，但在当时那个时代，女性受教育的机会少，学识和眼光难免短浅些，因此"婚外邪僻"除了色的本身而言，一桩事业如果过多受女性左右也不是好事——这是当时世道造成的，因此排除其歧视女性的因素，还是很有实用意义的。第二，教门之理，一般皆善，可信而敬之，勿信而迷之。年轻人来日方长，宜保持坚强奋发之志——这一条实际上是鼓励人要入世，不必迷恋虚幻不实的教门。第三，远小人，近贤人。贤人小人甚难辨，须在自己人生经验中体会。第四，世途险恶，人心叵测，故勿贪小便宜。世途中到处是阴谋圈套，圈套者，诱人以利，故勿贪小便宜，不义之财虽一毫而莫取，则不惧奸人之伎俩矣。这四条强调的其实都是心灵的修炼，成就了他以后的事业。

有了执着而强大的心灵，自然会有坚定的操守，不过分贪恋外物，自然也就不会为外物所蒙蔽。这一道理用在商业上，则能教人看清局势，独善其身，不因眼前小利而失大，也不会受非商业因素的过多影响。

1962 年，翁锦通四年多来的劳动换得了资本。用这笔钱，他开始自行创业，兴办了"锦兴绣花台布公司"和"香港机绣床布厂"。公司设于安兰街，工厂设在加多近街翁锦通家中。此时，翁家人均已先后定居香港。一家人全部披挂上阵，在翁锦通指挥下进行生产，翁氏的家族事业就此拉开帷幕。

翁锦通做生意有个铁打原则：不贪小便宜、不受利益引诱。

正因为如此，他不贪多、不吝繁、不被一时的利益冲昏头脑，这使翁锦通始终立于不败之地。他的品德改写了他一生，通向了成功的彼岸。

有钱更需讲信誉

在商业史上，任何一个民族的重信守约也比不过犹太民族。犹太民族在特殊的社会、历史环境中形成的恪守律法的民族特性和现代商业运作不可缺少的信守合约的商业意识，这是商业文化中的一块坚厚的历史基石。犹太人看来，契约是不可变动的。

而现代意义上的契约，在商业贸易活动中叫合同，是交易各方在交易过程中，为维护各自利益而签订的在一定时限内必须履行的责任书，合法的合同受法律保护。

犹太人的经商史，可以说是一部有关契约的签订和履行的历史。犹太民族之所以成功的一个原因，就在于他们一旦签订了契约就一定执行，即使有再大的困难与风险也要自己承担。他们相信对方也一定会严格执行契约的规定，因为他们深信：我们的存在，不过是因为我们和上帝签订了存在之约。如果不履行契约，就意味着打破了神与人之间的约定，就会给人带来灾难，因为上帝会惩罚我们。签订契约前可以谈判，可以讨价还价，也可以妥协退让，甚至可以不签约，这些都是我们的权利，但是一旦签订就要承担自己的责任，不折不扣地执行。故此，在犹太人经商活动中，根本就不存在"不履行债务"这一说，如果某人不慎违约，他们将对之深恶痛绝，一定要严格追究责任，毫不客气地要求赔偿损失；对于不履行契约的人，大家都会唾骂他，并与其断绝关系，并最终将其逐出商界。

各国商人与犹太人做交易时，对对方的履约有着最大的信心，而对自己的履约也有最严的要求，哪怕在别的地方有不守合约的习惯。犹太商人的这一素质可谓对整个商业世界影响深远，真正是"无论怎样评价也不过分"。日本东京有个自称"东京银座犹太人"的商人叫藤田田，多次告诫没有守约习惯的同胞，不要对犹太人失信或毁约，否则，将永远失去与犹太人做生意的机会。

曾有这样一个事例，有一个老板和雇工订立了契约，规定雇工为老板工作，每一周发一次工资，但工资不是现金，而是工人从附近的一家商店里购买与工资等价的物品，然后由商店老板结清账目。

过了一周，工人气呼呼地跑到老板跟前说："商店老板说，不给现款就不能拿东西。所以，还是请你付给我现款吧。"

过一会儿，商店老板又跑来结账，说："贵处工人已经取走了东西，请付钱吧。"

老板一听，给弄糊涂了，反复进行调查，但双方各执一词，又谁也不能证明对方说谎而毫无凭证。结果，只好由老板花了两份开销。因为唯有他同时向双方作了许诺，而商店老板和该雇员并没有雇佣关系。

有钱人经商时首先意识到的是守约本身这一义务，而不是守某项合约的义务。他们普遍重信守约，相互间做生意时经常连合同也不需要，口头的允诺已有足够的约束力，因为他们认为有"神听得见"。

现代商业世界极为讲究信誉。信誉就是市场，就是企业生存的基础。所以，以信誉招徕顾客也成为许多企业共同使用的招数，但在商业世界中第一个奉行最高商业信誉"不满意可以退货"的大型企业，是美国犹太商人朱丽叶·斯罗森沃尔德的希尔斯·罗巴克百货公司。这项规定是该公司在本世纪初推出的，在当时被称为"闻所未闻"。确实，这已经大大超出一般合约所能规定的义务范围——甚至把允许对方"毁约"都列为己方的无条件的义务！

　　因此，犹太商人在守约上的信誉是极高的，他们对于别人尽力履约也只看作是一种自然现象，他们之所以在守约上有这种特别之处，不仅是在于散居世界各地的犹太人因此比任何一个民族获得了更多经济上的成就和特有的文化，更因为为了生存，犹太人不得不小心地处理好与各大民族的关系，尽力避免与人发生任何的冲突，为此，他们希望共处的民族之间能有某种共同遵守的规则，这便是"约"。无论是征服他们的民族，或是与之共处的民族，还是在自己同族之间，律法对他们而言都非常重要，这是犹太民族赖以生存发展的基本力量。犹太人完全能够遵守居住国的律法，甚至超过了当地民族本身的自觉性。在经济贸易中，犹太商人也以守约闻名，在其他商人的眼里，犹太商人是从不偷税漏税的，一切依约行事。他们赚大钱完全是凭着自己的智慧与机智，因为他们具备了这种天赋。获取丰厚利润，对犹太商人而言，更是自主可行的，没有必要去违约赚钱，这是他们民族的一种习惯和美德。犹太商人在法治意识上较其他民族优越，在犹太人看来，有了信誉就拥有了财富。

　　犹太人是这样，其实每个成功的商人都是这样。

　　在1989年初，由于境外企业停止对大陆供应一种叫"高压陶瓷电子"的打火装置，温州几万家打火机企业全部陷入到了无"米"下炊的困境，生产陷入了瘫痪。徐勇水认识的一个香港公司老板感念旧情，愿意给徐勇水独家提供50万个电子打火装置，但必须用现金交易。当时，徐勇水千方百计只筹到了60万元，离所需的140万元相差甚远，无奈之下，徐勇水来到了在广州的五羊城酒店，这里是温州人做生意的聚居地，他对见到的每一个温州人说："你借我5万元，一星期后我还你们6万元。"于是，140万元就这样奇迹般在一天之内凑齐了，徐勇水的口头合约挽救了温州所有的打火机厂。

　　信誉对于有钱人是一笔无形资产，特别是在市场经济日益深化、国际竞争越来越激烈的今天，信誉资源比任何时候都显得宝贵，尤其是对于一个创业者，创业的过程是非常艰辛的，如果没有诚信，没有信誉，创业会碰到许多的荆棘，因此在我们的创造财富的道路上，要怀着诚信来签约，一步一个脚印地走向成功之道。诚信签约不仅体现在商业中，同时也体现在我们生活的每一处，诚信签约不仅只代表一种商誉，同时也代表着一个人的品德，懂得诚信签约的商人才是最有远见的商人。

人性化服务打造商誉

经商时不仅要讲究信誉，而且要服务周到热情，注重个性化服务，从而赢得商誉。有一个姓蔡的温州老板，在上海开有一个建材市场，起初的时候，生意不是太好，他一时也找不出是什么原因。

后来，蔡老板发现，上海人非常节俭，许多上海人吃早饭都是开水泡饭，即便是有钱的上海人也不乱花钱，更不用说是花冤枉钱。尤其在装修房子上，上海人特别精打细算。但是，再怎么细算，总是会有一些出入，等新房装修好之后，多多少少要剩下一些材料，怎么办？留着的话，已经没有多大用途；丢掉，是花钱买来的，又非常可惜。

针对这种情况，蔡老板贴出告示：凡在本市场购买的装饰建材，用剩下的可以原价退还。蔡老板这样做并不亏，而且生意比原来翻了好几倍。明眼人一看就知道，蔡老板多的都卖出去了，退回来的只不过是少数，而且还可以继续再卖。真所谓："买的永远没有卖的精。"

谈到人性化的服务上，深圳某涂料公司总裁李先生也有一席经验之谈："市场竞争的规则并不一定是大鱼吃小鱼，因为大鱼往往吃不了小鱼，反过来小鱼还会吃掉大鱼，真正的规则是快鱼吃慢鱼，游得慢的鱼被游得快的鱼吃掉，一个小企业只要机制灵活，充满活力，在服务上客户至上，用人性化的服务打动客户，掌握了市场先机，绝对有可能制胜一个大企业，并且迅速地壮大自己。"当时在涂料市场上，一般都是先付钱后发货，客户处于被动地位。为了得到客户的充分信任，李先生反其道而行，采取先用产品而后再付款的经营策略，让客户们把他的涂料与其他进口涂料相比较，不好就不用给钱。一次，他到佛山推销涂料，一个姓刘的家具商打电话给他，要他拿涂料过去试一试。李先生立即将涂料送到刘先生的厂里，详细告诉他怎样使用，并且亲自为他涂刷一次，根本不谈钱的事。对方问价钱，他说你先用用看，满意再给钱，放下一张名片就走了。后来这位刘先生成了李先生的固定客户，也成了金冠涂料的活广告。

质量好，信誉好，是做生意的基本守则。但国内商界包括广东深圳在相当长一段时间内风气不佳，充满了尔虞我诈，有了坏风陋习的影响，人与人之间的关系就很难像口头上说的那么单纯，真正要做到诚信也不那么容易。而李先生给客户的印象似乎有些大大咧咧，实际上却是待人以诚，从不设防，客户们都说当今像他那样做生意的人可真不多。正因为李先生做生意口不言钱，反而更容易取得客户的好感和信任，再加上其产品确实不错，生意自然也就容易做大。当然，李先生对客户的信任也是因人而异的，他懂得，和讲究信誉的人打交道不妨大方一些，事后也不怕收不到货款，但对于不讲商业道德的人，这套办法是感动不了他们的。

除了上面的原因外，使李先生打开产品销路的另一个原因是对客户负责，服务至上。在李先生的生意经中，客户服务是产品质量的外延，可以保证质量的充分发挥。有一次已经是深更半夜，李先生接到一个家具厂要货的电话，他马上从床上爬起来，亲自将货从仓库里搬上车，赶了十几里路，准时送到这家停工待料的家具厂。客户是掏钱买东西的，所以一般架子都挺大，可见到李先生连夜兼程，准时将货送到，也十分感动于他的服务态度，抓住他的手诚恳地说："太感谢你了，我还以为这么晚你不会来了。就凭你这份急客户之所需、想客户之所想的服务，你们厂的产品，我们长期订了。"

凭着灵活的营销手法和诚恳的服务态度，金冠涂料迅速地打开了市场，很快受到全国客户的青睐，产品行销全国各地，高峰期一度供不应求。这就是李先生迅速脱颖而出的过程，作为已经变大的企业，他又成了市场上的"快鱼"。

客户并不一定要依赖企业，因为市场的选择是很多的；但企业却毫无疑问一定要依赖客户，只有受到客户欢迎，企业才能生存发展。有了这样的认识，就不难把握企业的发展方向了。鉴于认识到一锤子买卖绝非经营之道，如何使客户下次再来才是关键，李先生对客户的态度十分恳切，对客户也十分关怀，真正做到了与客户同命运。李先生的客户服务态度包含了两大精神：培养客户、服务客户。

为了保证客户培养和客户服务的成功，李先生首先在产品价格和服务上给予客户最优惠政策。他郑重承诺：产品保证其进口的品质、大众的价格，以低于进口名牌涂料约 20%的价格提供与其相同的质量，甚至在某些方面优于其质量。为了真正达到经销商与公司共同发展，李先生向经销商保证：三年质量保证，投诉重奖；安排专人免费进行市场营销广告策划、追踪、宣传服务；安排专职、高级技术人员免费进行产品现场操作示范指导和质量追踪；提供电视、广播专题节目特约以及报纸广告等产品促销的支持；免费提供面向市场、个性独具的产品宣传资料和企业文化载体等等。另外，公司派遣20余名高级技工常年活跃在全国各地，为产品的用户提供售前、售中和售后服务。售前为用户进行产品介绍和操作示范，并在全国各地培训喷漆、刷漆工近100名；售后跟踪服务帮助用户解决施工中的难题，使客户买得放心，用得称心；并及时将全国各地信息准确地反馈到公司信息网。

努力赢得了回报。云南曲靖的一名经销商多次致信称："与他们公司合作，是我最成功、最明智的选择。"1998年8月，这位姓王的经销商带着3万元现金到公司进货，结果在广州至顺德的汽车上遭窃。到公司后他十分焦急，担心这一趟丢钱不说，还要白跑一趟。李先生得知详情后对他说："你放心，钱是小事，我们相互信赖，不管丢的钱是否追得回来，货一定跟人走，你前脚回云南，我的货后脚跟着到。"李先生立即安排车间按原订单突击生产，并责成员工在3天内将货装箱发运。同时又跟当地公安局取得联系，根据该经销商提供的线索，协助公安破案，帮助客户追回了丢失的3万元现金。

四川省泸县的一位经销商有一次急需4罐3公斤装的抗黄漆，便打了个电话到公司销售部，结果第三天就收到了公司航空托运过来的4罐油漆。航空运费高昂，这宗生意几乎不赚钱，但李先生不以为意。他认为客户急需就是公司自身的急需，多花点儿运费值得，重要的是更进一步赢得了该客户的依赖。该经销商回电致谢时诚恳地说："只要我还做油漆生意，你们公司就始终是我的首选，你们就是我的朋友、我的贵宾。"

在对客户的态度上，李先生还有一个观念，就是一视同仁。许多企业经常有势利眼的习惯，对大客户毕恭毕敬，请客吃饭；对小客户则趾高气扬，爱理不理。这种现象在他们公司是决不容许的，对客户的接待，无论客户大小都是同等的，既不过多礼数，也不怠慢；对客户的态度，也要一律亲切热情，服务周到。一旦业务员有"势利"待客现象，轻则警告罚款，重则开除。这样做自然是正确的，因为小客户有可能成为未来的大客户，在发展过程中公司对客户的态度始终如一，不作差别对待，更能赢得对方的好感。

不但如此，李先生还要求对待小客户要尽可能地予以照顾，扶持培养，不仅在资金上给予尽可能的支持，还为他们免费培训技术人员，进行业务指导，派专人去协助他们开发市场。这样，若小客户依赖公司成长起来，并且始终能与公司维持稳定的合作关系，公司阵容也就庞大起来了。

正因为这一系列卓越的服务措施，加上领先国内涂料技术 15 年以上的技术水平，该公司在市场上建立了覆盖面广、信誉度高的企业形象，培养了一大批"荣辱与共、肝胆相照"的经销商。在全国建立了 200 多个总经销处、1000 多个经销点，建立了涂料行业中最广阔的营销体系。

总之，李先生的涂料公司本来是市场上的一条小鱼，尽管曾遇到了朝不保夕的困难，但灵活的企业经营手法，先进的经营理念和人性化的服务使它迅速成了同行的领头者，游向了汪洋大海，成了动作最快的一条大鱼。

有钱人不发横财

在一般人眼中，有钱人贪得无厌，为富不仁，心地不善，其财富都是肮脏的。其实不然，大多数有钱人都注重自己的德行，他们情操高尚，生财有道，热心公益事业，在社会有着良好的口碑。

灵魂的纯洁是最大的美德。

一、不义之财分文不取

在生意场上，要真正打出自己的名气其实也很简单，只有两个字的道理——"戒欺"。

胡庆余堂药店开办之初，胡雪岩为了做出名气，打出自己的金字招牌，就采用了戒欺这两个字。他决心以朴实的本性来生活，不义之财分文不取。

胡庆余堂药店的大厅里，挂有一块黄底绿字的牌匾。这块牌匾不像药店大堂上那些给上门的顾客观赏的对联匾额，一律朝外悬挂，而是正对着药店坐堂经理的案桌，朝里悬挂。这块"戒欺"匾，匾上的文字是胡雪岩亲自拟定的：

"凡百贸易均着不得欺字，药业关系性命，尤为万不可欺。余存心济世，誓不以劣品巧取厚利，唯愿诸君心余之心，采办务真，修制务精，不致欺余以欺世人。是则造福冥冥，谓诸君之善为余谋也可，谓诸君之善自为谋亦可。"

匾上所言，是胡雪岩对于自己药店档手、伙计的告诫、警醒，也是他确立的胡庆余堂的办店准则，那就是：第一，"采办务真，修制务精"，即方子一定要可靠，选料一定得实在，炮制一定得精细，卖出的药一定要有特别的功效。第二，药店上至"阿大"（药店总管）、档手，下到采办、店员，除勤谨能干之外，更要诚实、心慈。只有心慈诚实的人，能够时时为病家着想，才能时时注意药的品质。这样，药店才不会坏了名声，倒了牌子。

旧时药店供顾客等药休息的大堂上常挂一副对联："修合虽无人见，存心自有天知"，说的是卖药人只能靠自我约束，药店是赚良心钱。

这里的"修"，是指中药制作过程中对于未经加工的植物、矿物、动物等"生药材"的炮制。生药材中，不少是含有对人体有害的有毒成分的，必须经过水火炮制之后方可入药。而这里的"合"，则是指配制中药过程中药材的取舍、搭配、组合等，它涉及药材的种类、产地、质量、数量等因素，直接影响药物的疗效。

中国传统中成药"丸散膏丹"的修合，大都沿袭"单方秘制"的惯例，常常被弄得神神秘秘的，不容外人窥探。而且，由这"单方秘制"的成品品质的良莠优劣，不是行家里手，一般人又难以分辨出来，如果店家存心不正，以次充好，以劣代优，或者偷减贵重药材的分量，是很容易得手的，因而自古以来就有所谓"药糊涂"一说。正是因为上面这些原因，所以也才有了"修合虽无人见，存心自有天知"的告诫。

不诚实的人卖药，尤其是卖成药，用料不实，分量不足，病家用过，不仅不能治病，相反还会坏事。这个道理，胡雪岩自然是心知肚明，这也才有了那方"戒欺"匾上"药业关系性命，尤为万不可欺"的警诫。

不仅如此，在《胡庆余堂雪记丸散全集》的序言中，也写上了类似的戒语："大凡药之真伪难辨，至丸散膏丹更不易辨！要之，药之真，视心之真伪而已。……莫谓人不见，须知天理昭彰，近报己身，远报儿孙，可不敬乎！可不慎乎！"从这里，我们真可以见出胡雪岩在"戒欺"立业上的用心良苦。

按胡雪岩的说法："'说真方，卖假药'最要不得。"他要求胡庆余堂卖出的药，必须是真方真料且精心修合，比如当归、黄芪、党参必须采自甘肃、陕西，麝香、贝母、川芎必须来自云、贵、四川，而虎骨、人参，则必须到关外去购买，即使陈皮、冰糖之类的材料，也决不含糊，必得是分别来自广东、福建的，才允许入药。

而且胡雪岩还要求，要叫主顾看得清清楚楚，让他们相信，这家药店卖出的药的确货真价实。为此，他甚至提议在每次炮制一种特殊的成药之前，比如修合"十全大补丸"之类，可以贴出告示，让人来参观。

同时，为了让顾客知道本药店选料实在，决不瞒骗顾客，不妨在药店摆出取料的来源，比如卖鹿茸，就不妨在药店后院养上几头鹿，这样，顾客也就自然相信本药店的药了。

这才是真正做了"金字招牌"。

商人经商十分注重商业道德，他们认为诚信乃商业道德中应有之义。商业伦理道德是商业调整内部和外部关系的行为规范的总和。它由善与恶、公与私、正义和非正义、诚实与虚伪几种道德范畴为标准。

胡雪岩创办的杭州胡庆余堂之所以声名卓著，与北京同仁堂并驾齐驱，也在于遵循"以朴实的本性来经商"的商业宗旨，取信于民。

胡雪岩当初创办胡庆余堂，西征将士所需要成药及药材数量极大，向外采购不但费用甚巨，而且也不见得能够及时供应，他既负责后路粮草，当然要精打细算，自己办一家大药店，有省费、省事、方便三项好处，并没有打算赚钱，后来因为药材地道、成药灵、营业鼎盛，大为赚钱。

但盈余除了转为资本扩大规模以外，平时对贫民施药施衣，历次水旱灾荒、时疫流行，捐出大批成药，也全由盈余上开支，胡雪岩从来没有用过胡庆余堂的一文钱。

由于当初存心大公无私，物色档手的眼光，自然不同。第一要诚实，胡庆余堂一进门就高悬着一副黑漆金字的对联："修合虽无人见，存心自有天知。"因为不诚实的人卖药，尤其是卖成药，材料欠佳，分量不足，服用了会害人。

其次要心慈。医家有割股之心，卖药亦是如此，时时为病家着想，才能刻刻顾及药的品质。最后当然要能干，否则诚实、心慈，反而成了易于受欺的弱点。

这样选中的档手，不必在意东家的利润，会全心全力去经营事业，东家没有私心，也就引不起他的私心，加以待遇优厚，也不必起什么私心。

由于有这些管理上的前因摆在那里，所以胡雪岩失败之时，胡庆余堂不因胡雪岩的失败而影响营业，胡庆余堂的档手也没有借着胡雪岩的失利而趁火打劫。相反的，胡庆余堂的伙计们都有一致的议论：胡雪岩种下了善因，必会结得善果，他一时垮下去，但早晚会再爬起来。所以，所有店员都一如既往，正常去店里上班儿，维持店子的正常运行。

做生意从正路去走，往往可以名利双收，即便一笔生意失败了，也有东山再起的希望。而违背道义，不走正路，必将遭人唾弃，一旦失败往往一败涂地，名利两失，不可收拾。不用说，一定要去做遭人唾弃、名利两失的事情，那就实在是愚不可及了。

胡雪岩做生意，特别讲求要按正道取财。"君子爱财，取之有道"，这是中国流传了几千年的一句古语。这里"道"的所指，不同的人，一定会有不同的理解，但不管怎样理解，这个"道"包含着正道、正途的内涵则应该是不可否认的。只要是按规矩取财，只要得之于正道，君子也不会以爱财为耻。

"做生意还是从正路上去走最好。"这话是胡雪岩说的。

君子爱财，取之有道，具体说来也就要依靠自己的胆识、能力、智慧，依靠自己勤勉而诚实的劳动去心安理得地挣钱，而不是存一份发横财的心思，靠旁门左道的钻营去"诈取"。有一句话说，"马无夜草不肥，人无横财不富"，其实这是一种误解。真正做出大成就的成功商人都知道，商业运作是最要讲信义、信誉、信用，最要讲诚实、敬业、勤勉的，一句话，就是要在正途上"勤勤恳恳去创业"，生意才会长久，所得的才是该得，所谓飞来的横财不是财。

胡雪岩自己也特别注意从正道取财，例如他开药店要求成药的修合一定要货真价实，决不能"说真方，卖假药"，不能坑蒙拐骗。因此，他经商从来不违反以下几个原则：一方面可以捡便宜赚钱，但决不去贪图于别人不利的便宜，决不为了自己赚钱而去敲碎别人的饭碗；一方面可以借助朋友的力量赚钱，但决不为赚钱去做任何对不起朋友的事情；一方面是可以将如何赚钱放在日常所有事务之首，但该施财行善、掷金买乐也决不吝啬，决不做守财奴；一方面可以为了钱"切头舔面"，但决不在朝廷律令明白规定不能走的道上赚黑钱；最后一方面可以寻机取巧，但决不背信弃义，靠坑蒙拐骗赚昧心钱。

二、用真实的自我来生活

成功是人人都渴望和追求的，因此，许多人喜欢仿效那些成功者的言行，以吸取别人的经验来弥补自己的不足。但是，把别人的言行和经验照葫芦画瓢，全部模仿起来，恐怕是无法行得通的，也有可能由此而坏了名声。经商者都应该树立自信和平常心，否则就无法塑造自身的形象或建立属于自己的良好名声。

美国纽约铁路快运代理公司的副总经理金赛·N·莫里特先生，曾提到一位在礼仪、品德等各方面都比别人更有修养的人。这个人曾对莫里特先生说过这样的话："二十多年来，我接触过并且和他们谈过话的人成千上万！但是，每一次我都以自己的本来面目和他们谈话，我绝不模仿任何人。因此，我才能获得成功，而且当时我们说的话也最具有说服力。"

世上绝大多数成功的人，都是本着自己朴实的本性生活的，他们在自己的人生舞台上，所表演的完全是他们自己的举止，绝不刻意去模仿他人或假扮成别人。他们始终埋首工作，虚怀若谷，非但不炫耀自己，摆出一副大人物的架子，反而像普通人一样诚实上进、虚心好学。最重要的一点是，他们从不自以为是这个世界上的一个骄子。他们只需要一个最适合自己工作的场所，然后努力使自己成为令人尊敬的人。

如果你长期以来就在工商界活动，一定接触过许多公司的领导层。在这些人中间，有些人自以为像万能的上帝一样，具有高度的支配力。但是，我们最终会发现，他们多半是不可靠的、不足信赖的或是不负责任的人。现在有些年轻人，事业上稍有了一点小成就，就自以为不得了，指手画脚，这个也看不起，那个也看不惯，但结果他们也只不过是有那么一点小成就罢了，而无法达到宏伟的目标。纽约有名的销售及管理方面的顾问威特·福斯先生曾说过："能够亲切地和别人说话，便可以从中获得不可思议的乐趣。"各位是否知道，凡是有所成就的人，他们所谨守的法则是什么吗？现将这些法则简述如下：

（1）态度自然。绝不玩弄过分勉强的技巧。

（2）言而有信。没有根据的话绝对不说。建立起这方面的名声，就能取得大家的信赖。

（3）说话简明扼要。只说自己想说的话，绝不添油加醋，故弄玄虚。

（4）处事公平。即使对方的意见和自己不一致，也应认真地倾听。如果你能做到这一点，就证明你是一个宽大为怀的人。

（5）运用机智。没有一件事不能以合乎礼仪的态度说出来。当然，更没有不以无礼的态度就不能说出来的事。因此，必须因时因地选择适当的语言。这样一来，尊敬你的人定会与日俱增。

因真实的自我生活可以得出无限的乐趣，让自己的心情畅然，不会有无谓的心理的压力，这种品德用在商场中，也会有另一番收获的。

将信用进行到底

良好的债信和偿债能力，能使人们的借贷信用一次次地得到提升。你必须懂得，宁可失去钱也不要失去你的信用。

当今这个世界里，没有人甘愿做个穷人去过捉襟见肘的苦日子，对钱的感情虽然复杂，每个人都有共同的希望，那就是成为有钱人，这种心态是社会进步的原动力之一，可以说这是一种非常正常的心态。

人对于金钱的渴望是十分正常的，作为一个正常人，不要讳言对钱的喜爱，但要认清金钱的定位，金钱是人类实现社会价值与自我价值的手段而已，有的人因为把手段变成了目的，便认为只要有钱在身，生命就有价值，却不肯将钱花在有意义的事情上，这种想法实在太可怕了，同时也是一种不健康的想法。

商海沉浮，中国温州人创造了一个又一个的商业神话，温州人赚钱的秘诀很多，使他们永远立于不败之地的一大秘诀是：守信用，让自己的信用得到一次又一次的循环。

全国服装行业"双百强"企业、被温州市银行工会授予"信用百佳企业"的温州法派服饰企业有限公司，在国内外拥有 300 多家专卖店，产值达数亿元，而实现这一切他们只不过用了短短 4 年的时间。

为什么"法派"会取得如此骄人业绩呢？该公司董事长彭星说，这和"法派"将诚信建设作为除品牌、管理、人才之外的第四种企业生存发展的要素分不开。

讲诚信，这已经是"法派"树立良好商业形象的立身之本。彭星说，诚信对企业发展的重要性就相当于心脏对于人，心脏停止跳动，生命就不存在了。一位"法派"的中层干部说，在 2000 年的时候，"法派"曾一次性销毁价值数百万元本可低价处理的次品，当时他很不理解这种做法，后来通过对法派企业文化的学习、领悟，才认识到"诚信是企业发展的灵魂"。

彭星说："诚信建设作为一种企业文化一蹴而就是不可能的，还需要从不同层次、不同方面进行完善，形成一种'守信光荣、失信可耻'的道德氛围。"

有钱人认为，诚信不仅是企业核心竞争力的一个组成部分，是一个公司长期发展的基石，也是企业文化的一个重要体现，同时，也应该成为一个企业长期发展战略的有机组成部分。不守"诚信",也许可"赢一时之利",但一定会"失长久之利"。

诚信还是一个人乃至一家企业生存的根本。诚信的意义不仅在于一笔交易的成败和赚赔,更重要的是它标志着一个企业的品质。"诚实做人,注重信誉;坦诚相待,开诚布公"是每一个企业家最基本的道德准则。

众所周知,企业家是社会资源的组织者和财富的创造者。他们可能是诚信最大的受益者,也可能是不讲诚信最大的受害者。温州的企业家在做企业的过程中,对于诚信问题有更深的体会。

正泰集团董事会主席南存辉说:"诚信,就是对承诺负责。是一个人的立身之本,也是一个企业的立市之本。"

的确,正泰在温州"假冒伪劣"的环境中得以脱颖而出,发展壮大,并成为中国低压电器行业第一批认定的驰名商标,成为中国工业电器公认的品牌,正是坚持诚信才使其获得成功。

温州人的原始积累曾走过一段很长的弯路,"假冒伪劣"盛行一时,许多商家见到温州人就想到了这一点,导致他们的生意越来越走向被动,回顾温州人的发家史,人们都不免提到这一块永远抹不掉的"伤疤",同时,这也成了温州人"心中永远的痛"。

1987年8月8日,是温州人刻骨铭心、永难忘怀的日子。这一天,5000双打着"温州制造"的假冒伪劣皮鞋在杭州武林门被付之一炬。这把大火烧掉的不仅仅是那些皮鞋,同时被烧毁的还有温州的城市形象和温州人的信誉。有点年纪的上海人都记得,那时南京路上的大小商店,都不约而同地贴出过"本店无温州货"的安民告示。

然而,也许就是这次教训让温州人清醒了不少,这时一批卓有远见的温州民营企业家自觉地严把质量关,把诚信实实在在地刻在了自己企业发展的里程碑上了。

温州奥康集团刚创业时,正逢"火烧温州鞋"余波未平,困难可想而知。推销员出身的董事长王振滔不仅在家庭作坊里按最严格的标准生产皮鞋,而且自己到湖北鄂州的一个商场站柜台。整整一个月之后,王振滔的作坊皮鞋以比国营大厂更好的质量、更低的价格及更优的信誉获得了生机。

今天的"奥康"拥有国际先进流水线21条,年产皮鞋900万双,但他们始终把"做鞋如做人，先做人后做鞋"作为企业的座右铭。

富兰克林曾经说过：信用就是金钱！

温州的许多企业家，不需办理担保、抵押手续，只凭自己的签名，便可在银行获得数千万元的贷款。据不完全统计，在温州老板一族里已有不少人拥有这样的"金笔"。

在服饰界，美特斯·邦威的周成建就拥有这样的"金笔"。他的第一笔签名贷款发生在 2000 年 2 月，额度为 2700 万元。工行温州市分行有关经办人称，除因美特斯·邦威经营状况良好外，主要是看中周成建的个人信用魅力。他在青田创业期间，曾变卖祖屋还清借款，此事至今还在商界传为美谈。

天正集团董事长高天乐是温州民企中的高学历老板（中欧 EMBA 在读），也是"黄金巨头"之一。高天乐当时动用"金笔"据说还破了工行系统的先例，其第一笔签名贷款发生在 2000 年 7 月，额度是 3000 万元。

在这几支"金笔"中，南存辉的含金量最高。仅农行温州市分行给予他的授信额度就达 2 亿元。南存辉第一次动用"金笔"是在 1998 年 11 月份，他在农行大笔一挥就"敲定"了 3000 万元。各界"评估"：南存辉签名的含金量不仅体现其本人的信用魅力，更因"正泰"是中国商界一座巍然的"金山"。

上述的事例表明，良好的债信和偿债能力，可以使你借钱的信用一次次地得到循环，或许在那无意之间，每次筹钱与偿债的过程中，便积累了自己财务上无尽的资源，那便是良好的债信。这种雄厚的本钱使你能应付未来的人生旅途。

若相反，失算了，借贷无能偿还，债信受到严惩的打击破坏，即终止了你原来可以循环不停的信用，若是这样，便也无法回头了，所以，借贷确实不得不慎，绝对不能到还钱时才想到如何还债，那么只会左右支借，生活愁眉苦脸，必须在筹措的当时便一并加以考虑。尤其银行的消费贷款期限往往很长，而且又都以借款人的固定所得作为主要的偿还来源。

当我们筹钱借款时，更应该特别注意未来所能负担的偿还能力，而且还要衡量自己在还款时期的偿还能力，要一并考虑的因素还不少，例如贷款金额与期限，利率与利息之计算及选择哪一种偿还方式较为轻松，这种种皆与自己未来每期所应偿还本息金额的大小有密切的关系。

因此，经商者必须要讲究诚信，让信用得到循环。

有钱人不唯利是图

人们的心中似乎都有种共识：有钱人就是唯利是图的人。

在商场中打滚的有钱人，他们成功非得就是这样吗？商业的确是一个残酷的行业，每天充满着巨大的压力和竞争，每一位有钱人的确是需要技巧生存下来，但如果完全是个唯利是图的人，他们在这个环境中就不会生存太久，过不了多久就被淘汰出局。

长期以来，许多有钱人的经营策略一直是以善为本，这一切除了与他们的性格有关之外，也是一种促销的好办法。人是群居的动物，人与人关系的运用，对事业的影响很大，政治家因得人而兴，因失人而亡。企业家因供应的商品或服务为人所欢迎而发家致富。可见，一切都离不开人。在一切的经营活动中，与人为善，把人与人的关系处理好，正是有钱人成功与致富的方法。

商业繁荣与否是一个国家经济发展的晴雨表，而零售业是否发达则是商业繁荣与否的重要标志。日本作为经济强国，零售业自然种类繁多，有超市、专营店、百货店、方便店等等。其中，超市作为商业类型之一，在零售业界占据主导地位，而佳世客更是超市中的骄子，1995 年其营业额已高达 12021 亿日元。冈田卓也曾经是一个百货商店的店主，一个曾经在日本零售业界微不足道的人物，他靠着自己非凡的才华，一步步从"冈田屋"那简陋的小店迈进了佳世客那宽敞的办公室。在日本的四日市——冈田卓也的家乡少了一位精明能干、受人称道的百货店主，而在日本零售业界却多了一位叱咤风云的商业巨子。

冈田卓也，生于 1925 年 9 月 19 日，是家里唯一的男孩，42 岁的父亲冈田惣一郎中年得子，自然对小冈田宠爱有加。但是，天有不测风云，1927 年 9 月 30 日，正当冈田惣一郎想雄心勃勃开创自己的事业时，病魔却无情地夺走了他的生命。这时，冈田卓也才刚满两周岁。

冈田卓也可以说是"冈田屋"传统经营之道的忠实继承者，他时时牢记祖父的一句训言："要靠降价赢利，不靠涨价赚钱。"战后初期的日本，物资匮乏，有些商人趁火打劫，囤积销售，哄抬物价，造成物价飞涨，当时的商业界，黑市交易、投机经营成为普遍现象，在有可能决定"冈田屋"生死存亡的关键时期，是随波逐流，还是坚持正当经营，对年轻的冈田卓也社长来说，是一个重大的考验。尽管当时的小店很需要钱，而钱又那么唾手可得，但冈田卓也在关键时刻显示出他可贵的商德。冈田卓也没有因为钱而放弃经商的原则，而是始终把维护商业信誉放在第一位，坚决顶住尔虞我诈的不良社会风潮，坚持低价销售、诚实经商，凭着良心和优秀的商德进行着惨淡经营。

冈田卓也所做的一切很快得到回报。1947 年秋，日本政府为制止黑市交易，恢复了战争时期曾实行的布票制度。居民必须在经营供应物品的商店事先登记所需，政府凭登记数量向商店批发布匹、衣物，登记过的顾客再凭票购买棉布或棉袄。登记的客户越多，进货就越多；反之如果没有顾客登记，则说明商店没有信誉，政府也会相应取消其经营配给布匹的资格。由于"冈田屋"一向坚持优质低价、诚实经商，在当地享有极好声誉。因此，10 月 1 日，政府一公布新措施，市民们纷纷到"冈田屋"登记。获得了信赖，小店也因此逐步走向复兴。

相反，如果当时冈田卓也也像那些见利忘义、欺行霸市的奸商一样，现在自然也会被顾客抛弃，更不会有今天的佳世客。

同时，在 19 世纪的最后 30 年到 20 世纪最初 10 年，这个冒险的年代，对财富的渴望让这个时代躁动无序，美国的财富从 1870 年的 300 亿美元增长到 1900 年的 1270 亿美元。引人注目的富豪开始出现，标准石油公司的创立者约翰·戴维·洛克菲勒个人在 1892 年就拥有了净资产 8 亿多美元（相当于 1990 年的 120 亿美元）。当年 80% 的美国家庭的年收入不到 500 美元。

经济起飞、巨额财富集中、贫富差距严重、四处可见腐败行为．该找出一个什么样的词语来描述这个时代？对这一时期的描述多种多样：纯真时代、挥霍年代、改革时代、企业时代、自信时代、美国振兴时代，但是没有谁比马克·吐温的概括更为准确。马克·吐温讥讽自己所处的时代为外表金光闪烁的"镀金时代"。这个名词就成了对这个时代最好的概括。

洛克菲勒总是随身携带着特意兑换的银币，和蔼地将它们分发给那些可怜的孩子们。而钢铁大王卡内基和洛克菲勒之间也掀起了一场关于慈善的竞争。他们乐于以这种形象出现，在这类富翁中，洛克菲勒可谓佼佼者。而卡内基则被称为有史以来最伟大的慈善家之一。至于摩根，他是三位资本家中最有品位的艺术赞助人，尽管在慈善事业方面比不上另外两位的慷慨。

与此同时，镀金时代的宗教情怀让人迷惑。而且所有大亨都有慷慨资助艺术家的举动。他们关注那些贫困的艺术家们的作品。他们全力集中财富，然后将财富用来造福社会。

有钱人认为，人的真正的财富是他在人世间所施行的善良，富有仅仅是一种生活状况，如果你拥有无尽的金钱，那也只是代表你个人富有的一个方面而已，如果你十分有钱，但却因此养成了自私、自责、贪婪、沮丧、尖刻、残酷、冷漠的不良习性，这就是你的贫穷所在，因为一个人精神上的富有远远比金钱更为重要，热爱生活，养成良好的品格，这就是使一个人走向成功与富有的光明大道。

第八章

让钱生出更多的钱

曾有句俗语："人有两条腿，钱有四条腿。"钱追钱，要比人追钱快多了。在商场上，只要你处处留心，自然就会发现潜在的商机，也自然会看出什么生意能赚钱。赚钱的同时，要加快资本的运转，借助更多的机会让钱生出更多的钱。

有钱人认为，如果你有余钱而一时找不到实业投资机会时，或者已不愿再投资于实业时，不妨把你的钱投向金融等别的市场，在那里，钱生钱，增值快。在金融投资市场上，有多种多样的赚钱投资的工具，概括起来，一般可分为两大类：一类是金融性投资工具；另一类是实物性投资工具。

金融投资领域的有钱人告诉你，金融领域奥妙无穷，这里面可以让人致富，甚至很快致富起来！以下是投资股票、期货、债券、外汇、房地产、金银珠宝、书画收藏品等的经验之谈，细细领会，你可以享受钱生钱、增值快的乐趣！

⊘ 赚取钱的差价：买卖外汇 ⊘

外汇最基本的功能是，作为国家间交易的媒介，它代表着一国货币的购买力，它可以是现钞，可以是汇票，也可以是存款。对于目前国内绝大多数外汇投资者来说，外汇投资就等于购买一些货币，用于防范本币贬值。外汇市场投资在国外是许多投资者所喜爱的投资工具之一，随着我国加入ＷＴＯ步伐的加快，外汇市场必将会开放，我们也可以从外汇中投资理财，以获取更多的收益。

外汇主要包括：外国货币，如钞票、铸币等；外币有价证券，如政府公债、国库券、公司债券、股票、息票等；外币支付凭证，如票据、银行存款凭证、邮政储蓄凭证等；其他外汇资金。

外汇必须是以外币计值，能够得到偿付，可以自由交换的外币资产。因此，并不是所有外国钞票都是外汇。

外汇作为国际商品、劳务交换的中间媒介，同时也为开展国际信贷、国际资金转移和国际投入等一些与国际贸易相关的活动提供了便利条件，它是连接各国经济的纽带。

就一个国家的经济发展而言，该国的经济越是开放，外汇对于经济生活的影响就越是举足轻重，因为外汇汇价的波动，往往会改变一国货币的价值，对其物价、生产、就业、投资、贸易、财政等方面产生影响。现在各国政府都将外汇作为重要的政策工具之一，对国民经济实行宏观调控。

一、 如何做好外汇投资的准备

有钱人进入外汇市场参与外汇投资活动，都要对参与外汇市场活动的程序有所了解，以做到心中有数。

个人外汇投资不同于办实业、经营公司，虽然没有那样复杂和劳神，但也并不是轻而易举的事。个人进入外汇市场投资之前，必须按有关规则做好投资前的准备。

首先要做好本金的准备，个人进行外汇投资，筹足本金是很重要的条件。

一般情况下，外汇投资本金以保证金形式投放，然后由金融公司以融资方式向银行买卖各种外汇。

一般而言，除交足你的基本保证金外，还要凑上一些投资用的外汇本金，便于运作。

由于外汇买卖活动带有一定的投机性，赚钱多少，几乎不直接或不完全取决于个人的辛勤程度。因此，本金准备的背景，对你的心理影响和压力是不一样的。如果本金属于你个人自由支配的生活结余款，就不会有较重的思想负担，比较容易轻装上阵，赚了可以自喜，赔了也无关大局。这种本金的准备，是个人外汇投资的最佳本金准备，没有具备这种条件时，可暂时做些别的生意，待赚取足够的资金，再搞这项活动。

其次要做好资格准备，要在外汇市场上进行投资交易，唯一的途径是委托经纪人及办理个人外汇投资服务业务的金融公司，由他们代理自己交易，使自己成为间接进入外汇市场的投资者。所以，你在入市前，必须进行与有关方面的联络和办理可以入市交易的有关手续，取得真正的投资资格。

按一般融资公司的受理业务规定，这方面的准备主要有三点。

（1）选择外汇买卖经纪人作为自己的外汇投资顾问

经纪人是代投资者进行外汇买卖而取得佣金的人。经纪人的服务态度和业务水平的高低，对投资者的获利影响较大。因此，必须选择一位称心如意的经纪人。

经纪人的选择，可以通过熟人介绍，也可以请求办理个人外汇投资业务的金融公司为自己物色。无论走什么渠道，你必须知道经纪人的履历和业绩。

（2）签订委托投资合约，明确投资者与经纪人、金融公司之间的法律关系

当看准经纪人，并对外汇市场的获利潜力已有意识、有兴趣参与投资时，就可以与经纪人协商签订投资合约了。

一般规定，经纪人不得以任何方式损害委托人的利益。因经纪人的过失造成投资者损失的，经纪人要负责赔偿，否则，你有权向有关方面投诉。

（3）交付基本投资保证金，开立专用账户

个人外汇投资的本金，不是以合约金额形式出现的，而是以投资保证金形式出现的。进行交易的金额要比实际投入的保证金额大得多。比如，你要做 10 万美元的即市交易，只需提交投资保证金 2000～4000 美元。这是个人

外汇投资的一个特点，也是这种投资的一个优点。凡参与外汇市场投资交易的人，都必须在金融公司开立专用账户，以备做交易时交付保证金。

在进行外汇交易时还要加强计算，做到笔笔有终，心中有数，你可以自己建立核算账本用来记载，反映和核算自己外汇投资业务活动情况。

当外汇投资准备工作结束后，怎样交易和交易结果就成了下一个环节。

二、如何下达交易指令

（1）获取最新市场信息

这是外汇投资者做出投资决策的重要依据，它必须是最真实、最具体、最能表现外汇汇率现状及其走势的资料。在此基础上，确定做哪种货币的交易，然后进行细心思考和酝酿，拿出最初的方案。

（2）向经纪人进行咨询

投资者在综合分析最新外汇市场资料及信息的基础上，开始筹划自己的投资方案。最初的方案应有几种，在进行认真比较分析后，拿出自己认为最为可行的一种或几种，形成框架方案。再去找经纪人进行咨询，请经纪人根据自己掌握的信息和经验，对你提出的疑问一一解答。并且，最好让经纪人帮助自己在框架方案中，选择出他认为的最佳可行方案，并请他帮助修改后再拟出最终选择的投资方案。

（3）向经纪人或金融公司下达交易指令

向经纪人或金融公司下达交易指令，实质上是一种有具体条件的外汇交易授权单。授权单一式几份，供有关各方保存或作登记处理。上面印有固定内容，要按其项目填写齐全，充分表明自己投资方案的核心内容。

授权单的内容可由你亲自填写，也可以委托别人填写。填写完毕后呈交经纪人或金融公司，同时交付保证金和佣金。保证金、佣金交付后，下达指令就告一段落。

三、交易结果的反馈

每笔交易完成后，金融公司就能提供完整的交易记录及其结果，以结算表和交易单据等形式提供给你或你的经纪人。

因此，每一次交易后，你便可以立即得到经纪人或金融公司提供的有关交易情况及其结果的报告，并且还将会从中得到有详细交易记录的结算表及其交易单据，用来核对、保存或核算。

四、赵小姐的外汇投资

赵小姐研究生毕业以后，开始考虑自己的财务问题，她省吃俭用攒了一些钱，先是投资定期储蓄，后是外汇，不幸的是汇率一降再降，收益微乎其微。失望之余，深感成为一个富裕的人比登天还难。

2002年底，单位发放年终奖，且数目不少，当下赵小姐把年终奖金全都买了外汇，买定之后，心里一直忐忑不安，每天担心自己买的外汇汇率降下去了该怎么办。后来，赵小姐耐不住了，在汇率没跌也没升的时候，原本收回了，那段时间赵小姐的心情一直很不平静，于是，她又作决定全部投入外汇，恰巧那时的汇率往上升了一点，她赚了几千元，心中一阵窃喜。然而，好事不久，汇率往下跌了一点，赵小姐就像失恋了一样。

可世上并没有卖后悔药的，痛定思痛，经过反思，赵小姐决定再买，长期持有不动摇。经过谨慎的选择，赵小姐认购了外汇。可是不幸的是，股市动荡，整个经济都受到影响，汇率也受到影响，跌下了不少。

但这次赵小姐咬着牙没有赎回。苍天不负有心人，赵小姐终于等到了赢利的时候。年底，股市转牛，整个经济都在复苏，汇率也一样，同时也上涨了几个点，赵小姐尝到了甜头，获利颇丰。

理想的投资：金边债券

对于普通家庭来说，债券是一种很好的投资工具。债券投资期限可长可短，通过不同类别、不同期限的债券组合投资，可以获得较为理想的投资收益。由于债券安全性高、固定收益明确，适用于一般家庭用于养老基金、子女教育基金的项目的投资。但债券较高的安全性是相对而言的，并不等于万无一失，所以必须了解债券、懂得如何分析债券投资。

随着大众金融投资意识的逐渐趋向成熟，对于投资的收益率变化分析及其影响因素的分析越来越仔细，对较小的利益也开始追逐。特别是在我国，股票市场在经历了几年的大起大落后，正在走向健康、规范的发展之路，市场收益率逐渐趋小，而债券投资则以其安全性高、收益适度、流动性也较强等几方面优势，正在吸引越来越多的投资者参与。

进入债券市场的投资者怎样才能投资获利呢？"实践出真知"是放之四海而皆准的真理。但是，在盲目摸索中前进，从失败中吸取教训，一来浪费太多的时间，二来浪费太多的金钱，稍不留神，还可能赔进老本，代价太大，实在不值得提倡。

债券是政府、企业（公司）、金融机构为筹集资金而发行的到期还本付息的有价证券，是表明债权债务关系的凭证。债券的发行者是债务人，债券的持有者是债权人，当债券到期时，持券人有权按约定的条件向发行者取得利息和收回本金。由以上概念可以看出，债券本身并没有价值，它只是代表投资者将资金借给发行人使用的债权，能够在市场上按一定的价格进行买卖。

债券投资也像其他的投资一样，它也有自己的投资技巧，使我们可以从中获得更多的收益。

一、债券的选择

人们进行债券投资，看中的就是债券的安全性、流动性和收益性。然而，由于债券发行的单位不同，债券期限不同等原因，各种债券安全性、收益性和流动性的程度也不同。因此，有钱人认为进行债券投资前，需要对债券进行分析比较，然后再根据自己的偏好和实际条件做出选择。

首先是安全性的比较分析，国库券以国家财政和政府信用作为担保，享有"金边债券"的美称，非常安全。金融债券的安全程度比国库券要低一些，但金融机构财力雄厚，信誉好，投资者仍然有保障。企业债券以企业的财产和信誉作担保，与国家和银行相比，其风险显然要大得多。一旦企业经营管理不善而破产，投资者就有可能收不回本金。

因此，投资于国库券和金融债券是比较安全的选择，对于企业债券则要把握其安全性。目前，对债券质量的考察，国际上通行的做法是评定债券的资信等级。我国主要参考美国资信评级机构的等级划分方式，根据发行人的历史、业务范围、财务状况、经营管理水平等，采用定量指标评分制结合专家评判得出结论。

一般来说，债券的资信等级越高，表明其安全性越高。从安全性角度考虑，家庭投资于债券，选择上市公司债券较好，因为我国公司债券上市的条件是必须达到 A 级。但资信等级高安全性就高，也不是绝对的，而且有很多债券并没有评定等级，因此，购买企业债券最好还要对企业本身的情况比较了解。

其次是流动性的对比分析，流动性首先表现在债券的期限上，期限越短，流动性越强。其次，债券"质量"好，等级高，其交易量大，交易活跃，流动性较强。另外，以公募方式发行的、无记名的债券容易流通。在很多情况下，某种债券长期不流动很可能是发行人不能按期支付利息，财务状况恶化，出现资信等级下降的信号。因此，进行债券投资，一定要注重流动性，尤其是以赚取买卖差价为目的的短线投资者。

再次是收益性的比较分析，就不同种类的债券来说，其风险与收益是成正比的，收益高，人们才愿意将钱投在风险高的债券上。因此，企业债券的利率最高，金融债券次之，国债利率再次之。但是，它们一般都高于银行储蓄利率。

同一种类的债券，由于债券利率、市场价格、持有期限等的不同，其收益水平也不同。

债券利率越高，债券收益率也越高。同样是面值 100 元的债券，一个票面利率为 8%，一个票面利率为 7%，买价均为 100 元，则前者的即期收益率为 8%，后者为 7%。显然前者更优。

债券市场价格高于其面值时，债券收益率低于其债券利率；反之，债券的市场价格低于其面值时，债券收益率高于债券利率。

当债券的市场价格与面值不一致时，还本期越长，二者的差额对债券收益率的影响越小。债券期限越长，利率越高。

因此，从收益性角度出发，投资者进行债券投资，应当计算多种债券在一定利率水平、市场价格、期限等条件下的收益率，进行比较，选择自己满意的收益率。

最后是综合考虑，选择债券作为投资者，都希望选择期限短、安全性高、流动性强、收益好的证券，但同时具备这些条件的证券几乎是不存在的。投资者只能根据自己的资金实力、偏好，侧重于某一方面，做出切合实际，比较满意的投资选择。

第一，考虑家庭经济状况。在合理安排家庭消费，并具有一定经济保障的前提下，有较大的风险承受力，可以投资于高风险、高收益的企业债券。当然，如果你的思想趋于保守，以安全为重，可以将资金大量投资于中长期国债。如果你的资金实力弱，则应购买短期债券。

第二，要分析影响债券市场行情变化的因素，做出合理预测，以确定是否买入，买入何种债券。如果预期未来市场利率水平会下降，说明今后债券的行市要上升，这时投资于短期债券，将会错过取得更多收益的机会。因此，就应进行长期投资。如果预计发生通货膨胀，债券行市要下跌，可投资于短期债券，或者进行实物投资。

第三，要对债券本身进行分析。初次投资最好不要涉足记名债券、私募债券等流动性差的债券，对有偿还条件的债券应给予足够的重视，比如有的债券可以中途偿还一部分本金，投资者提前收回这部分本金又可再进行投资，从而获取更多的收益；有的债券附在购股权证后，其票面利率可能比其他债券低，投资者就要在利息损失和其他实际优惠收益之间进行权衡。

另外，我国规定对企业债券利息收入要征收 20% 的个人所得税，国债和部分金融债券的利息收入则是免税的，在进行收益比较时，应将税收因素考虑进去。

二、债券投资的巧招

首先，采用固定金额投资法是进行债券、股票投资搭配时的一种"定式投资法"，其具体实施方法是：

将投资资金分为两部分，分别购买股票和债券，并将投资于股票的金额确定在一个固定的金额上。然后，在固定金额的基础上确定一个百分比，当股价上升使所购买的股票价格总额超过百分比时，就卖出超额部分股票，用来购买债券；同时，确定另一个百分比，当股价下降使所购股票价格总额低于这个百分比时，就出售债券来购买股票。

利用固定金额投资法，投资者只根据股票价格总额变化是否达到一定比率进行操作，不必考虑投资时间，简单易行。由于此方法以股票价格作为操作对象，遵循"逢低买进，逢高卖出"的原则，而在正常情况下的股价波动比债券波动大，因此能够获得较高收益。

其次是固定比率投资法。固定比率投资法是由固定金额投资法演变而来的，两者的区别仅在于一个是固定比率，一个是固定金额。也就是说，固定比率投资法下股票与债券市值总额须维持一个固定比率，只要股价变动使固定比率发生变动，就应买进、卖出股票或债券，使二者总市值之比还原至固定比率。

固定比率投资法与固定金额投资法具有相似的优点，同样，它也不适用于股价持续上涨或持续下跌的股票。

在固定比率投资法下，制定一个适当的比率是很关键的。具体为多少，则依据投资者对风险和收益的倾向来确定：如果投资者倾向于较高的收益和风险，可将债券和股票之比定为 20 ∶ 80；若倾向于较低的风险与收益，则可将债券与股票之比定为 80 ∶ 20。

最后可采用可变比率投资法，可变比率投资法的基本思路是：随着市场股价的变动随时调整股票在投资金额中所占的比重。这是一种比较复杂的投资计划方法。只有在积累了一定股票操作经验之后，才可采用。采用可变比率投资法，首先应确定以下事项：

（1）持有股票的最大与最小比率；

（2）每次买卖股票的点数；

（3）调整股票与债券比率时的股价或股价指数水平；

（4）在股票超大买卖的行动点上的股票与债券的比率。

三、刘女士的债券投资

刘女士 28 岁，是一名典型的全职太太，丈夫比她大 4 岁，两人有一个 7 岁的女儿。女儿目前就读于某双语学校，一年仅学费就要支出 1.2 万元。家里花钱请了个保姆，保姆一年的工资为 1 万元。

刘女士虽然自己没有工作，但丈夫平均年收入不低于 20 万元，有时甚至可以达到 30 万元左右，也算得上是中等收入的家庭。2000 年就在某有名的小区花了 40 万元的价格，购买了一套 130 平方米的房子。2002 年，他们又以按揭方式购买了一套总价为 42 万元的商品房，还款期限 20 年，已经首付了 14 万，每月还要还款 2000 元。

夫妻俩两年前投资 30 万元开了一家美容院，生意还不错，平均每个月的纯收入都在 1 万元左右。全家一年的日常生活支出要 1.6 万元，水、电、气及物业管理费每年要支出 1.1 万元，社保和医保要支出 5500 元，购物和应酬还要支出 1 万～2 万元。家里有一辆车，还有 18 万元的现金。

刘女士觉得如今存款利率太低，不想都把钱存在银行，希望通过科学的理财，在保持现有生活水平不变的情况下，以后能够给女儿留下较多的现金和固定资产。她经过多方咨询，终于找到了自己理财的途径：购买国债。

刘女士买入 10 万元左右的记账式国债，满足了刘女士希望给子女留下较多财产的愿望。刘女士将投资于国债资金中的 60%（6 万元左右）用于购买还有 5 年才到期的记账式国债，并一直持有；另外 40% 的资金选择还有 2 ~ 3 年到期的品种。按照这种投资分配，刘女士投入到国债上的资金，每年能带来的收益率大致在 3% ~ 4% 之间。

从国债上取得了相对稳定的收益之后，为了提高目前这种收益率水平，刘女士还准备选择一些股票型的开放式基金，如果以去年的收益率水平做参照，收益率能保持在 5% 以上，不过风险也相对要高一点。

对于购买债券，刘女士认为，这是一种很理想的投资方式。

◉ 以小搏大：买卖期货 ◉

与房地产和债券相比，尽管期货市场在我国已开办了多年，但人们普遍对它的认识程度还显得比较浅显，认为这是大的经纪机构、企业及少数富裕阶层光顾的场所。在大众投资者眼中，这里仍是一片陌生的土地。正是基于这种认识，目前，公众参与期货交易的还只是凤毛麟角。而一些具有战略眼光和洞察力的有钱人，已经大胆地瞄准和涉足这块新领域了，甚至有些人已经"盆满钵溢"。随着人们投资理念的日趋成熟，期货投资也会受到大众投资者的青睐。

一、期货合约

期货合约是由期货交易所统一制定的、规定在将来某一特定的时间和地点交割一定数量和质量商品的标准化合约。它是期货交易的对象，期货交易参与者正是通过在期货交易所买卖期货合约转移价格风险，获取风险收益。期货合约是在现货合同和现货远期合约的基础上发展起来的，但它们最本质的区别在于期货合约条款的标准化。

在期货市场交易的期货合约，其标的物的数量、质量等级和交割等级及替代品升贴水标准、交割地点、交割月份等条款都是标准化的，使期货合约具有普遍性特征。期货合约中，只有期货价格是唯一变量，在交易所以公开竞价方式产生。

目前，我国上市的期货合约具有以下标准化条款：合约名称、交易单位、报价单位、最小变动价位、每日价格最大波动限制、合约交割月份、交易时间、最后交易日、交割日期、交割等级、交割地点、交易保证金比例、交易手续费、交割方式、交易代码。

期货合约的标准化，加之其转让无须背书，便利了期货合约的连续买卖，具有很强的市场流动性，极大地简化了交易过程，降低了交易成本，提高了交易效率。

二、期货交易的优势

现代期货交易之所以能够在短短的100多年时间里迅猛发展，是因其具有特别的优越性，吸引交易者前赴后继，在充满艰险的市场中，认定发财或避险的目标，不停地参与交易。具体说来期货交易与也很刺激的债券和房地产相比有下述的魅力：

债券或房地产	商品期货
投资机会只有多头一种，即先买后卖	多头空头皆可，投资机会加一倍
交易规则复杂，增加投资成本	方便，简单
资本需要量大，影响资金周转	杠杆原理，以小搏大
专业服务少甚至无	专业经纪提供优质服务
投资回报较慢	较快
资讯速度慢	与市场同步，速度快
战争动乱时大部分贬值	战略商品期货反而升值

三、如何进行期货交易

首先是交易过程。期货交易的全过程可概括为开仓、持仓、平仓或实物交割。

开仓，是指交易者新买入或新卖出一定数量的期货合约，例如，投资者可卖出10手大豆期货合约，当这一笔交易是投资者的第一次买卖时，就被称为开仓交易。

在期货市场上，买入或卖出一份期货合约相当于签署了一份远期交割合同。开仓之后尚没有平仓的合约，叫未平仓合约或者平仓头寸，也叫持仓。

开仓时，买入期货合约后所持有的头寸叫多头头寸，简称多头。

卖出期货合约后所持有的头寸叫空头头寸，简称空头。

其次是期货的对冲。如果交易者将这份期货合约保留到最后交易日结束，他就必须通过实物交割来了结这笔期货交易，然而，进行实物交割的是少数。大约99%的市场参与者都在最后交易日结束之前择机将买入的期货合约卖出，或将卖出的期货合约买回，即通过笔数相等、方向相反的期货交易来对冲原有的期货合约，以此了结期货交易，解除到期进行实物交割的义务。

例如，如果你2000年5月卖出大豆期货合约10手，那么，你就应在2000年5月到期前，买进10手同一个合约来对冲平仓，这样，一开一平，一个交易过程就结束了。这就像财务做账一样，同一笔资金进出一次，账就做平了。这种买回已卖出合约，或卖出已买入合约的行为就叫平仓。交易者开仓之后可以选择两种方式了结期货合约：要么择机平仓，要么保留至最后交易日并进行实物交割。

期货交易者在买卖期货合约时，可能赢利，也可能发生亏损。那么，从交易者自己的角度看，什么样交易是盈利的？什么样的交易是亏损的？请看一个例子：你选择了一手大豆合约的买卖，以2188元／吨的价格卖出明年5月份交割的一手大豆合约，这时，你所处的交易部位就被称为"空头"部位，现在可以说你是一位"卖空者"或者说你卖空大豆合约。

当你持有的头寸成为空头时，你有两种选择，一种是一直到合约的期满都持空头部位，交割时，你在现货市场买入10吨大豆并提交给合约的买方。如果你能以低于2188元／吨的价格买入大豆，那么交割后你就能赢利；反之，你以高于2188元／吨的价格买入，你就会亏本。比如你付出2238元／吨购买用于交割的大豆，那么，你将损失500元（不计交易、交割手续费）。

你作为空头的另一种选择是，当大豆期货的价格对你有利时，进行对冲平仓。也就是说，如果你是卖方（空头），你就能买入同样一种合约成为买方而平仓。如果这让你迷惑不解，你可想想上面合约期满时你是怎么做的：你从现货市场买入大豆抵补空头地位并将它提交给合约的买方，其实质是一样的。如果你的头寸既是空头又是多头，两者相互抵消，你便可撤离期货市场了。如果你以 2188 元／吨做空头，然后，又以 2058 元／吨做多头，把原来持有的卖出合约买回来，那么你可赚 1300 元（不计交易手续费）。

四、李先生的期货交易

在完成期货交易后，个人要对期货交易中经营风险有较强的心理准备，因为进行期货交易投资与从事其他投资一样，总有一定的风险，任何经纪公司与经纪人都不可能保证只赢利不亏损。

李先生决定把自己多余的资金拿出来投资，他是一位冒险者，第一眼就相中了期货市场，在期货市场中研究了一番，认为风险很大，但收益也很大，他第一次就投入了 5 万元，结果到第二年就获利 1 万多，尝到了甜头的他，又再一次投身于期货市场，认清形势，把握规律，让他在这里收益不少，但他说出这样一句话："市场风险莫测，入市务请谨慎。"

分享公司的成长：投资股票

股票，可以说是近几年国内最热门的投资工具，在股市走牛时期，投资股票更成为全民运动，如 1999 年股市的"5.19"井喷式行情，许多投资者已把股票的真正价值抛在脑后，而陷入投机狂潮，结果大多数都损失严重，甚至损害了家庭生活品质。

有钱人认为，"知己知彼，百战不殆"，投资者应先了解自己的风险承受能力和股市发展规律，才能占尽先机。

一、股市大透视

一般说来，一个国家的经济总会存在一种高低速交替发展的循环周期。当一国经济由发展的高峰转向低谷时，由于投资者对未来经济形势可能恶化的预期，导致纷纷看空后市，股市将先于整个经济趋势而率先做出向下调整的反应。此时，投资者一方面出于回避风险的需要，另一方面出于满足未来需要的考虑，将手中股票变成资金转向存入银行或购买债券，股价向下乃是大势所趋，投资者人心所向。此时债券的价格因购买者增多，反而有所上升。反之，当一国经济发展由低谷向高峰迈进时，投资者对于未来经济高速发展导致企业经营环境的改善和企业经济效益大幅提高的预期，为寻求更高的资金收益回报，又纷纷抛售债券或提取存款去购买股票。此时，股价将先于经济趋势做出向上的反应，债券价格因此可能有所下调。

同时，当利率下降时，一方面投资者出于对相对下降的储蓄收益和投资新债券收益不满足，想谋求新的投资渠道；另一方面利率下降，降低了企业的经营成本和改善了企业的经营环境，使企业盈利预期增加，从而将资金转向购买股票，促使股价上扬。与此同时，现有债券因收益率的相对提高也吸引了投资者的购买，价格上涨。相反，当利率升高时，投资者的融资成本就会提高，在对收益与风险进行均衡考虑之后，投资者将更多地选择进行储蓄或者购买新债券，从而促使股价以及债券市场现有债券价格下调。

其实通货膨胀对股票市场价格的影响较为复杂。通货膨胀的结果一方面使股份公司的资产因货币贬值而增加，促使股价上涨；另一方面，通货膨胀又使得股份公司生产成本提高，而导致利润下降，促使股价下调。这两方面因素共同对股价作用的结果，将有可能使股价上涨或下跌。此外，通货膨胀对不同性质的企业影响不同，也会促使股价结构的调整与股票价格的波动。

当一国中央银行采取紧缩性货币政策时，证券市场上的资金会相对紧张，企业的信贷规模乃至投资规模都会相对减小，导致投资者对企业盈利的预期减少，促使股价下跌。反之，当一国中央银行采取宽松性的货币政策时，则会促使股价上升。

企业税收的增加（或减少），会使其税后利润减少（或增加），从而影响投资者收益，也会促使股价下降（或上升）。

最后在汇率方面，当一国外汇汇率下降，本国货币升值时，则有利于进口而不利于出口。一些以出口为主导型的企业股票因其业绩可能受影响而价格下跌；而对以进口为主导型的企业股票而言，因其进口成本（用本币计）下降，可能使利润上升，致使股价随之上涨。

二、如何进入股市

个人理财的投资选择项目有很多，进行股票投资就是其中一项收益丰厚的理财项目。投资者只要持有自己的身份证以及买卖股票的保证金，想买卖股票是很容易的。

第一是办理深、沪证券账户卡。投资者持身份证，到所在地的证券登记机构办理深圳、上海证券账户卡（上海地区的投资者可直接到买卖深股的证券商处办理深圳账户卡）。法人持营业执照、法人委托书和经办人身份证办理。入市前，投资者在选定的证券商处存入个人资金，证券商将为其设立资金账户。同时，建议投资者订阅一份《中国证券报》或《证券时报》或《上海证券报》，知己知彼，然后"上阵搏杀"。

第二是股票的买卖。股票的买卖与去商场买东西所不同的是，买卖股票不能直接进场讨价还价，而需要委托别人——证券商代理买卖。

找一家离自己住所最近和最信得过的证券商，按要求填写一两张简单的表格，可以使用小键盘、触摸屏等；也可以安坐家中或办公室，使用电话或远程可视电话委托。

第三是转托管。目前，投资者持身份证、证券账户卡到转出证券商处就可直接转出股票，然后凭打印的转托管单据，再到转入证券商处办理转入登记手续；上海交易所股票只要办理撤销指定交易和指定交易手续即可。

第四是分红派息和配股认购。红股、配股权证自动到账。股息由证券商负责自动划入投资者的资金账户。股息到账日为股权登记日后的第3个工作日。投资者在证券商处缴款认购配股。缴款期限、配股交易起始日等以上市公司所刊《配股说明书》为准。

最后是资金股份查询。投资者持本人身份证、深沪证券账户卡，到证券商或证券登记机构处，可查询自己的资金、股份及其变动情况。和买卖股票一样，想更省事的话，还可以使用小键盘、触摸屏和电话查询。

四、投资应买哪种股票

首先是成长性好、业绩递增或从谷底中回升的股票。具体可以考虑那些主营业务突出、业绩增长率在30%以上或有望超过30%的股票，对于明显的高速成长股，其市盈率可以适当放宽。

其次是行业独特或国家重点扶持的股票。行业独特或国家重点扶持的股票往往市场占有率较高，在国民经济中起到举足轻重的地位，其市场表现也往往与众不同。因此，投资者应适当考虑进行这些股票的投资。

其次是公司规模小，每股公积金较高，具有扩盘能力的股票。在一个行业中，当规模扩大到一定的程度时，成长速度便会放慢，成为蓝筹股，保持相对稳定的业绩。而规模较小的公司，为了达到规模效益，就有股本大幅扩张的可能性。

因此那些股本较小，业绩较好，发行溢价较高，从而每股公积金较高的股票（尤其是新股）应是投资者首选的股票。

再其次是价位与其内在价值相比或通过横向比较，有潜在升值空间的股票。在实际交易中，投资者应当尽量选择那些超跌的股票，因为许多绩优成长股往往也是从超跌后大幅度上扬的。

最后是适当考虑股票的技术走势。投资者应选择那些接近底部（包括阶段性底部）或刚起动的股票，尽量避免那些超涨的正在构筑头部（包括阶段性头部）的股票。

五、用智慧和胆识去拼搏

黎先生现在已经是一个经贸公司的老总，资产有几千万元。想起自己的发家史，黎先生有些自豪，还有一点酸涩。

几年前，黎先生有一次到外地出差的时候，亲眼看见了当地人对于股票的狂热。他开始四处打听股票交易的情况。好在当时不少人关注股票，打听起来并不难。听一个当地人讲，最近要发行新股，他还没搞明白新股是个什么东西，就决定买。既然人人都盯着新股，一定会赚钱。但是，面对如此疯狂的购股大潮，股票发行根本没法进行。

于是，当地市政府决定采用无限量发售股票认购证的方式发行新股，发行办法改为向全社会推销股票认购证。每张认购证30元，不需排队，没有指定地点，发售期内随到随买，且供应充足。有了认购证并不一定就有股票购买权，还得根据认购证发售数量与新股比例摇号抽签，中签率也不公布。但是，就是这种犹如镜中花、水中月的认购证，在一个星期内就卖出了207万张。

因为根本不知道中签率，所以很有可能钱会打了水漂。如果这样，黎先生借来的4000元钱该怎么还？一向主意很多的黎先生将自己本身的钱分成3份，一份1000元作为生活费和路费；一份1000元钱不支出，万一中不了签，回去也能够还账；剩下的不到 2000 元全买认购证。如果能够中签，不但能赚回这 2000 元，而且能大发一把。于是，第二天他就购买了 66 张认购证。

接下来的日子却越来越艰难，又过了几天，连借来的 4000 元都已经开始动用了，而离认购证首次摇号还有将近一个星期的时间。

一日傍晚，吃了好几天方便面的黎先生终于忍不住了，他走到附近的一个小馆子里要了两碗馄饨解馋。就在吃馄饨的当口，听到旁边一桌人议论说每 10 份连号的认购证在黑市上已经卖到了 7 000 多元。当晚，李先生觉得既然认购证能赚钱，倒不如卖掉一部分，至少可以维持到摇号的日期。

第二天，黎先生到交易所，不等他开口就有人上来询问是否有认购证。李先生经过一番讨价还价，竟然以 1．3 万的价格卖掉了 10 张。

第三天上午当他再次来到交易所，此时离摇奖日期只差 3 天了。他竟然以 14 万元的价格将剩下的 50 张连号认购证全部脱手。另外 6 张被他称为"断码"的认购证也以 200 元一张卖掉了。当天晚上，黎先生就搬入了饭店豪华双人套间里。15.4 万元，对于一个大学毕业不到一年的青年人可是一个天文数字。第二天下午乘飞机回来后打车直奔银行。

以此为起点，黎先生在 1994 年辞职，自己开了一家服装公司。

黎先生回顾自己的发家史，感触颇多，他从自己的经历中得出了理财的定义就是"用智慧和胆识去拼搏"。

赏心悦目的投资：买卖黄金珠宝

黄金珠宝是有钱人投资的一个重要领域，有钱人认为黄金珠宝的投资是一种赏心悦目的投资，因为这项投资不仅可以为有钱人带来可观的利润，还可使他们欣赏到琳琅满目、造型各异的黄金珠宝，获得赏心悦目的心理和视觉享受。

一、黄金投资的最佳时机

有钱人认为，投资黄金不能盲目进行，应选择时机，相时而动。第一是要选择在经济低迷时投资黄金。黄金价格的波动往往与经济景气度、股市走势、黄金的供给等反向运动。

美国 1929 年股市崩盘前和 1968 年两次股市高峰期过后，都曾出现过股价大跌而金价上涨的现象。1980 年以后的近 20 年时间区间里，每当美国经济高涨之时，也正是黄金价格处于低谷之时。

特别是 20 世纪的最后 10 年间，全球有 6700 吨黄金不断在市场上抛售，一些基金组织和黄金商也推波助澜，加之美国经济强劲等因素，使得当时的黄金价格每况愈下，从 1990 年平均价 384 美元／盎司下降到 1999 年的 278 美元／盎司，下降幅度达 27%。

而自 2001 年以来，出现全球性的通货紧缩，全球各主要股市逐步走低，使得黄金投资辉煌再现。

因此在选择黄金投资时应选经济低迷时进行投资。

第二是要考虑货币的利率。投资者应当了解，货币利率的上升会导致黄金价格的下降。因为货币利率相当高时，储存黄金的机会成本就会很高，人们更愿意购买能生利息的资产而不要黄金。此外，购买黄金还有一个缺陷——自己储藏黄金不能带来利息。

第三是要手头宽松时才能投资黄金。黄金储藏者必须另有稳定的现金收入来源以支付日常开支，否则就会因不时卖出而难以实现其投资"初衷"，甚至因"高买低卖"而招致亏损。因此，选择投资黄金时应在手头比较宽松时进行。

第四是要出于保值目的购买黄金。现在我国处于银行利息不断降低，其他投资进入"微利"的时代，黄金市场放开以后，肯定会有不少人转而投资黄金。

出于保值考虑，黄金市场放开后，投资黄金是比储蓄更为有利的选择，不仅可以避免已有收入被通货膨胀吞噬，还有可能赚取差价。

黄金是长期中抵御风险的最佳投资品，投资黄金的风险低，其投资回报率也相对较低。黄金投资在个人投资组合中所占比例不宜太高，且应在黄金价格相对平稳或走低时"吃进"为好。

二、选择投资钻石

有钱人除了喜欢投资黄金之外，还喜欢从事钻石投资。普通首饰用的钻石也有一定的价值，但它却不是保值的对象，一般常见的碎石或品质够不上投资品级的钻石，也不是有钱人心目中的投资钻石。

有经验的有钱人在选择钻石时，首先要判断钻石的色泽，钻石的色泽是最重要的。最高质地的钻石是纯白色,不带黄的。一点点肉眼看不清楚的微黄,即使对审美影响不大,也可以使钻石的估值大降,甚至使其失去投资价值。

谁都知道,钻石在化学上是碳的一种结晶体。只要晶体内每10万个碳原子中掺杂了一个氮原子,那个晶体就会呈微黄色。

G.LA分别钻石色泽的系统相当复杂,大致把钻石分为D～N共23级之多。其中纯白的品级是D级,次级是E级,这样顺次而及于N级,轻微的分别都是这样鉴别评定出来的。

投资者有兴趣的钻石,品级愈高愈好,而一级之差,价值差别会很大。

从投资角度看,有钱人认为最好能购买D级钻石。通常首饰用的钻石,大多数是I以下的品级。IK二二级的钻石虽然肉眼看来还是漂亮至极,可是已不足为投资钻石了。

值得一提的是,有一种本身是茶黄色的钻石(不是白里浑黄),也相当值钱,不能与白里透黄的钻石一概而论。

其次是判断钻石的透明度。钻石的清澈透明度,是辨别钻石品级的第二大要素。

G.LA在这方面也有一个标准系统。简单来说,专家要在10倍放大之下细察钻石的任何内部瑕疵、裂痕、杂质、碳点等,然后,根据瑕疵的程度及其是否接近钻石的中心点,来把钻石分成6级。

其中"无瑕"级的钻石,是那些在放大镜下完全看不出毛病的钻石。

次级"内部无瑕"是内里虽无缺,但表面略有可以辨别的瑕疵的钻石。

再下去是"含极少微疵"的钻石,是受过训练的技师在10倍放大之下特别小心才看得出微瑕的钻石。

再数下去是<S级,SI级,是可以用肉眼看出毛病的钻石。

有了G.LA的估值系统及证书,钻石评估及价格有了一定的标准。

三、选择投资翡翠

在投资翡翠前,有钱人认为先要学会辨别翡翠的价值。

翡翠是一种高价值的宝石,为古今玉石之王。翡翠的质量和价值主要从其颜色、质地、透明度、纯净度等方面来衡量,其颜色以翠绿色为最佳,以质地细腻致密者为上品,以透过可见光的程度越清晰越好。

与字画和古籍相比，翡翠更便于保存，且得到世界的公认；与房子、汽车和红木家具这类"硬货"相比，它易于浓缩和转移资产；与其他收藏品种相比，翡翠的价格稳定且升值明显，又具有极高的鉴赏价值。

近几年在国内一些珠宝玉器拍卖会上，高档翡翠制品价格也屡创新高，其升值之快，是古董、邮票和书画等其他投资品种所难以比拟的。

另外还要选择投资翡翠的品种。要购藏翡翠保值，必须做到宁精勿滥，应挑选珍稀及品质上乘的高档 A 货翡翠，千万不可贪图便宜滥取一些种差工粗的低价货，后者甚难转手买卖或参加拍卖，市场承接力极弱，也很难升值和保值。

翡翠主要产于缅甸，作为宝石矿藏具有不可再生性，由于开采过甚，资源日益枯竭，供需的失衡使翡翠的投资价值日益显露出来。近 30 年来，翡翠的价格上涨何止千倍，越是高档 A 货翡翠，上涨的幅度越大，中低档翡翠的升值速度就要慢得多，仅在 1996 年初，缅甸产的翡翠原料价格就翻了一倍，但依然难觅高档翡翠的踪影。因此，翡翠的这种稀缺性决定了它特有的收藏和投资价值。

最后还要想到投资翡翠的条件。

在进行翡翠投资时，有钱人认为需要考虑的是自身财力问题，因为现在购买高档翡翠已经不是区区几千元能办到的事情，必须有比较宽裕的资金投入，才会有理想的回报。

其次，要有一定的鉴别与欣赏能力，这样才能发掘出值得投资的翡翠。

四、珠宝的选择与投资

有钱人认为，珠宝投资是个人理财获取收益的一个很有前途的投资工具，珠宝市场的发展潜力很大，但由于市场尚未成熟，因此风险也相对较高，投资珠宝市场之前，应该学习珠宝投资的技巧，掌握投资方法。

掌握珠宝投资方法，需要做到以下这些方面：

学习有关的珠宝知识，多看有关图书并积极参与各种有关珠宝的讲座、珠宝展览会、学术交流会等各项有关珠宝的活动，多和珠宝专家、收藏家、消费者等接触，培养自身对珠宝的知识及经验，做一个珠宝知识研究者。

珠宝的研究与投资，不是一朝一夕可成的，最好的方法是在投入珠宝行业前，先做一位快乐的收藏家。但收藏时要注意两点：

（1）进货成本不宜过高。

（2）买精不买多，收藏一定要以各种珠宝的精品为主。

尽量多去认识一些人，如珠宝鉴赏家、收藏家、消费者等，让周围的人知道自己在研究及收藏珠宝，让他们成为自己的好朋友，这些人有可能是以后的货源或客户。

当万事俱备，就到真正进行珠宝投资的时候了，虽然珠宝投资理财的方法各异，但务必以诚信为本。因为这一行消费群体小，从业人员也较少，一旦欺诈被揭穿就难以立足了。

在选择时，应遵照以下方法：

如果经济实力允许，以选择高档珠宝为最好。

如果经济实力不允许，则选择中、低档珠宝，实行"薄利多销"。

在充分考虑了国家、地区的货源及市场行情以后，要因时因地制宜，随机应变。

有钱人认为，只有通过上述的学习与磨炼，才能真正成为一名成功的黄金珠宝的投资人，做好黄金珠宝的投资，从中体会到更多的乐趣。

闲情逸致的投资：买卖收藏品

"世界上最富有的不是银行家，而是收藏家。"因为除股票、房产、储蓄、保险等几个领域外，个人最能驾驭的理财方式恐怕就是收藏了。而在这个收藏者的理财队伍中，有不少人初涉这个领域时，是群众性收藏参与者。他们手中有些闲钱，但不多，对艺术品有兴趣爱好，但由于不是专业收藏者或专业经营者，投资能力有限，他们被称为投机收藏者。

虽说收藏投资利润颇丰，但和其他投资一样，它也具有一定的风险性，收藏经验丰富的有钱人认为，投资收藏首先要学会预测经济环境，从目前收藏投资的情况看，有钱人认为以下几种倾向值得投资收藏者注意。

一、书画作品的投资

并非任何一件书画作品都在市场上看好，也就是说并非每一件书画作品都适合投资。投资者必须从浩如烟海的书画作品世界中挑选出那些有升值潜力的作品。

一般而言，适合投资的书画作品应具备以下 4 个的标准：

首先，鉴别书画的真伪是最基本的投资前提。谁都知道，由于代笔、临摹、仿制以及故意的伪造，使书画作品鱼目混珠，在书画市场上花大钱买回来假货，不但可能失去盈利的机会，可能连本也得赔进去。

其次是精。书画作品虽说由于每个书画家的个性和风格不同，作品也不同，就一个书画家而言，其一生的作品也是数量可观的，但其中不少是应酬之作，称得上是精品的并不多。以黄宾虹而论，一生绘画作品达万余件，仅现存于浙江省博物馆的就达几千件，但神形俱备的精品又能有多少？齐白石一生的作品据统计也有万余件，大多为一般的作品，高价位的精品也并不太多。

以精为标准选择所投资的书画作品，并不意味着大家的一般性作品就没有市场。对许多中小投资者而言，根本无能力问鼎大家一件逾百万元的作品，书画大家的一般性作品也就有了市场。以精为标准选择投资品的原则，是在相同或相近的价值下，应尽量从其中挑选出最优秀的作品。这样，书画作品才具有较大的升值潜力。

第三是全，投资于书画，如八屏条或四屏条的书画缺少某个条幅，这种不全极影响其升值的潜力。对于单件书画作品而言，或有虫蛀孔，或有破损，虽经修补还是露出破绽，或有污渍，画面不干净，都称为不全。此类书画作品卖价大打折扣，甚至无人问津，不适于投资。

最后是稀，"物以稀为贵"，在书画投资中更是如此。在艺术史上那些独树一帜的书画作品，更是书画投资的稀罕品。那些具有创新意义、首开先河的书画作品也极有投资的价值。如达·芬奇的《蒙娜丽莎》乃稀世之珍品，根本无法计值，仅是在 1962 年因到美国展出作的估价即已达到 1 亿美元。珍稀作品极有获厚利的可能。

同时，确定了投资书画的标准，还需要确定投资选择购买谁的作品，最重要的是从商业的角度考虑书画家中谁的作品更受欢迎，更能带来经济效益，以及谁更有潜力可挖，就国内书画家而言，可依据以下几个层面来考虑：

前代书画家或已成名的在世前辈书画家。这批书画家由于主导中国美术发展史，故在艺术史上的地位及画风等方面均已被世人所认可，作品具有较高的收藏价值和保值、增值功能。但基于他们的身价已高，一张画的价格往往动辄 10 万元以上，购藏须占用较多的资金。投资者在需资金较快周转的情况下应谨防为书画家名气所累。

50、60 岁左右中坚辈书画家。投资此类书画家不妨就其作品、价格、产量来评估。其中又以他的作品是否已被普遍收藏为最重要，若只是两三个人收藏，则表示不易被社会所接受，最好不对其投资。由于中坚辈书画家大多有较大的名气，其作品价格的高低成为投资考虑的一个重要因素，名气大、价格却较低的作品自然受投资者的欢迎。而就中坚辈书画家产量而论，宜精不宜多。现时书画家的作品越精工细琢、购藏价值越大，今后越有大幅度升值的可能。投资此类书画家的好处在于他们已有较大的声誉，但作品价格却又不至于太高。

未成名的年轻书画家。虽然收购这类书画家作品不必花费太多经费，但将来其是否持续创作或成名，则无疑将是最大风险。不过，任何投资皆有风险，书画投资有赖于用自己的眼光来承担风险。投资于此类书画家要有巨大的超前性，要充分预见到将来书画市场潮流与该书画家的风格相吻合，要对年轻书画家的实力有充分的把握。如果投资者眼光准，并能配合书画家进行宣传，投资此类书画无疑会获得巨大的投资回报率。

二、古瓷的投资与选择

对于古瓷的投资，首先要选择相对少、精、异形瓷器进行投资。大凡收藏者和卖家都希望自己手头上拥有"人无我有"的器物。而精美器物，历来都是受人追崇的，所以价值就会高。另外，异形瓷器，因其工艺难度大、成本高，就算现在价高利低，但今后潜力会成倍增大。

其次选择尚未被人们认识真实价值的古代名窑瓷品。有些古瓷，无论当时还是目前，都可算作高质量精品，但人们因时代、民俗、社会传统等心理因素的影响，可能一时难以认识其真正价值，此时购藏，绝对是潜力巨大的"绩优股"。

比如优质的宋代湖田窑影青器物、元枢府瓷器物，目前价格远低于其实际应有价格，一旦有机会遇见，大可断然入藏。除宋代五大名窑外，唐宋瓷器中的邢窑、越窑、耀州窑、磁州窑、吉州窑、建窑、洪州窑也颇具升值潜力。

再其次选择近现代瓷器中的代表作。诸如晚清、民国新粉彩、浅绛彩中的一些有名头的代表作品，新中国建国初期一些精品瓷板、雕塑等等，都将是很有升值潜力的瓷器。

最后要以中长期投资为目的。古瓷投资相对来讲是中长期的。一般 10 年增长 4 ~ 8 倍左右。当然，古瓷市场和其他市场一样有冷有热，有高有低。如何正确把握其中的"度"，是古瓷投资收藏者必须了解的。

大凡买家，都懂得"养一养"、"捂一捂"的道理。如清三代较好的器物，不推到高位，开低价时买家是不会轻易易主的，一般都会等一段时间，市场见好，即果断抛出。好东西不怕"放一下"，不怕没买家。

三、投资邮币巧生财

李先生已经 48 岁了，自从医科大学毕业后，就被分配在一家大型制药厂工作，眨眼之间已经 20 年了，现在每年能收入 8 万元。爱人也和李先生在同一个制药厂工作，每年能有 6 万元的收入。现在孩子们都已经独立出去了，房子是公房，基本没有什么负担。李先生现在有 15 万元定期存款，5 万元的金银纪念币投资，8 万元的邮票投资。1998 年，为自己购买了 10 份 10 年期交费的重大疾病终身保险和 2 万元保额的附加疾病住院医疗保险。

李先生感到现在银行利率太低，存钱不划算，决定进行投资。可自己从没有接触过股票证券一类的东西，现在年纪大了，也不愿再去折腾了。李先生工作之余的唯一爱好就是倒腾邮票和纪念币，而且"道行"还是比较专业的，他就决定从这上面入手。

他的理财规划如下：

(1) 家庭日常生活开支，每年安排 3 万元。

(2) 健康投资，每年在健康保险上，夫妇二人投入 17000 元。

(3) 意外保障，夫妇二人各购买金卡一份，每年交费 560 元。

(4) 继续持有 5 万元金银纪念币，每年追加投资 5 万元。

(5) 邮票投资，继续持有 8 万元的邮票投资，每年追加 3 万元。

几年下来，李先生颇有收获，感觉比银行的利息高多了，而且又能发挥自己的爱好。李先生觉得自己找到了一个最适合自己的投资办法。

第九章

该出手时就出手

人生因机遇、商机而熠熠生辉，因财富而叱咤风云。有的人正是抓住每一次商机，把握了一个个创造财富的机会，其人生的梦想之花，才绚丽地盛开在现实的花园中。

人们总是羡慕有钱人一次又一次地抓住商机，获得财富，改写人生，而埋怨自己天生背运。为何商机从来不降临在自己的身上？其实人一生当中只缘身在机遇中，才不知商机的真面目。往往就在人们的这一声声感叹中，商机、财富一次又一次地与自己擦肩而过。商机永远不会凭空放在你的手中，万千商机虽与你一路同行，但阳光雨露却总是更多地赐给跑在前面的人；财富虽遍地都有，但滚滚的财富总是被勤奋者握在自己的手中。有钱人认为商机、财富永远只会留给那些有准备的人，而且，唯有准备充分的人，才能识别它的存在，才能让自己的每个念头、每个想法得到省悟，得到改变。人生中只要下定决心，努力去做，坚持理想，用正确的方法，日复一日地去实践，每一天都是生命的转折点。

⚫ 穷人忽视商机，有钱人捕捉商机 ⚫

在中国的古代就有了对商机的解释，《辞海》注释"机会"为"行事的际遇"，即机遇。换言之，抓住机遇，就是抓住自己在生活中遇到的机会。许多谚语、成语、警语、哲语都与机遇有关，最常见的比如："机不可失，时不再来"、"识时务者为俊杰"、"失之东隅，收之桑榆"、"过了这个村，就没有那个店"、"运至时来，铁树开花"、"此一时，彼一时"等等。

商机，就是一种商业的机遇。商机，是商务活动中一种极好的机会，是一种有利于企业发展的机会或偶然事件或条件，是企业在市场竞争中一系列的偶然性与可行性，或者说是还没有实现的必然性。

商机，在空间表现上是一种特殊点，有一些特别的表现；在时间上是一种特别时刻；在发展趋势上，表现为商务的一个转折点。引申到商战上，特别是市场争夺中，则多表现为竞争对手出现的时间差、空间差，可供我利用或竞争对手与我双方都可以利用的偶然出现的有利因素。从而又派生出商战中常用的"时机"、"令机"、"地机"、"事机"、"力机"以及由各种有利因素综合而成的机遇。

商机，从范围上讲，不仅是指一个商人、一个企业在市场大潮中对于商业机会的把握，也指一个省市、一个县（区）、一个乡镇在发展商品经济中市场的机遇。

由上可以看出：商机就是市场机遇，但它又是一种特殊的机遇。要想识别和把握商机，首先必须了解其特殊性，即了解商机的特征。通过对现实生活中大量商机案例的考察和理论分析，我们发现商机的特征主要表现在以下几个方面：

一是商机的公开性。任何商机，由于它是客观存在的，所以决定了它是公开的，每个企业、每个人都有可能发现它。

二是商机的效用性。商机不是一般的有利条件，而是十分有利的条件。它像一根有力的杠杆，抓住了它，就可以比较容易地担起事业的负荷；失去了它，你也许就会在事业面前束手无策。

三是商机的时效性。俗话说"机不可失，时不再来"，说明机会与时间是紧密相连的。机遇如电光转瞬即逝，抓住了也就抓住了，要是使其错过，则只有追悔莫及，枉自痛惜。

四是商机的未知性和不确定性。商机的结果在一定程度上具有不可知性和不确定性，要受事物发展的影响。这种影响来自两个方面，一是形成商机的条件的变化，二是利用商机的努力程度。

五是商机的难得性。商机是很难碰到的，特别是一些大的商机，更是难以把握。

六是商机的客观性。商机是客观现实的存在，而不是人的主观臆想。

七是商机的偶然性。商机具有一定的偶然性，它是一种偶然的机遇，常常突然发生，使人缺乏思想准备。当然，这种偶然性是必然性的表现，只不过是一般人难以预测把握罢了。

穷人整天忙于生活，无暇考虑商业的事情，他们对身边的商机视而不见，甚至眼睁睁地看着商机从自己身边溜走，失去赚取财富的良机，空留悔恨和叹息。

有钱人们则能把握商机的特征，并与实际经营结合起来，做到"运用之妙，存乎一心"，从而发现并果断地抓住商机，创造财富。

商机一现，财源滚滚。大量的商业案例表明，成功的有钱人总能发现商机，捕捉商机，抢得商机，占得先手，勇立商海潮头，占据市场的主动权，从而在商机中发掘无限的财富。

席某，39岁，武汉人，武汉某商贸发展有限公司董事长。毕业于华中师范大学中文系的他，曾在武汉一电台做过经济新闻记者。由于从小父母离异，席某和他的两个兄弟跟着爷爷和父亲生活，"5个人就靠着父亲每月40元工资生活，冬天里，兄弟几个还穿着凉鞋，经常在别人家的屋檐下睡着……"但他对苦难有自己的理解："苦难是相同的历史背景下不同的生活待遇。"席某为人低调，平时爱穿休闲装，聊起天来天马行空，常说："我没有想到中式快餐会成为自己一生的事业。"1988年，刚从大学毕业的席某就开始策划自己的事业前景。当时，家里经营着一家"金童子卤味鸡"的小店并且生意还不错。他看准机会，迅速在各大商场设立专柜，"金童子"的消费市场一下子被打开了。3年后，他干脆离开了记者岗位，全力投入餐饮业，并在其后的几年里赚到了自己的第一桶金。1994年，席某认为树立品牌的时机已经成熟，于是果断地从各大商场撤出，同时成立了公司，注册资金100万元。

2001年，在餐饮业摸爬多年的席某，将金童子正式定位为"中式快餐"。那时的他就认为中式快餐是他这一生的事业了，"第一，要确定自己所从事的行业是'朝阳行业'；第二，从事的行业必须拥有坚实而广阔的市场基础；第三，要让自己的企业在同行中形成相对的垄断性。经过选择，我以'金童子'作为自己的事业"。允许员工打第二份工是席某独特的管理理念。席某认为，要提高企业的效益，必须让员工带着愉快的心情工作，这就需要及时了解、解决他们的问题。"我们公司的许多员工都是外来的，不少人的经济状况都不好，我们就设了一些岗位，允许一些员工在干好自己本职工作的前提下去做。上个月我们有个员工家人胃出血，家里又比较困难，我们就给他增加了一份工作，在这个关键的时刻，'第二份工'就派上了用场"。曾经有人质疑这种做法是否会让员工不安于自己的本职工作，席某表示，"职工在申请第二份工作后，我们会适当作一些调查，确认后再施行"，而并非盲目地执行这一制度。这种人性化的制度获得了员工的欢迎。席某打理公司又"懒"又"尖"，在静下来的时候，文人气息较浓的他总是在思考如何将公司做强做大，"作为企业的领头人，我不可能大事小事都管，能够看透局势，做出相应的动作才是最关键的"。席某将自己的经验总结为"懒、尖、精、专"四个字，"我从来不是什么事都管，那样的话生活就太累了；'尖'就是要在自己从事的行业创造出自己独有的东西；'精'就是要熟悉自己的事业，知道每一步的发展规律；'专'就是要专业化"。金童子有比别人更灵活的经营方式，就是以专营店来说，"我们在要求每一家店在服务、卫生和口味方面必须过关的同时，在店的面积和销售方式上却不拘一格，在居民住宅区的店面可以小一点，因为这里的顾客都是打包带走。"位于武昌的"金童子"的两人店，就以这种灵活的方式创下日销售额 2 万多元的纪录。从 2001 年正式做中式快餐以来，短短 3 年，"金童子"就在武汉开了 36 家分店。

2003 年 12 月 11 日，中国零售业全面开放，"这是我们全面腾飞的时机"，席某坚定地说。据"金童子"执行总经理李帮介绍，近两年来，公司接待了1500 多位全国各地要求加盟的商务代表。对此，席某表示，现在零售业专门做发展加盟的工作，因为众多的加盟者并没有相同的起点，我们要谨慎选择，以免降低品牌的美誉度。"做成武汉的'全聚德'是我们的目标，但这是不容易实现的。因为我们知道，饮食行业很特殊，因为食客永远是'花心'的。"席某表示，顾客有太多的选择。如果没有自己的特色，就不可能站住脚。反过来说，有的店只做一个招牌，但是做出了特色，因此百年不倒，比如北京"全聚德"的烤鸭。到北京要吃烤鸭，就像到北京要登长城一样；"金童子"的产品已经有了 20 多年的历史，是自己一手创出来的品牌，每年都有很多外地客人专门来寻此美味，"这是一个很好的基础，我的路子就是想把金童子做成武汉的'全聚德'，做成武汉的地方特色品牌，让吃'金童子'成为武汉的一个旅游项目"。

商机存在于市场之中，但它不会主动进入人们的视野，也不会主动变为财富，而是需要人们用慧眼去发现和捕捉。目前，在市场中，缺少的不是商机，而是对商机的正确认识和把握，缺少一种捕捉商机的慧眼。凡是有人的地方就有市场，对于企业来说不是缺少市场，而是缺少发现市场需求的那双"慧眼"和"创意"。

世上无难事，只怕有心人，在市场经济中，有心人有占不尽的市场，发不完的财，只要我们把视线从市场的表层扩展延伸到市场需求的方方面面，深入到消费市场，用新的理念和新的眼光细心地去观察、去寻觅、去挖掘、去琢磨，就会欣然地发现，市场依然存在着无尽的商机。

有钱人告诉人们，一旦你把握住了有利的商机，并将之转化为致富行动，就会在市场竞争中争得一席之地，获得源源不断的财富。

有钱人捕捉商机的六大绝招

商机紧跟市场的需求变化，然而需求并不是一成不变的，恰恰相反，需求不断地发生变化，这要求经营者不仅要从静态而且要从动态的角度中去发现商机，在需求的转换之中发现商机。

一切的财富都隐含于需求之中，一切的商机蕴于需求的满足之中，只要在需求的失衡中发现了商机，就有可能打开致富之门。成功者在长期的经商实践中，总结出一套行之有效的捕捉商机的方法，以下是他们捕捉商机的六大绝招。

一、在供需失衡中寻找商机

世界上所有的生意都是由供求关系决定的，有钱人认为，善于发现供求之间的流向，把握住了供求之间的动态，也就把握了市场的命脉，因为市场的供求平衡是相对的，不平衡是绝对的，发现不平衡存在的差异，也就捕捉到了商机。差异造就市场，寻找差异，也就是寻找市场。

海湾战争虽已结束，但是美国商人利用海湾战争大做广告，把商战推向战场，至今还令那些死里逃生的美国兵记忆犹新。每天早上8时，士兵们听着发动机的轰鸣声，这意味着给养品即将到来。这些卡车上装满了士兵们最需要的货物：百事可乐和可口可乐。

往往是卡车还没有停稳，美国士兵就排起了长队。他们在冰镇的可口可乐罐头上看见了这样的广告："挡不住的诱惑！"这不是电视广告，而是在沙特阿拉伯沙漠中每天的实况。

出资做战争广告对每家参与的企业都是值得的。因为在那几周里，任何人在电视上出现的次数都不可能比美国士兵多。上百家电视台都在日夜不停地报道"我们在海湾的小伙子们"，人们看着他们喝可乐、啤酒，抽万宝路，玩飞碟……这些画面让人们记忆深刻，而美国士兵们日常生活所用的品牌也深深印在人们的脑海之中。

摩托罗拉公司的缔造人保罗·高尔文抓住了第一次世界大战的市场需求，一跃而居于美国无线电行业的榜首。

第一次世界大战的硝烟刚刚散尽，美国社会经济发展日新月异。农业经济在整个国民经济结构中所占的比重已大大降低，而新兴工业正在迅速发展。特别是汽车工业的发展速度惊人，同时带动了玻璃、橡胶和钢铁等相关产业的腾飞。

高尔文敏锐地发现了战争之后市场上的供需失衡。退役之后他没有返回故里，而是来到芝加哥的一家蓄电池公司担任职务，这家公司专门生产汽车用的蓄电池。公司里的工作单调重复，但这一切都不能磨灭高尔文心中所蕴藏的创业的激情，他将眼下的职务作为过渡性的临时工作。他在等待时机。

1920年11月22日匹茨堡KDKA电台正式广播，这是无线电技术发展过程中的一次重要突破。它最初只播出音乐和棒球赛结果，但这种新的媒体的巨大潜力很快就显现出来了工业和科技的发展，为高尔文事业的发展提供了难得的历史契机。

之后，高尔文创建了一家属于自己的公司，专门从事无线电器的电池生产。此时，交流电收音机已经走进家庭，高尔文认准时机，准备生产这种产品投放市场。而无线电市场并不确定，这就要求生产厂家一旦接到订货，就必须迅速投产，及时交货，不然的话许多竞争对手就可能钻空子。高尔文以极大的热情投身到业务中去，在激烈的竞争中他时刻有一种强烈的危机意识。在整个无线电市场蓬勃发展的势头推动下，高尔文的公司一年多来得到了前所未有的发展。

1930 年，美国在爆发了规模最大的经济危机之后，高尔文制造公司向市场投放了他们生产的第一种型号的汽车收音机。新产品的商标是"摩托罗拉"，这是高尔文一天早上刮脸时偶然得到的一种灵感。它兼有"开动"和"收音机"的双重含义，显得既醒目又充满生机。新产品受到了极大的关注，摩托罗拉也得到了"美国最好的汽车收音机"的盛誉。

高尔文在此时找到了广告人欧文，以强大的组合向市场发起了猛烈的广告攻势，在他们的策划之下，摩托罗拉在《星期六晚邮报》上刊登了广告，推出了一种新颖的广告形式。欧文还开始了摩托罗拉大型公路广告的设计工作，整个美国的公路旁，都布满了摩托罗拉的红、黄、黑的广告牌，这样的广告攻势，使摩托罗拉的名字家喻户晓了。

1936 年，战争的乌云笼罩了整个欧洲。高尔文一家人去了意大利、奥地利、法国、英国和德国，回国之后他坚信：除非出现奇迹，否则战争是不可避免的了。在公司经历了 1937 年到 1938 年间的萧条时期之后，高尔文敏感地意识到公司必须从事战争时期对国家有益的生产活动才能迅速发展。于是，他开始让他的工程师研制军用收音机。

机会终于到来了。1940 年的一天，某报社的编辑打电话告诉高尔文，在威斯康星州麦科伊营地进行军事演习的军队因缺少无线电通讯联络而行动不便。

高尔文立即派他的总工程师唐·米切尔和雷·约翰深入麦科伊营地实地考察。他们看到士兵们背着笨重的无线电通信工具，用这种落后的器材去打仗，自然行动受阻。米切尔当即向美陆军通讯部队的斯坦福上校保证，很快可以开发出一种轻型的、便于携带的无线电话机。

接着，高尔文立刻要求米切尔全力研制这种产品。但是研制这种便携式机器存在的技术难题很多，重要问题是重量，另一个则是在实际战斗中，因天线的反射，敌人可能轻易地发现攻击目标。解决的办法是找出一种黑色的、抗腐蚀的、不反射的镀镍作为材料。

在米切尔的带领下，难题迎刃而解。样机很快被制造出来了。这是一部手持无线电话机，由一个话筒、头部天线和内装电池构成，重约 5 磅，能保证 1 英里内的通话效果，在某些条件下可扩大到 3 英里。

然而在向军队展示这种样机时，只有个别军官对此抱有浓厚的兴趣，较高级的军事指挥阶层却怀疑这些小东西在实际战斗中究竟能否发挥效能。尽管如此，他们还是签订了向部队发送少量机器的合同。只有高尔文坚信，有朝一日它会在战争中大受欢迎。他要求米切尔继续改进它的性能。

在战争中，这种手持无线电话机大显神威。有一次，摩托罗拉公司收到一个订单，要求它在两天内向转运站发送 100 台这种话机，以适应"特殊的、最紧急的需要"。高尔文准时将货物发送过去。几个月后，他才获悉订购这批货物的部队，就是著名的卡尔逊突击队。而突击队的将士们在有了这些无线电话机后，如鱼得水，在战场上无往不胜。

战争对于敌对双方战场上的官兵来说都是生死决战，可想而知，是极其残酷的。但对于商人来说，战争也是发财的良机。

同时，战争市场给了摩托罗拉公司发展的机遇，高尔立抓住了它，结下了丰厚了的财缘，改写了自己的人生。

有钱人认为，当一种产品出现供需失衡时，常常其中就蕴藏着极为可贵的商机。但是，供需失衡并不一定表现得极为明显，因此经商者应具备优秀的"注意力"，发现隐藏的供需失衡，把握商机。

二、在现实需求中抓住商机

在我们身边，很多发家致富的人都是在现实需求中发现了宝贵的商机。

他相貌平平，衣着普通。没有人会把他与一个拥有净资产 8 个亿、年产值 12 亿元、经营范围涉足电缆、教育、房产、绿化工程、导游服务等多个领域之企业集团的老总联系在一起。

他以一己之力，搏击商海。10 年含辛茹苦，练就"电缆大王"的美名。他所领导的企业，在上海声名显赫。

水木清华，厚德载物。打造栋梁之圃的梦想，又使他以企业家的胸襟和心系教育的热情，投资 3.5 亿元，创办金苹果双语学校。芳菲之苑，一时间群贤毕至。

他就是上海市第十二届人大代表、浙江省驻沪企业协会温州工作委副会长、上海市黄浦区工商联副会长、上海亚龙投资（集团）有限公司董事长——张文荣。

张文荣 1965 年 4 月出生在温州乐清黄华农村，家境在当时还算富裕，但他的祖父和父亲对他要求特别严。他从小就受到了祖父要诚信、勤奋做人的教育。为使他了解社会、体验人生，小时候祖父曾让他去卖过冰棒，从中他懂得了许多做人的道理，也培养了坚忍顽强的品格。

在 20 世纪 80 年代初，温州家庭工业起步的时候，张文荣高中一毕业就成了"温州商人"。他做过油漆工、贩卖过服装等。那时"梦特娇"非常流行，张文荣得知广东沿海某地"梦特娇"很便宜便去进货，3 个月跑下来赚了 10 多万元。之后他抓住温州的日本产本田摩托一度售价飞涨的机会，借在黑龙江做生意的机会在当地原价购进 300 多辆本田摩托，卖到温州每辆赢利 1 万元，他又赚了一大把。

就这样，21 岁时张文荣已经赚到了人生的第一个"100 万"。在完成原始积累后，他觉得温州太小了，便决定到上海一试身手。

初来乍到，人生地不熟。那时的上海尚处在计划经济时代，业务很难开展，张文荣在这里经历了创业的艰难。为了揽到生意，不管刮风下雨，他每天一早就到机电公司门口找业务。接到业务后，他就骑着自行车满大街跑，让客户去买货。这段时间虽然很苦，但他却熟悉了业务，熟悉了上海，同时也赢得了客户。

当时温州做五金电器的工场原料紧缺，而上海却是大工业基地，废旧铜材没人要。张文荣就充当了这个收旧铜的角色。"当时我把上海的废铜卖到温州，两边的人都感谢我。"张文荣这样回忆说，当然他在这里边又赚到了钱。

成功的实业家总是善于把握时机。20 世纪 80 年代末，张文荣在上海城市发展加速、电缆需求大增的新形势下，和上海电缆厂合作，建立了上海电缆厂亚龙公司，从此跨上了在沪创业的新台阶。先后承揽完成了上海浦东国际机场的电缆工程、上海 8 万人体育馆、内环线高架路、东方明珠（部分）等重点工程的配套电缆工程。

1997 年，张文荣还顺利兼并了国有企业——浦东电缆厂。由此，他被业界称为"电缆大王"。

同时，在现实生活中识别商机，一定不要忽略了小机会。很多人根据习惯性的消费观念，将生产分为大小等级，以为那些从事投资少、单价低项目是小生意，反之则是大生意。比如经营房地产商必定是大富翁，而从事柴米油盐的可能就是小商家。其实生意的大小是由需求的大小来决定的，当大部分老百姓还对他们积蓄一辈子也买不起的高档住宅望洋兴叹时，这个所谓的造就大老板的行业就成了吞噬资金的黑洞。相反，在一般人最瞧不起的农村，专门向那些穿得破旧、用得节俭的农民提供饮料和化肥的经营者，也能产出真正的大腕级的巨商。

以刘永好为总裁的希望集团，是中国500家最大规模的私营企业的第一名，位居中国饲料工业百强之首。1997年，该集团实现主营业务和其他收入达到60亿元人民币。2005年在市场疲软、养殖业滑坡的严峻态势下，希望集团仍然保持了一定幅度的增长。

饲料工业是连接种植业、养殖业、农副产品加工业等农业产业链条中极其重要的一个关键环节。中国进入了改革开放的新时代。有着8亿农民的广阔农村率先进行了历史性的改革，实行家庭联产承包责任制，搞副业、办实体，农民开始从土地中解放出来。1982年，国家号召科技兴农，农村又出现了新的一轮建设热潮。1982年8月的一天，四川省新津县古家村的一家小院里，刘家四兄弟正在举行决定自己命运的方桌会议。

在经过一番激烈的讨论后，三天三夜的家庭会议终于做出决定："脱公服当专业户！"陈育新首先辞职，接着其他三兄弟也先后辞职。然后各自变卖了手表、自行车等值钱的物件，硬是凑足了1000元的资本，于是，以陈育新的名字命名的育新良种场呱呱坠地。

万事开头难。刘氏兄弟的第一笔生意差点就让育新良种潮夭折。当时，资阳市一个专业户向他们预订了10万只良种鸡。他们买来鸡蛋，土法上马，孵出小鸡，先交货2万只。不料，小鸡在运输途中被闷死了一半，又因火灾烧死了剩下的一半，那位专业户几乎倾家荡产，刘家兄弟自然也分文未得，剩下的8万只鸡怎么办？打听到成都有市场后，他们连夜动手编竹筐，此后四兄弟每日凌晨4点就开始动身，先蹬3个小时自行车，赶到20公里以外的集市，再用土喇叭扯起嗓子叫卖。等几千只鸡卖完，然后再拖着疲惫的身子蹬车回家，早已是月朗星疏了。这样，十几天下来，四兄弟个个掉了十几斤肉，但所幸的是8万只鸡苗总算全脱手了。年底算账，竟也有10万元的盈利。

在办良种场时，刘永好负责采购饲料，这位有心人在南方采购饲料时就开始了对饲料经营的观察、调查与思考。同时发现饲料市场有着广阔的天地。

1988年，希望饲料公司在古家村买下了10亩地，投资400万元，建立了希望科学技术研究所和饲料厂，又投入400万元作为科研经费，并聘请了30多位专家、教授任专职或兼职研究人员。先后派人到国外各地考察，并邀请国内外专家来访交流。经过两年多的反复试验、筛选，从 33 个配方中优选出来的"1 号乳猪饲料"脱颖而出。1989 年，"希望"自行开发生产的"希望牌"1 号乳猪全价颗粒饲料面世，质量可与泰国"正大"饲料相媲美，每吨价格却比泰国饲料低 60 元，一下子就打破了洋饲料垄断市场的局面。自此，希望饲料一举成名。刘家四兄弟的资产亦发展至几十亿元。

于是，中国的饲料大王刘永好成了闪耀的明星。由此，我们可以得知：平凡的生活中蕴藏着无数的商业机会。有成就的商家善于用独特的"注意力"去发现，从人们忽略或不屑一顾的"小本经营"、"小生意"入手，取得了令人震惊的成功，第三产业天地广阔，大有可为，尚有许多未开垦的处女地，等待有眼光、有策略的人们去开创新的商机。

三、利用政策变化揽商机

政策是政府意志的一种表现，它还带有强有力的"势能"，用活一项政策可以救活一个濒临倒闭的企业，用对一项政策可以迅速发展壮大一个企业。有钱人认为，政策里面有"黄金"，就看你怎么挖掘；政策里面有机会，就看你会不会"把握"。这其中的秘密值得我们去研究。政策同时也是严肃的规范，国家靠它管理国家事务，指导工作，调控社会、经济、科教等一切事业与活动。政策又是一个庞大的体系，有国家政策、行业政策规定，地方性政策规定；有禁止性政策规定，限制性政策规定；有鼓励性规定，支持及优惠性的政策。各种政策都包含了一定的创富条件和空间，意味着一定的发展变化的信息。

改革开放就是一种政府政策，它给中国人的生活带来了巨大的财富和商机，同时也给这片古老的土地注入了一股生机盎然的活力。几十年来，在改革潮流的风口浪尖上跳跃出无数的幸运儿，创造出诸多的传奇式的故事。韩伟就是其中的一位幸运儿。

最初，韩伟向亲朋好友借了 3000 元买下了 350 只雏鸡，办起了家庭养鸡场。

养鸡最怕发生瘟疫，韩伟在初期就已经看到了养鸡业存在着的这种可怕的风险。他学过畜牧兽医，知道该怎么对养鸡场进行严格的消毒与隔离。他在这方面不怕投本钱，因为只有确保不发生瘟疫，才有可能把鸡养活，养大，才有可能创造利润。

除了自己已经掌握的一些基础知识，韩伟还知道要把这个养鸡场办好、办得规模更大，还需要许多比他知识更多更专业的专家来帮忙。在办养鸡场的初期，他就几次跑到北京、沈阳等地去向专家讨教，或者请他们来现场指导。

韩伟养鸡，从最初的 350 只开始扩大。到第二年就开始兴建万只蛋鸡场了。光有肉鸡是不行的，城市里的人爱吃鸡蛋，咱就给他们提供鸡蛋。到了第三年，万只蛋鸡也不过瘾了。韩伟又把前两年积下的一些钱，再加上贷款，投资兴建了 10 万只蛋鸡场。

真是一步一个台阶。到了第四年，韩伟又与旅日台胞施文电先生合资兴建了又一座现代化的蛋鸡场。

到了第五年和第六年，韩伟兴建了饲养 10 万只美国优良种鸡塔特姆种鸡场。与此同时，他还建起了月产 3000 吨饲料的加工厂和一个中型兽药厂。

到了 1992 年的秋天，在邓小平南行讲话的鼓舞下，韩伟创办起了以自己的名字命名的企业集团。这个集团的核心企业有：大连集团股份有限公司、大连养鸡场、大连畜牧开发公司、大连畜牧商贸有限公司、大连高新技术有限公司、大连畜牧业发展有限公司、大连建材有限公司、抚顺畜牧有限公司。

在 1992 年初建时集团公司的总资产即有 9000 多万元，经过三四年的发展，现在资产早已超过了亿元。韩伟已经是一个名副其实的亿万富翁了。

历史前进的步伐是阻挡不住的。韩伟这个大连的农家人更加坚定了自己创大业的信心。改革开放为无数人带来了机遇与财缘。

好的时代就是一个能为人们发展提供更多的机遇的时代，它使人们能有更多的自由去选择自己的命运，去改变自己的命运。改革开放让人们看到了希望，看到机会和财富。

胡应湘也是抓住了改革开放的机遇，成了时代的弄潮儿。在胡应湘担任工程师期间，用了几年时间对香港市场进行了全面的观察和分析，认定香港经济今后将会有一个飞跃发展的时期。

他还认识到，经济蒸蒸日上，必然会带来交通运输业的繁荣和兴旺，这对父亲经营的出租车行业必有好处。然而，他又注意到，因为的士行业投入资金少，技术难度不大，一般人都可以经营，这势必会有越来越多人参与经营。激烈的竞争和香港有限的客源，会导致该行业经营效益不佳。

而与此同时，胡应湘以卓识的眼光看到前景光明的房地产业。他认为，经济的发展，市场不但需求大量的工业用房、商业用楼，还需求大量的旅游商店，更因人们生活的改善，收入的增加，潜伏着极大的居民住宅需求。

胡应湘认为，香港是个特殊的地方，地理条件和环境又好，是一个商业中心、旅游中心、金融中心，与我国内地的经济有着密切的关系，所以，其经济繁荣时期不会昙花一现，一定会持续稳定发展。这样，经营房地产业只要决策正确、管理得法，一定可以赚大钱。

从 1967 年起，他把资金和经营方向转向房地产业。1969 年，与父亲共同成立合和实业有限公司，并于 1972 年 7 月改组为上市公司，筹得大笔资金后再度扩大房地产的投资。

公司在胡应湘的科学管理下，凭借着他的管理能力、长远的眼光和丰富的知识经验，他的投资节节胜利，公司也得到迅速的发展，到后来，该公司与长江实业、新世界地产、新鸿基地产等一起被称为香港华资房地产五虎将。

20 世纪 70 年代末，胡应湘又敏锐地观察到香港的地产业将要变化，他果断地改变合和的发展方向，转而在中国内地、泰国、菲律宾发展与民生相关的基建项目，如公路、发电厂等。胡应湘之所以改变发展方向，除了看到香港市场的发展趋势外，更预测到中国内地从 80 年代起，将会因实行改革开放政策而带来经济的腾飞。

为此，他果断地把资金投入中国内地众多的重大项目。如投资近 10 亿美元的 120 公里广深高速公路，他占五成股权；投资数亿美元的广东沙角 A、B、C 电厂，此外，他还投资广东顺德的公路及桥梁，广州市东、南、西环高速公路等等。

胡应湘之所以投资大陆的基础产业，正是着眼于中国的政策变化所带来的巨大的经济利益。

总而言之，政策里面有黄金，关键在于企业经营者能否发现，会不会利用，其实，利用政策来求得发展并不复杂难办，关键是两条：一是多学习研究有关政策规定，从中发现可以利用的条文和信息，并善加利用；二是聘请政策顾问，借助外脑来帮助研究政策，这是利用政策的一条捷径。此外，政策和法令的变化常常导致市场需求发生相应的变化，在中国特殊的国情里，政策就是机遇。

自中国加入 WTO 之后，一系列的法规政策都在发生着巨大的变化，要同国际环境相对应。过去很多好的机会即将离去，新的商机显现在我们的眼前，我们是否能抓住，就要看我们对于新的政策的研究是否比别人更快。

四、从科技成果中发掘商机

科学技术在社会进步、经济发展中有关至着重要的作用，对于企业经营者来说，其中就隐藏着无限的商机。"科学技术是第一生产力"，有钱人懂得科技的力量在创造财富的过程中所起的巨大作用，他们善于从科技发展中发现商机，善于发现市场需求的新动向，选准科技发展的平台，不断开发新的产品，把握时机，创造捕捉商机的捷径。

创立于 1802 年的美国杜邦公司是目前全世界化工业界巨擘。它之所以能在火药行业及以后的非火药化工行业脱颖而出，而且历经 200 年而不衰，其中一个重要原因是它对技术开发和对新技术的及时利用。杜邦家族中化学人才辈出。以至于在 19 世纪，杜邦公司基本只凭经验和家族自身的人才的知识和发明就使它生产出最优质最新型的火药。进入 20 世纪以后，由于科技的发展，公司业务的拓展，杜邦已不能只依靠家族内部的人才，高瞻远瞩的皮埃尔为此制定了三方面的战略：首先是在威尔明顿附近建立杜邦实验研究中心——杜邦研究室，独立进行新技术、新产品的研究开发；其次是在美国国内与一些化学企业进行合作，吸引他们的经验与技术；再次是进行国际合作，主要是与德国化工公司合作，获取他们的技术和经验，力求使杜邦公司能后来居上。正确的发展战略使杜邦公司如虎添翼，火药业以外的化工产品不断被投向市场，并在很短时间里得到更新。杜邦公司的产品，在 20 世纪二三十年代可以说改变了人类的生活：1931 年杜邦公司展示了它命名为"DUPRENE"的人造橡胶，它比天然橡胶"更有耐性和弹性"；1920 年新泽西州柏林镇的杜邦公司下属纤维工厂，推出了一种冠以杜邦 (Dupont) 之名的涂料"DuCo"，使用这种干燥状、无裂痕的亮漆，使雪佛莱汽车终于超过了福特汽车；1920 年，杜邦与一法国公司共同推出了玻璃纸，改变了包装装潢业；1925 年，杜邦公司推出了硝酸纤维素的塑胶新产品——"皮格林"，不久推出了甲基系——树脂"鲁赛特"等系列产品，它们被应用于从牙刷、发卡到汽车部件等各个领域；1930 年，杜邦公司把哈佛大学的化学家华莱士·C·卡罗斯博士拉入公司，让他为杜邦开发被称为化学界最具革命性发明的尼龙，杜邦为此投入了 2700 万美元，这也花去了卡罗斯 7 年的时间，杜邦公司于 1938 年 9 月 21 日把它推向市场，尼龙日后成为杜邦公司赚钱最多的骨干产品。

同时，索尼也是一个开拓者。从小型晶体管收音机、晶体管电视机、"沃克曼"耳机式袖珍录音机到"沃茨曼"车板型便携式袖珍电视机、"迪斯科曼"便携式激光机等，都是它率先研制出来的。公司最早把立体声引进日本，在世界上最早生产家用录音机，最先设计出单枪三束彩色显像管，发明了8.9厘米计算机软盘、8毫米磁带摄像机等。它的不少发明创造都带来了人们生活方式的变革。现在公司每天几乎有4种新产品问世，每年生产1000余种新产品，其中800种是原产品的改进型，其余都是创新产品。

公司始终把运用科学技术作为企业的生存手段，对新材料、新技术反应迅速。目前，索尼在光电技术、数字电路技术、录像技术、激光技术等高新科技领域是出类拔萃的，但它并未陶醉于已取得的成绩，而是在研究开发上继续投入巨额的资金，每年用于技术开发研究的费用高达15亿美元，约占该公司年度营业额的6%。基于此，在短短的50多年的时间里，索尼从一个资产不过500美元，员工仅有20名的小企业，迅速发展成为一个拥有几十亿美元资产、雇员11.3万名，包括一支庞大的工程师和科学家队伍并享誉全球的跨国公司。

现代企业的发展越来越重视科学技术，有钱人认为，只有不断地进行技术革新，不断生产出更好、更受消费者欢迎的产品，才能最大限度地占有市场。一个企业要长期保持良好的经济效益，就必须能为用户提供新的技术含量高的产品，如果仅仅依靠生产固定的产品，只注重增加数量是难以较长时间占领市场的。要保证企业持续不断地发展，就要不断地引进技术发明，加快产品的技术革新。

在热水器行业中，广东万家乐集团是最早以安全为企业发展方向和产品设计指标的企业之一。万家乐在1988年8月建成投产后的最初阶段，巧妙地运用了借船出海的策略，把企业的生产基地设在离热水器行业龙头"神州"集团不远处，借"神州"的热度来推广自己的品牌。紧接着，他们让"神州"保持在华南市场的领先地位，而将大部分精力放在"神州"无暇兼顾的北方市场，一举成为北方市场的老大，与"神州"二分天下，并借用与"神州"商战的形式推广自己的产品，迄今传为佳话。在这段时间里"万家乐"的经营理念可以称为第一代经营理念，企业的精力集中在扩大企业规模和提高行业地位上，但由于一开始就重视产品的安全问题，所以产品的技术含量一开始时起点就高于一般企业。到了竞争时代，第二代经营理念便应运而生，很自然地提出了产品的安全问题，并逐渐发展为科技与市场并重。热水器生产企业虽说处境尴尬，但由于始终能把科技和市场置于一个平衡的位置，两者无一偏废，"万家乐"因此可以说是国内热水器生产行业中最为成熟的企业之一。

随着热水器市场的形成，热水器安全问题也一直困扰着消费者。由于该行业起步之初便频繁发生热水器安全事故，导致了热水器行业的萎缩，几家平时呼声最高的企业也开始趋于沉寂，电视上也不再能听见"万家乐，乐万家"的广告词，安全问题迫使消费者背弃了热水器。看到这一现象，很多企业当然是失望的，也明白产品需要一次彻底的技术革新。但说起来容易做起来难，首先是当初热水器一上马，生产的就是安全指标达不到国际要求的直排式产品，因而积重难返，要技术革新，就等于一切从头来，由于资金上的投入很有限，一些企业等不及看到热水器市场的明天便中弹身亡了。面对这样的现状，居于行业龙头的"万家乐"也进行了深刻的反思。他们意识到，消费者对热水器的恐惧心理并非就是市场的死结，真正困扰着热水器行业的仍然是科技创新问题。消费者还是喜欢热水器的卫生方便的，只不过是安全问题令他们望而止步，想买又不敢买。这意味着只要解决了安全问题，打开市场仍然很有希望。

自从潘泽明担任万家乐集团总经理，一上任便开始倡导科技革新，在提高产品安全性能上做文章，首创了真正意义上的低水压启动的"冬夏型"燃气热水器。第二年，又在国内首家推出8升强鼓排烟型燃气热水器，引发了热水器行业的新技术革命。1998年，"万家乐"分别在重庆万县、辽宁营口建成控股60%的合资企业，当年9月，产品再破1500万台大关。一直到1999年，综合考察企业的科技含量和市场接受情况，潘泽明认为时机已经成熟，便联合业内33家主要骨干生产厂家，做出"禁直推强"承诺，促成国家轻工业局、国内贸易局颁布的《关于禁止生产、销售浴用直排燃气热水器的通知》顺利实施。

取代"直排"的最终将是"强鼓"，但在一定时期内市场上还是以"直排"为主，这是国内市场的现实。经过多年发展，国产燃气热水器业中的一些骨干企业的"直排"技术已经比较成熟，但真正意义上的"强鼓"还没有普及。在这种情况下，如果在市场上推行"强鼓"，将会使许多技术落后、实力薄弱的企业停工，一些有实力的企业则被迫改造。这些现象一度造成了行业的低潮，但事实上更是一次清理市场、整顿行业的契机，以此为起点，国产燃气热水器才能走上高技术生产之路。"万家乐"早就提倡技术革新，因此在"直排"退出市场之际，安然渡过了这次行业"大换血"。

创业之初，"万家乐"高起点、高投入的定位很准确，技术上每年都能达到 2000 万元，因此一直保持着较强的竞争力，起着行业导向的作用。

到 20 世纪末，国内热水器企业已出现了数百家，加入 WTO 以后经过剧烈整合，有的企业倒闭了，有的企业变得越来越强大，整体上来看行业似乎在削弱，但从市场上来看，热水器在人们消费观念中的地位开始回升，市场更好了，初步经受了加入 WTO 之后必然的冲击。热水器行业凭的就是技术，市场实效说明了行业技术革新的实验结果，令提心吊胆的人们多少松了一口气。虽然一日过关固然并不代表永久过关，日后的冲击波仍会源源不断，但可以肯定的是，如果能把设计、外观、技术、安全、服务等等都做好，就肯定会有市场。多年来的实践和加入 WTO 后的市场风云，使万家乐集团更加坚定了技术就是生命的信念，也增强了加大技术投入的决心。

潘泽明认识到，市场竞争其实就是技术的竞争和人才的竞争，国产燃气热水器行业的当务之急是提高技术创新能力与产品的先进性，提倡高水平的竞争氛围，不断提高产品的技术含量和科技附加值。只有技术创新，才能全面提升企业的核心竞争力，缩短与国外品牌的差距，才能在竞争中立于不败之地；也　只有技术创新，才能在市场竞争中拓展新的市场，才能开发出引领行业发展的新产品并起主导作用。

在当今的经济全球化的时代中，知识经济占据社会发展的主流，科技的发展带来机遇，依靠科学技术发财致富是一条很好的途径和策略。

五、把信息转化为财富

信息是事物的核心，是成功的钥匙，掌握的信息越多，知道得越细，在商战中就越会有取胜的把握。

有人戏谑说，上帝创造人类时，让每个人都有两只眼睛，两只耳朵，却只有一张嘴巴，就是希望大家多看、多听、少说。多看，就是让你多掌握文字的信息；多听，则是多了解有声的信息；少说就是多做实事。

也许你会说："是的，我也知道信息很重要，可我不是间谍，怎么可能搜集到信息？"事实上不然，只要用你的两眼、两耳和一张嘴巴也能得到重要信息。你的朋友、你的竞争对手、报纸、杂志、广播电视……都会有大量信息随时随地提供给你参考；食堂、酒会、舞会、咖啡屋……都能成为信息的源泉，实际生活中处处充满着信息。善于观察生活的人，总能找到成功的机遇，也就是说对信息的敏感性要强。

敏感性来源于善思考、善联系、善挖掘，透过信息的面纱来感知隐含着对自己有用的内容。好比在荒原上寻宝，宝不可能明摆在你的面前，要通过它表面的异常表现（信息），判断宝可能就在下面，然后把宝挖出来。如果非要眼睛直接看到宝才弯腰去拿，那几乎没有可能，大量的信息都会从你身边流过，而你却与它无缘。

（一）善于运用信息创造财富

信息到手，能否把它变成财富，取决于掌握信息的人善不善于用信息。其中，人的创造力是一个决定性因素。有价值的信息可以转化为知识，但知识还不能直接创造财富。在知识基础上，对信息进行分析、思考、判断、推理，是个认识过程，表现出人的智力高低。然后，对信息进行选择、综合、归纳、整理，利用信息分析问题和解决问题，这是创造力的表现。

北京某袜厂厂长素有"信息厂长"之称。一次听一位日本专家说："一位风度翩翩的女士，她的脸蛋占 40 分，身材占 30 分，两条腿占 30 分。"他听了之后眼前猛然一亮，原来日本企业家开发新产品是从研究人体美开始的。而我们却一直局限在脚上，也就是一条腿的 1/3。他想，我们必须扩大对人体比例的研究，从女人一条腿的 1/3 开始，要使腿粗的女人穿上袜子显得秀丽，腿细的穿上显得丰满，腿短的穿上显得修长，腿长的穿上显得雅气，有罗圈腿的穿上显得挺直……于是，各种色调的长筒无跟袜、加厚连裤袜、男女兼用袜、高弹迷你袜等新产品相继投入市场，工厂效益大增。

有时，有的信息，虽不需太多的创造就可利用，但也要通过创造性的思维和灵活、巧妙的手段，才能达到善用的目的。

从前俄罗斯一出版商有一批滞销书久久不能脱手，他忽然想给总统送去一本，并三番五次去征求意见。总统为了摆脱他的纠缠，便回了一句："这本书不错。"出版商便大做广告："现有总统喜爱的书出售。"于是，这些书被一抢而空。不久，他又送给总统一本另一种滞销书，总统因上过一次当，这次说："这本书糟透了。"出版商又做广告："现有总统讨厌的书出售。"不少人在好奇心的驱使下，这本书又被争购一空。第三次，出版商又送去一本书，总统接受前两次的教训，不作任何答复。出版商仍大做广告："现有令总统难下结论的书，欲购从速。"结果又被抢购空了。

同时信息八方来，决策千里外。在皖、苏、鲁、豫四省交界的黄河故道，有一家400多人的小厂——安徽省某县化工厂。2002年7月底，这个厂还积压着价值140万元的产品，亏损14万元，每月要付银行利息万余元，几乎面临倒闭。

2002年8月，新厂长赵文龙走马上任，到2003年11月底，存货出清，扭亏转盈，净利32.5万元。人们称赵文龙是一位"人小胆大"的"信息厂长"。赵也感慨地说："这一年多，我吃过信息不通的苦，又尝到信息畅通的甜，可谓甘苦备尝，苦尽甘来。"

此县化工厂自1993年建厂后，一直生产丁醇、丙酮等化工原料，到2001年底都十分畅销。2002年上半年市场行情起了变化，赵文龙并不知道，和许多"生产型"厂长一样，埋头抓生产，能耗大幅度下降，班产、日产、月产都创本厂历史纪录。

可是，生产上去了，产品却滞销了，库存积压严重。于是，他立即挑选精干人员，成立情报信息股，带队出去走访用户。走访后才得知，因为有关部门进口了一大批同类产品，本厂拳头产品丁醇、丙酮一年内行情不会好转。他们又得知，食用酒精在东北市场畅销。赵文龙决定立即停产丁醇、丙酮，迅速转产食用酒精。不到1个月，转产试车成功，投入批量生产，短时间内获利20万元，工厂这才"柳暗花明"。

赵文龙建立的情报信息股，下属信息筛选组、对外联络组和新产品试验车间，近50名员工，"触角"伸向四面八方。另有7名销售员兼职收集情报信息，每次出差归来都要写出书面报告。信息股一建立，就订了100多份科技经济信息报刊，由信息筛选组按新产品成果、市场行情等分门别类地加以剪辑筛选。

赵文龙在办公室里备有《经济参考》、《技术市场》、《化工商情》等6种报刊供随时查阅，每天下午还翻阅信息剪辑，博采广闻。当他看到某科技报上刊出一则很有前途的化工产品试制成功的消息后，当晚就派人乘车去湖南洽谈技术转让。不到半个月，全套技术资料到手，仅投资1000多元，就试产成功。

面对我国食品工业迅速发展的势头，高效食品防腐剂山梨酸对化工企业很有吸引力，不少厂家都在千方百计引进这项新产品。赵文龙从对外联络组得知，安徽某师范学院研制的山梨酸小试成功，马上赶去洽谈。几经周折，迅速转让到本厂试驻车间试产，抢在许多厂家之前投放市场，用户纷至沓来，争相要货，仅长沙一家工厂就一次订货 600 公斤，价值 6 万元。

之后，赵文龙又决定增订报刊 200 多份，他说在获得信息上花点小钱可以获得大效益。他们还广交朋友，聘请 10 多位专家、教授当顾问，与清华大学等 6 所大学科研单位签订联合开发新产品和技术咨询的长期协议，并在上海等地设立情报站，每天定时向工厂传递最新最快的消息。

赵文龙搞信息的兴趣越来越浓，他每天上午用 1 小时左右看往来账目，了解本厂的销售信息；下午就到情报信息股，研究分类信息和新产品试制情况；晚上还要翻翻"信息大全"。

有次，他通过查账本发现和得到了人才。当丙酮销路不畅时，他去查账本时发现天津一家厂子以每吨高出近千元的价格购买本厂丙酮，深感不解。他随即前去明察暗访，原来有位"科技流浪汉"在此帮助生产橡胶防老剂 RD，主要原料正是他们化工厂的丙酮。这是一个极有前途的产品，他同这个厂协商，付给一笔技术转让费，招聘来了这位"科技流浪汉"，并立即投资试产橡胶防老剂 RD。结果不到 2 个月试产成功，通过省里鉴定。到 2003 年底生产 150 多吨，盈利 200 多万元。

赵文龙从信息中聘得人才，对搞信息的人才也发挥其所长，重用重奖。他大胆启用有高文化、懂技术、有才干、但受过处分、长期无人敢用的某技术员，提拔他当了新产品试验车间主任。

一年来，这位新主任不辞辛苦，利用在各大学和科研单位的老师和同学关系，为工厂收集了 30 多条有价值的信息。其中山梨酸等 3 条信息引进的新产品已试产成功，产品畅销全国。2003 年 10 月，赵文龙召开全厂大会，奖给这位主任一套房子，并晋升 1 级工资，对其他提供信息有功的 9 人也晋升 1 级工资。

赵文龙重视信息，一年之间就使工厂扭亏转盈，创利之高创建厂以来的历史纪录。工厂也从生产型转为经营型，从封闭式的埋头生产转为开放式的面向市场。这位全国优秀青年厂长赵文龙真是"厂长不出门，信息八方来，网络遍全国，决策千里外"。

有钱人认为：要把握信息，走在机会的前面，做好市场调查和预测，如果没有对市场走向的洞察，再好的谋略也难奏效。同时还要善于辩证地思维，从事物的多侧面的对立统一中寻找"商机"。一条信息可以救活一个面临破产的企业，也可以使许多人致富，信息灵通会给事业带来不可想象的繁荣。

（二）做到信息灵通

有钱人认为，信息到处都是，你不必走远，只需要多看、多听、多思，你就会在自己的身边找到她，如果想让自己的财富增加，就必须让自己的信息细胞灵活起来。在市场经济条件下，信息灵则经营活；经营活则效益增。从某种意义上讲，信息就是效益。

美国著名的犹太实业家，同时又被誉为政治家和哲人的伯纳德·巴鲁克于30岁之前已经由经营实业而成为百万富翁。他在1916年时被威尔逊总统任命为"国防委员会"顾问，兼"原材料、矿物和金属管理委员会"主席，以后又担任"军火工业委员会主席"。1946年，巴鲁克担任了美国驻联合国原子能委员会的代表，并提出过一个著名的"巴鲁克计划"，即建立一个国际权威机构，以控制原子能的使用和检查所有的原子能设施。无论生前死后，巴鲁克都受到普遍的尊重。

创业伊始，巴鲁克也是颇为不易的。但就是犹太人所具有的那种对信息的灵通，使他一夜之间发了大财。

1898年7月3日晚，28岁的巴鲁克正和父母一起待在家里。忽然，广播里传来消息，西班牙舰队在圣地亚哥被美国海军消灭。这意味着美西战争即将结束。

这天正好是星期天，第二天是星期一。按照常例，美国的证券交易所在星期一都是关门的，但伦敦的交易所则照常营业。巴鲁克立刻意识到，如果他能在黎明前赶到自己的办公室，那么就能发一笔大财。

在这个小汽车尚未问世的年代，火车在夜间又停止运行。在这种似乎束手无策的情况下，巴鲁克却想出了一个绝妙的主意：他赶到火车站，租了一列专车。巴鲁克终于在黎明前赶到了自己的办公室，在其他投资者尚未"醒"来之前，做成了几笔大交易，他成功了。

巴鲁克对这信息十分地敏感与灵通，从信息中推断出对自己有用的结论，据此做出决策，并采取相应的行动，使巴鲁克确确实实地占据了先机。巴鲁克在不无得意地回忆自己多次使用类似手法都大获成功时，将这种金融技巧的创制权归之于罗斯柴尔德家族，但显然，在对信息的"理性算计"中，他是青出于蓝而胜于蓝的。

巴鲁克发财致富的原因就是掌握了大量的信息，进行独特的运用、操作，因此他就比别人抢先了一步，在最短的时间里成了富商。

（三）要好好地运用信息，尽快致富

有钱人明白，决策成败的前提是信息、情报的及时、全面、准确。然而，要及时、全面、准确地获取信息，不仅要建立灵敏的信息网络，而且还要有强烈的信息意识，有丰富的科学知识，有敏捷的思维方式，对信息具有敏锐的识别与捕捉力。信息在我们的日常生活中，它需要人们时时去抓住，去好好地利用，利用得好，就会为你创造无限的财富。

叶松根，祖籍台湾台中市，1940年出生。现为台湾羽田机械集团负责人。叶松根的发迹是在台湾经济开始迅速发展的20世纪60年代后期开始的，他先从打工开始，在熟悉了工业生产管理和销售环节等情况后，他筹借了一点资金，开始创办摩托车维修行。随着经济水平的提高，台湾的进口摩托车迅速增多，叶松根的摩托车修理业务从开业那天起，一直十分兴旺，使他赚了一些钱。

叶松根是位善于观察和分析的企业家，在羽田摩托车维修行的生意兴隆之时，他得知以后市场将会被汽车所代替。据此，他决定在摩托车维修业务基础上，增加汽车维修业务，并自行设厂生产摩托车及汽车零件。果然市场按如其所料的走势发展，使其又增多了赢利，资本积累增多了。到20世纪70年代后期，他又进一步创立羽田汽车工业公司，成为台湾最年轻的汽车工业行业的先导。在汽车工业起步之初，他以组装为主，将国外的汽车主要部件如车壳、发动机、底盘等进口，组装为成车出售。后来自己逐步生产一些零部件，把组装业深化，使羽田机械业务范围进一步扩大，成为集团公司。

叶松根在汽车业绩正好之时，又觉察到该行业竞争激烈。于是，他将积累的资本向高科技业和服务行业发展。他投资了数千万美元发展航空工业，他认为该行业是高技术高投入的项目，是一般企业无法参与竞争的。与此同时，他又投资竞争激烈的一般服务行业，投入数千万美元办起高岛屋百货。对于这项投资，似乎与投入科技业的想法是矛盾的，但他却认为是文武之道，有张有弛，多样化经营，有回旋余地才能使发展空间广阔。近几年，叶松根的业务发展还推向云南省及沿海省市，以利用当地的人才资源和市场。

要想获得财富，就必须掌握信息、提炼信息，并好好地利用信息。

雅各布和奥利尔兄弟俩老家在埃森城。当时母亲开设一家小铺，维持一家人的生计。很显然，日子过得很清苦，1948年即德国货币改革那一年，母亲逝世，留给他们的，只有一个零售小铺。

生活和经营的全部重担落在了两兄弟的肩上。这一年，雅各布 27 岁，奥利尔 25 岁。

凭借年轻力壮，血气方刚，二人拼命挣扎，将小店加以扩展，还增设了几家小分店，名曰"迪尔迈"。可是因为资金有限，他们的小店简陋陈旧，每天点着无罩白炽电灯，出售一些罐头、汽水饮料、点心之类。一年下来，所赚无几。

雅各布问弟弟："你说，同样开商店，为什么有的赚钱，有的赔钱；有的赚大钱，有的赚小钱？"

奥利尔回答说："原因很简单，经营策略不同，其结果也各异。"

雅各布连连点头，然后又深有所悟地道："也就是说，只要经营得当，本小也可以利大，是不是？"

"那还用说，别小瞧咱们本钱小，如能得法，也可能赚大钱。"

"奥利尔，你有什么想法吗？"

奥利尔顿时语塞，摇了摇头。

雅各布像是自言自语，又似说给弟弟听："哎，现在缺少的就是一个高招儿！有了高招儿，就好了。"兄弟俩相对无语，他们谁也拿不出这个"高招儿"。

过了一会儿，雅各布冒出了一句话："光凭空想象是出不来高招儿的，我想，不妨做市场调查，也许……"

一只有力的大手拍在奥利尔的肩上："兄弟！你说得有理，咱们明天就试试看。"

雅各布一向欣赏弟弟的头脑灵活，今天听他之言正中下怀。雅各布十分高兴。

于是，兄弟二人安排好店里的事情。第二天骑上自行车，周游大街小巷。

他们每到一处商店，都要进去转转。他们跑了三天，也没有发现什么独到之处。但他们并未因此而灰心。第四天下午，兄弟俩来到一家"消费商店"。他们二人注意到这里顾客盈门，许多顾客大包小包买东西，仿佛商店白送似的。

"走，进去瞧瞧。"奥利尔停下来，向店门口走去。雅各布也跟着而来。奥利尔见一张大红纸贴在商店一侧，不知上面写什么；又见许多人围着看，并议论纷纷："免费购百分之二……还有这等便宜事？""这等于降价百分之三，这是全市最低价！""走哇，快去买吧！去晚了，说不定没什么好货品了呢！"

兄弟二人见店门外还有一张告示，上面写道：

凡来本店购物的顾客，请您把发货票保存下来，到年末，可凭发货票免费购买发票款额3%的商品……欢迎您惠顾敝店！

消费商店

兄弟俩将那"告示"研究了一遍又一遍。奥利尔把雅各布拉到一旁，悄声道："雅各布，'高招儿'就在这里。"雅各布问道："怎么讲？"奥利尔解释说："消费商店之所以顾客盈门，就是靠这张'告示'。因为顾客贪图年终可以免费购买全年货款商店的3%，一下子就使消费商店兴隆起来。雅各布，我们也用此法，保管灵验。"

"奥利尔，你的主意不错。不过，照猫画猫就没意思了，而应该照猫画虎……"雅各布建议道。

"你是说，咱们店从年初就提出降价3%的'高招儿'？"雅各布十分钦佩弟弟脑子转得迅速，兴奋地道："真是心有灵犀一点通。"

奥利尔眼珠转了又转，灵机一动又道："雅各布，也就是说，咱店要比这家'消费商店'还便宜一点点儿。"

"对，便宜一年的一点点利息，而且还可提前得到那让利的3%的货品。这样一来，肯定我们店比'消费商店'的顾客还要多得多。"两个人都很高兴，回到店铺，接着草拟了一份"告示"。

第二天，全市所有"迪尔迈商店"大门口，众人都围着一份惹人注目的大红"告示"：

尊敬的各位顾客：

本店从即日起，开始实行降价让利销售，降价幅度为3%。如果哪位顾客发现本店出售商品并非全市最低价，可到本店找回差价，并有奖励。

顾客是本店的上帝。我们竭诚欢迎上帝惠顾敝店！

致以崇高的敬意！

迪尔迈商店
元月 15 日

奇迹就在几天内出现了。几乎全市所有的"迪尔迈商店"都是门庭若市，生意火红，顾客增加了好几倍。自然，营业额也水涨船高。兄弟俩暗自高兴。很快，他们发现来"迪尔迈"购货的，一般是附近的居民。这说明自己的生意有局限性。于是，为扩大影响，他们在报纸、电台刊登广告。

兄弟俩更是忙得不亦乐乎。他们四处奔忙，组织货源，以便随时保证供应。不久，他们在本市又增开了十几家连锁"迪尔迈商店"。"迪尔迈商店"在全市家喻户晓、人人皆知。谁都宣传"迪尔迈商店"是廉价商店，一般中下收入的市民、失业工人等，都成了"迪尔迈"的常客。生意兴隆使兄弟俩的腰包胀满。

他们迅速地扩大经营——把触角伸向外国。多特蒙特、科隆、杜塞尔多夫等地，相继出现了"迪尔迈商店"。客观地说，此时的"迪尔迈商店"陈设简陋，装潢简单，营业面积也不很大，但是生意却特别兴旺，使之成为"西德零售业之王"。

据统计，仅1986年一年中，西德人在食品、饮料、香烟、化妆品、清洁剂、洗衣粉等日用消费品的消费总额为1400亿马克，而其中的20%，为雅各布和奥利尔兄弟所赚取。

兄弟俩每天都要启动1000多辆特制牵引车，将3万多吨的食品运往各分销店。

在西德，33%的罐头、蔬菜盒，25%的啤酒、果汁、汽水、牛奶，20%的黄瓜罐瓶醋、色拉油、糕点、果酱、香肠、火腿、布丁制品、洗衣粉，均为"迪尔迈"商店出售。

雅各布和奥利尔兄弟俩就是通过调查和思考掌握信息，并采用了科学的方法，才拥有了"德国零售业之王"的称号。

（四）信息时代所带来的财富

经济时代最重大、最根本的变化，无疑是发生了资本革命，资金让位于知识，知识成为最宝贵的资源、最重要的资本。"知识就是资本，知识就是财富"将成为这个时代的口号，不但对于国家，而且对于个人，尤其是知识分子，都是一次挑战和机会。

20世纪80、90年代，医学领域由于高科技的渗入，出现了日新月异的变化。先进的诊断方法和治疗手段，使人类的寿命延长了许多。延年益寿的人们开始渴求永驻的青春容貌和精力。

迎合新时代的新要求，抗衰老药研究热潮在全世界掀起。杭州某中药厂的厂长冯根生注意到了这一潮流的发展，他感到了曾一度遭到冷遇的古老中药正在吸引着人们探求的目光，"国宝"大放光彩的时机就要到了。他决定顺水推舟，推出抗衰老中药。他迅速组成了一支强有力的科研队伍，开启古医书的金匮，叩响神秘的帝王宫门，涉足民间穷乡僻壤，从多如繁星的古方、秘方、验方中进行细心的筛选，终于得到一种配剂严谨而不纷繁、药味合理而不怪僻，基本不会出现副作用的满意处方——明朝永乐太医院的秘方。

根据这一秘方整理炮制而成的"青春恢复片"问世，这是真正的国药。经过动物实验和临床验证，结论是：无不良反应；具有非特异的抗衰老作用；有调理机体使之正常化的作用，不论机体的功能是亢进或低下，均可恢复正常；能起到保护机体的作用，没有西药可能产生的副作用，却有堪与西药相媲美的效用。

具有投资眼光的港商首先看到了这一抗衰老新药所具有的无与伦比的竞争力。1982 年，中国国家医药总局专为对外介绍"青春宝"而组织学术交流团赴港，由冯根生任团长并做报告，引起了巨大的震动。港方报纸整版整幅的广告，连篇累牍地报道，美联社也发了专稿："人间喜获'青春宝'，世界争传抗老篇"。

冯根生，推出的"青春宝"获得了巨大的成功。1987 年，"中国青春宝公司加拿大分公司"成立。这是我国中药行业中第一家与外商合资经营的企业，冯根生出任董事长，成为"国药"走出国境飞向世界的第一人。

冯根生是在中国改革开放的早期享受到信息给他带来的财富，他走在时代的前列，抓住了信息，改变了他的一生。

在国外，利用信息而成为世界顶尖级的大富翁的比尔·盖茨先生的发家史，也是一个奇迹。

从哈佛大学退学的穷小子比尔·盖茨，以开发计算机软件为主，经过 20 年的努力，一跃成为世界首富，个人资产高达 600 亿美元。这个数字，在石油、汽车、化工等工业领域需要三代人的艰苦奋斗才能达到。

比尔·盖茨现象，让人们产生深深的思考。劳动创造财富，这是自古至今人人皆知的道理。令人感兴趣的是财富膨胀的来源，它没有大规模的生产，没有大规模的原料消耗，没有大规模的产品堆积，它拥有的资源只是知识和智慧。"开发部"是微软公司的核心，每个人只有 5 平方米的办公室，除了一把椅子和一台电脑外，几乎见不到其他任何东西，但它的用户遍布世界各地，数以亿计，而且还日益剧增。

美国总统克林顿认为，比尔·盖茨的崛起预示着在知识经济社会里，自然资源的作用已远不如从前，知识的积累和创造成为财富更为有效的因素。比尔·盖茨的成功，也提醒人们，靠知识也能打天下，而且在高科技领域，成功的概率正越来越大。

上述的种种事例，都集中反映和表明了在现代社会市场经济中，创造财富经营的一条"真理"——信息之中有取之不尽的财富、信息之中有滚滚的财源。企业和个人必须高度重视信息、依靠信息的决策，利用信息经营、发展。

六、用小商品做大生意

经济学家说："小就是美。"很多的有钱人不是经济学家，但他们懂得：经商做生意必须从小事做起，一步一个脚印，一点一滴地积累，方能成就一番事业。

生意场上事，看大而未必大，似小而未必小，小窟窿里能挖出大螃蟹，穷乡僻壤也能开出大市场。有人说得好：怕的不是"小"，而是不去找。如果仅仅是不会找，通过学习还可以解决，但如果不去找，不愿去找，就恐怕是好高骛远在作怪了。做生意，岂能以小而不为？俗话说"积少成多"、"聚沙成塔"、"集腋成裘"，李嘉诚从卖塑胶花挤入商场，霍英东由捞沙卖沙步入香港房地产业，曾宪梓由街头零卖走向领带大王。凡此种种，世界上许多富商巨贾，有不少就是从小商小贩做起的。

在有钱人的眼里，职业没有高低贵贱之分，能否赚钱才是最主要的。正因为如此，中国的温州人才四处闯荡，占据了本地人不屑一顾的那些领域，不声不响地富了起来。他们追求自主、自立，人人都想当老板，且敢冒当老板的风险。他们不论干什么，生活中总充满乐趣，而且敢于开创、善于开创，洒脱、顽强，从不失望。

改革开放后，中国的角角落落都活跃着一群群浪迹天涯、不辞劳苦、精明肯干的温州人。最初他们并不起眼，人们只是从修鞋、小发廊、小商贩中认识他们的。而他们除了江南人那般瘦小那般灵秀外，总是默默地干活、做生意，他们与其他地方的民工、商贩没有什么两样。但是，慢慢地，温州发廊、温州服装店、温州电子城、温州产品越来越多，各种温州产品包装、标牌、证书、徽章也越来越多。一时间，温州货充斥全国。渐渐地，人们对温州人由漠视不屑到兴趣十足，到惊奇钦羡，到仔细探究:温州人咋的啦？这么多人，这么会赚钱！

他们做生意，注重从小处着手。也非常能吃苦，意志非常坚韧，用他们自己通俗的说法是既能当老板，又能睡地板。他们务实苦干，只要有一分钱赚就会不遗余力地去干，从不好高骛远，从不好大喜功。即使是生意已经铺得比较大，温州商人仍会像初创时期一样拼命工作。那些看起来没什么钱赚的小生意，他们也不会嫌弃，往往是几分钱的螺丝螺帽、几角钱的小元件，他们都会认真对待，把小生意当作事业来筹划。从零做起，一步一个脚印，踏踏实实、一丝不苟，是温州人创业的共同特点，而不像有些地方的人大钱赚不来，小钱不愿赚，只好两手空空，一味抱怨天不助我。

纽扣、标签、标牌、商标、小饰品、小玩具，这些外地人看不上、懒得做的"小玩意儿"，温州人都做，他们不怕赚钱少，就怕做不来。温州的小商品之所以遍布全国，在于温州人走的是小商品大市场的路，他们办起企业来，也不像北京人、广东人那样追求大气派、大产品，同样也是从小处着手，不声不响地填补着全国小商品市场的空白点。这里尤以乐清县柳市的五金电器、永嘉县桥头镇的纽扣、苍南县金乡的小商品最为著名。最为典型的人物是一对温州的叶氏兄弟。两兄弟漂泊在外，有天在一家纽扣厂门口发现一堆次品纽扣，他们觉得当废品扔掉可惜，便花了400元钱买走带回桥头镇，不弃陋鄙地摆出小摊试卖这些工厂打下来的次品，没想到在市场上大受欢迎，由此便做开了扣子生意。到后来，桥头镇人群起效仿，与扣子结下了不解之缘，扣子成了桥头镇人发财致富的主业。再到后来，一些人开始自己动手制作各种各样款式独特的扣子，使之形成了行业。乡里乡亲竞相跟随，家家生产纽扣，户户销售纽扣，前店后厂，生产兼批发，整个镇子都带动起来，开始了扣子大创业。随着100多个家庭作坊式的纽扣工厂开张做活，桥头镇成了全国最大的纽扣生产批产市场，在一定时期内占据了全国80%以上的纽扣市场。

说起他们在"小"商品开发上倾注的心血，可谓感人之至。靠纽扣发家后，永嘉县桥头镇人并没因此停步。由于一时扣子厂众多，造成市场上供大于求，销路不畅。一些精明的纽扣生产商便千方百计地在新产品、新花样上做文章，以求赢得客户的青睐。譬如，有人在扣子上弄个小洞，向小洞内注入香水，使之能进不能出，香气却时时逸出，经久而不散。功夫不负有心人，这种"香水纽扣"新产品投放市场后，女士们欢迎，男士们乐闻，产品由此供不应求，批发交易全用现金支付，企业也由此扭亏为盈。一个新点子，加上可靠的、过得硬的制作，就赢得了市场，赢得了效益，经商就这么简单！

温州的小商品带动了整个地区的经济发展，改变了整个地区人的命运。与此同时，他们也开拓了全国各地的市场。其中山东青岛小商品市场的发展很能说明问题。可以说大约从1980年开始，便有温州人到岛城经营他们出产的各类小商品。初期到青岛的温州人并不多，仅有数十人，而今这一数字已近4万，而且绝大多数都是"老板"，在青岛注册成立了逾万个企业，资本总规模在70亿元左右，所经营的商品已涉及服装、鞋帽、灯具、餐饮、食品、摄影、机电、印刷、包装、运输、建材、房地产、进出口等30多个行业。这些"腰包"鼓起来的温州老板，当初许多都是以"小货郎"的角色到青岛闯天下的，做的都是小本买卖，谋生的主要方式也是走街串巷、千方百计地推销自己生产的各种小商品。20年前怀揣着东借西凑的5000元来青岛推销温州小商品的吴可福就是其中的一员，现在他已是青岛玉环灯具装饰有限公司和青岛市灯具市场的董事长。吴可福说，温州人做生意都是从小处着手，钱要一分一分地赚，这是我们起家的拿手戏，也是他们在青岛成功的秘诀。

对于"小货郎"推销自己产品的韧劲，青岛市许多商家有目共睹，用他们的话说，温州人从不怕碰壁，也从不怕别人不给好脸色看。正是凭借不起眼的"小生意"，他们用笑脸、用磨破的嘴皮、用磨掉的鞋跟，不仅把许多自己的产品打进了青岛市场，而且完成了自身初级阶段的资本积累。近4万温州人在青岛创办的逾万个企业，已为青岛经济发展注入了毋庸置疑的活力，其中最为突出的是提供了约15万个左右的就业岗位。许多在青岛事业有成的温州人，已经把这里当作了他们的"第二故乡"，有近万温州人已在岛城买了房子，安了家，而且还不断地在青岛扩大着投资。

在厦门，也有一些温州商人从经营手工作坊开始，逐步积累扩大生产规模。比如一个目前在厦门非标准件制造领域占有相当市场份额的温州商人，当初只是借了几千块钱，仅凭几台普通机床起家，雇了三五个员工，在七八年的时间内，发展到雇工400人的规模，装备了机床，如今正准备盖自己的新厂房。

温州人从不因为"小"而不为，虽然经营大商品好处有很多，但小商品也有小商品的优势，问题在于：温州人如何对待"小"，改变"小"，如何做大。他们敢闯，但不乱闯。他们在积累财富的过程中，非常有耐心，一步一个脚印，不妄想一夜成为富翁。一旦看准某项业务，就会扎下根来，踏踏实实地赚钱。

从小本生意做起，是温州人的经营特色，也是他们发家致富的快捷方式。

他们懂得，做生意积土成山，积小可以成大。

◎ 有钱人逆境也能发财 ◎

有些人做生意，遇到挫折，往往会心灰意冷，一蹶不振，此后再也无心涉足商场。而有些人则不同，他们能坦然面对逆境，把逆境看作一种人生挑战。在外在的压力之下，能力得到了充分的发挥，对自己的潜力有了新的发现，自身的价值也得到了进一步的肯定。这样的人好像就是为逆境而生的，一帆风顺的时候，他们也许会昏昏欲睡，而一遇逆境，有了压力，反而精神抖擞，变成了一个新人。

实业家路德维希·蒙德学生时代曾在海德堡大学发现了一种从废碱中提炼硫黄的方法。后来他移居英国，将这一方法带到英国，几经周折，才找到一家愿意同他合作开发的公司。结果证明他的这个专利是有经济价值的。蒙德由此萌发了自己开办化工企业的念头。

随后他买下了一种利用氨水的作用使盐转化为碳酸氢钠的方法，这种方法是他参与发明的，当时还不很成熟。蒙德在柴郡的温宁顿买下一块地，建造厂房。同时，他继续实验，以完善这种方法。实验失败之后，蒙德干脆住进了实验室，昼夜不停地工作。经过反复而复杂的实验，他终于解决了技术上的难题。

1874 年厂房建成，起初生产情况并不理想，成本居高不下，连续几年企业完全亏损。

在逆境中的坚忍性格帮助了蒙德，他不气馁，终于在建厂 6 年后的 1880 年取得了重大突破，产量增加了 3 倍，成本也降了下来，产品由原先每吨亏损 5 英镑，转为获利 1 英镑。

后来，蒙德建立的这家企业成了全世界最大的生产碱的化工企业。

没有在逆境中坚持不懈、默默奋斗的品格，蒙德也就不会取得后来的非凡成就。

日本水泥大王、浅野水泥公司的创建者浅野总一郎，23 岁时穿着破旧不整的衣服，失魂落魄地从故乡富士山走到东京来。因身无分文，又找不到工作，他一段时间每天都处在半饥饿状态之中。正当他走投无路时，东京的炎热天气启发了他。"干脆卖水算了。"他灵机一动，便在路旁摆起了卖水的摊子，生财工具大部分都是捡来的。"来，来，来，清凉的甜水，每杯1分钱。"浅野大声叫喊。果然，水里加一点糖就变成钱了。头一天所卖的钱共有6角7分。简单的卖水生意使这位吃尽千辛万苦的青年不必再挨饿了。

浅野后来说："在这个世界上没有一件无用的东西，任何东西都是可以利用的，只要有利可图，就赶紧去做。"浅野卖了两年水果，25岁时已赚了一笔为数不少的钱，于是开始经营煤炭零售店。30岁时，当时的横滨市市长听说浅野很会使人们看似无用的东西产生价值，就召见他说："你是以很会利用废物闻名的，那么人的排泄物你也有办法利用吗？"浅野说："收集一二家的粪便不会赚钱，但是收集数千人的大小便就会赚钱。"市长问："怎么样收集呢？"浅野说："盖个公共厕所，我做给你看，好不好？"这样，浅野就在横滨市设置63处日本最初的公共厕所，因而他就成了日本公共厕所的始祖。

厕所盖好之后，浅野把汲粪便的权利以每年4000日元的代价卖给别人，两年后设立一家日本最初的人造肥料公司。也许你会感到震惊，设立日本最大的水泥公司——浅野水泥公司的资金，是从这些公共厕所的粪便上赚来的！

浅野日后成了大企业家，就是由于他对任何事都能够好好地加以利用。也就是说：人在困境时是一个绝好的机会，反而能给予他一个转机，使他涌上无比的勇气，使他更加聪明，更加能勇往直前。因此对人生厄运我们不应恐惧，应感谢才是。

利用一切可利用的东西，赚一切可以赚的钱，这是有钱人的精明之举。

同样也有许多商人巨富早年都在逆境中成长，他们甚至没有接受过多少正规的学校教育。在逆境中磨砺，在逆境中奋斗，在逆境中发财，他们走的是一条更为艰辛的路。

美国钢铁业巨头安德鲁·卡内基，出生于苏格兰的亚麻编织匠家庭。在他的童年时代，父母因为无法维持生计而迁居美国，当时拍卖完全部值钱的家当以后还不足以支付全家人的船票，靠亲友的资助才得以成行。

由于生活艰难，年仅13岁的卡内基就进入纺织厂，在阴暗狭窄的锅炉室里工作。以后，他又做了电报信差、报务员、铁路职员、秘书等差事，历尽艰辛，后来在一个上司的提拔和支持下，投身于钢铁制造业，终成大器。

"可口可乐之父"阿萨·坎德勒，5岁接受正规教育，9岁时就因为战争而辍学。17岁的他再一次进入学校时，不到半年就因为学校毁于火灾而停止学业。从此，阿萨告别了正规的基础教育，把进入学校学习的机会让给了弟弟，自己去一家药店当了学徒。

如今，"洛克菲勒"这个姓氏象征着财富和势力，而这个家族发迹的鼻祖，曾经名列全美第二大工业公司的标准石油公司的创始人——约翰·洛克菲勒，在少年时期却因为经济上的原因而不能进入大学，只念到高二，就中途辍学投身生意场了。

被誉为"经营之神"的松下幸之助，因为家境贫寒，在10岁那年正在读小学四年级的时候，被迫离开家乡到大阪火盆店去做学徒。两年之后，父亲去世，12岁的他成为松下一家的户主，沉重的生活压力使他再没有时间考虑受正规的教育，直到20岁，他在夜大进修了预科，但试图升入本科时，因为学习底子太差，根本无法赶上教学的进度，只好退学。从此，他再也没有机会踏进学校。

"本田王国"的缔造者本田宗一郎，只有高小的文化程度，在16岁的时候就到东京的汽车修理店打工。从带小孩做起，到做修车工，到自己开修车铺、开公司生产零部件、组装机动自行车、自己生产发动机、生产真正的摩托车、改良汽车发动机，最终将"本田技研"发展成为世界最大的摩托车厂商。

……

这些世界经济舞台上的巨子们的青少年时代都很清贫，无法完成正常的学业，没能够进入大学的校园。

然而，从逆境中，他们又学到了很多。从知识的点滴积累，到性格的磨砺锻炼。一次次的失败和绝境，让他们悟出了某些书本里学不到的真谛，所以，他们成功了。

杰出的人物之所以能成功，另一个重要的原因就是他们均能自强不息，并且具有必胜的信念。即使面对种种逆境、重重困难时，他们也从未放弃过。生活中总有许多人抱怨自己没本事，从而消极平庸，但实际上每个人都有成功的潜质。正如拿破仑所言："世上没有废物，只是放错了地方。"只要选准一条适合自己的路，坚持下去，自强不息，积极进取，就一定能成功。

然而，有钱人就是这样"炼"成的。无商不"艰"，正如美国成功学宗师拿破仑·希尔所说:"幸运之神要赠给你成功的冠冕之前,往往会严峻地考验你,看看你的耐力与勇气是否足够。"推销奇才韦尔奇从小就患口吃症,他当过球童、报童,卖过鞋;洛克菲勒小时候食不果腹,衣不蔽体,18岁时,以1000美元开始创业;松下幸之助不满10岁便背井离乡当学徒,其一生体弱多病,草创松下电器时,仅有3名员工和不到100元的创业资本;丰田数度濒临破产……这样的例子,不胜枚举。

比尔·盖茨在接受世界8大财经媒体之一的《金融时报》采访时说道:"我有过颓丧和虚怯。微软公司在每次起飞过程中遇到的困难和阻力一次比一次大,从技术难关、竞争对手的围攻到政府的指控,如果我不是最终以勇气和毅力战胜颓丧和虚怯,恐怕早就被市场竞争的浪潮淹没了。"逆境中人的生存本能及危机感对事业的成长至关重要,人是在逆境中成长起来的。

冒险 ≠ 蛮干

只要值得,就要去冒险。在有钱人的眼里,冒险就是勇敢与常识相结合。如果胆子放不开、机会瞅不准,你的小辫子就会被别人抓住,给你致命一击。有钱人认为,冒险不等于干蠢事,盲目的冒险将使自己付出巨大的代价。聪明的冒险,必须是先了解了失败可能性并情愿一笑了之地去承受随之而来的损失。

商人罗斯曼对生意中的冒险原则了解得相当透彻。在某一次研讨会上,大卫先生无意中说起他新近准备买一套漂亮的房子,他已有了心目中的房子。大卫说:"是这样的,卖主要15万美元,我准备付13万,你看我怎样才能少付那2万块钱呢?请给我介绍点谈生意的诀窍吧。"罗斯曼问他:"如果你不买这所梦寐以求的房子又有何妨呢?"他答道:"那可不行,我想那样一来我的妻子就会自杀,我的孩子也会离家出走!"罗斯曼嘟哝道:"嗯……告诉我,你对你的妻子儿女好不好?"他答道:"啊,罗斯曼,我很爱他们。为了他们我什么事都干。我现在必须使房子的要价降低。"最后,大卫为梦寐以求的房子还是花了15万,就他那种迫不及待的态度而论,他没付16万已经够幸运的了。那一套房子对他那么重要,他是不会冒险失去的。由于他太心急了,所以他不敢说任何冒险的话(如:"也许还有我喜欢的其他房子吧。"),而这类话就会使卖主降低要价。

当你感到务必要得到某个东西时，你就永远得付出高价，因为你把自己置于一个对方容易驾驭的地步。

还是罗斯曼，他对冒险原则的分析是这样的，他通过一次小游戏来说明这一问题：在一次生意研讨会上，迈克站在一伙人面前，手里握着一枚普通的硬币，对那伙人说："我们来玩一个传统的掷币赌博游戏，我把硬币掷下，你叫正面或反面，如果叫对了，我给你100万美元，如果叫错了，你给我10万美元。假定这是一场合法的打赌，那么这屋里有多少人敢贸然一试？"当然没有人会举手参加。

迈克把硬币装起来，接着评论道："让我们分析一下，当我提出打赌时，你们脑子里在想什么？你们在想：'这家伙在输赢各半的可能情况下给我下了10：1的赌注，他可能就懂谈生意，对其他则一无所知。'"听话的人大多表示同意迈克的评论。

迈克继续说："你们考虑到赢了吗？你们是否在心里算计过将来用100万元买什么东西？不会的。你们考虑的是输，你们在想：'我怎样去搞10万美元？我手头正紧，还等着发薪呢！'"许多人不自然地笑了。

迈克继续道："我猜想你们有的人散会后回到家里，妻子向你们问好，并说：'有什么新闻吗？'你会答道：'有一个家伙拿出一枚硬币要赌钱。哎，对了，我们没钱了吗？'"在场的人没有跟迈克赌钱是英明的。就钱财而言，对任何人的风险程度均正出于他拥有的财产。如果有一个亿万富翁在场，他就会毫不犹豫地跟迈克打赌。因为钱可以使人找到有利的机会，因为钱可以使人感到危险也毫无惧色，即使输了，也只是耸耸肩，潇洒地叹口气："怎么搞的！"如果迈克把赌注降低，从100万对10万降到100美元对10美元，那么，在场的人就都有可能打赌了，因为这时冒险的损失对他们来说是九牛一毛。

有钱人认为，要想获得财富应敢于冒险，冒险往往能为自己开辟出一番天地。穷人总是说挣钱的时候要小心，别去冒险，穷人有这样的心态，导致他的后来一直生活在贫困的阴影之中。

第十章

借鸡下蛋，财源滚滚

投身商海，置身商战，没有一个人能够只依靠自身的力量，不借助外界的力量而能生财创富成就大业；必须善借外力，利用他人，才有可能拓宽创富之路，步入致富的圣殿。

借钱、借物、借名、借人……凡是能借的都要善于去借，善借外力创造财富是智慧的高境界。

借势经营，增强实力

何谓借势经营？比如，国内企业在与外资企业合作中，借助品牌、技术、管理资源，逐步走向独立品牌开拓与经营的一种品牌成长模式。这种模式在企业战略中比较常见，也就是俗称的"傍外资"、"傍大款"。像大家熟知的 TCL 电器、德赛电子都是"傍"得比较成功的例子，而汽车业更是"傍款"成风：江铃与美国福特，天津汽车与日本丰田，长安汽车与日本铃木、美国福特，上汽与美国通用，一汽与德国大众……

2002 年中国汽车业兼并成风，与上汽、一汽的兼并、重组不同，重庆长安走的是一条与外国公司合作来做大做强的策略之路。自从 1993 年与日本铃木合作组建长安铃木汽车公司，后来长安又与另一巨头美国福特联姻，成立长安福特有限公司。在与外国公司合作的过程中，长安引进技术、车型，引进先进的管理服务理念，并且始终坚持自己控股，致力于打造中国汽车自己的品牌，推出了"长安"、"长安·奥拓"、" 长安·羚羊 "、"奥拓· 都市贝贝"、"奥拓 · 快乐王子"等一系列主副品牌。目前"长安 "已是中国微型车市场的一块黄金招牌。

成功的经营者认为，在诸多的因素中，对时机的选择与把握是至关重要的，它是"乘势"的灵魂。在许多事情的处理与运作的过程中，特别是在商场的行事中，如果能让一个企业的意见或决策起到更大更有力的作用或影响，那就必须选择恰当的时机，借势而发。借势经营就是乘势而行在创富活动中的运用，许多企业在创业与经营中都运用了借势经营的创富之道，金六福酒就是借势经营的高手。

自 1984 年洛杉矶奥运会以来，奥运会成了稀缺的经济资源，于是，金六福酒把握住了这一商机，借势搞奥运营销，实现品牌核心内涵的升华，知名度和美誉度得到了大幅度提高。

当前中国有很多的企业积极投身到奥运营销的洪流中，但其中大部分企业更多是把奥运看成是一次商机或纯粹的公关活动，侧重于对企业知名度的提高，它们都想方设法地利用"奥运概念"推出名目繁多的与奥运相关的促销活动来吸引消费者。

把握机会固然重要，但奥运营销如果不能紧紧围绕品牌的核心价值展开，往往难以完成品牌资产的有效积累。营销传播活动都要围绕核心价值展开。而奥运营销最大的价值在于它在铸造品牌的知名度和美誉度上具有巨大的助力作用。奥运营销更应成为市场、传媒和交流策略的核心，成为撬动其自身品牌价值提升最有力的一根杠杆。

金六福跨越了通过"体育营销"提升知名度的阶段，而紧紧围绕品牌核心价值"福文化"，更巧妙自然地借奥运的势头，丰富并提升金六福的品牌核心价值。

金六福品牌核心价值与"奥运精神"是密不可分的。

"奥运福·金六福"是"金六福"从品牌建设的高度出发，融入金六福长远的品牌战略规划。金六福与奥运会要建立起有效而自然的联系。体育行销的最终目的在于把企业想传播的信息传播给公众，而在"奥运福·金六福"的行销过程中，销售人员把公众的关注点、事件的核心点、品牌的诉求点重合在一起，形成三点一线，贯穿一致。金六福独辟蹊径，将奥运精神延展出的很多价值观与中国传统"福文化"进行互通和融合，从自己品牌的视角对奥运精神进行重新定义，巧妙包装成"奥运福"而为我所用。这新六福就是：欢聚、参与、和平、进取、友谊、分享。新六福将奥运概念融入金六福自身品牌的核心价值中，并将福文化从个人福延伸到民族福、国家福、人类福，借势提升了品牌形象及核心内涵。

让品牌随奥运一起动起来。金六福在"奥运福·金六福——奥运会接触营销"中通过整合行销传播使"福文化"与奥运会双向互动，并在互动的作用下，使"福文化"获得更加广阔的外延空间。

"金六福"挖掘出了"奥运福·金六福"这一品牌核心价值与"奥运精神"的链接点之后，就及时宣传出去。采取全方位奥运接触策略，通过整合公关、广告传播策略有效地使目标受众在不同的品牌接触点体验金六福的"福文化"。

金六福大举赞助奥运，摆上国宴，祝福中国，不仅是国富民强的见证者，更是支持 2008 北京奥运，打造国际品牌的积极准备。"奥运福，金六福；金六福，中国福！"

金六福就此搭上借势经营的列车，它不仅赢得丰厚的利润，打造了品牌，而且占据了中国广阔的市场。同样，"农夫山泉"也是这样，借助世界杯的风势，开展"买一瓶农夫山泉，就为申奥捐出一分钱"活动。当大多数企业在 2002 年世界杯上"打"得不可开交时，"农夫山泉"又另辟蹊径，和国家体育总局主办"农夫山泉阳光工程"，该工程面向贫困地区的基础体育事业，计划从 2002 年到 2008 年北京奥运会开幕，为期 7 年，每年捐赠价值达 500 万元的体育器材。

"农夫山泉"的做法充分显示了"农夫山泉"的高明之处：每年区区 500 万元，比起其他品牌几十天动辄几千万元的投入来说，既"便宜"且"持续效应长久"。"农夫山泉"的壮举获得了全国新闻媒体一系列的宣传和赞扬。除了能筹集资金外，更重要的是在于"以企业行为带动社会行为，以个体行为拉动整体力量，以商业性推动公益性"。这来自千万双手的点滴凝聚的巨额申奥捐款，既为公民搭建了一条表达心愿和参与申奥的桥梁，也提升了品牌形象。依靠体育营销，赋予了"农夫山泉"健康积极的、富有亲和力的内涵，其意义就远远高于在世界杯上的"烧钱运动"了。

这些企业都借助了很好的时机，利用了很好的势头，使企业一举成名。"借势经营"，无疑能加快企业的发展，使企业的命运一瞬间得到了转变，成了众所周知的企业。

善借人气，拓宽道路

普通人成天思考的是生活与工作，不注重建立人际关系网。有钱人认为人际关系是一项重要的资源，若要创造更多的机会，创造机会时更方便，便需要建立适当的人际关系网。

怎样才算适当的人际关系网呢？首先要和与工作直接有关系的人，维持和谐的工作关系。例如和上司、同事、下属、客户保持良好关系，有利于工作的进行。其次要分清关系的性质。关系有工作关系、朋友关系、伙伴关系等，不要把这些不同的关系混淆，否则容易公私不分，在公司里，当然是以工作关系为首要，但也应针对不同的对象，另外建立适当的朋友或伙伴关系。

应该结识多少人呢？这要看你做什么工作，以及你是个怎样的人而定。做公关的，自然要多认识些人，不管与工作有直接或间接的关系。另一方面，如果你性格内向，不大喜欢交际，那就无须勉强自己去认识很多人，你只需处理好直接和工作有关的人际关系，充分利用这种关系带给你的方便便已足够。

建立人际关系有什么好处呢？首先，这是一个分工合作的世界。想工作顺利，你需要取得别人的配合。和老板、同事、下属、客户等保持良好关系，别人就乐意和你合作。其次，良好的人际关系令你更容易得到助力。没有人不会碰到困难，有些困难单靠自己解决不了，必须借助别人的力量才可以圆满解决。和别人保持良好关系，在有需要请求别人帮助你时，不会感到不好意思，而别人也比较乐意帮助你。再其次，若有地位的人士肯扶你一把，你成功的机会会相应增加。怎样令有地位的人士愿意扶持你？其中的原因也颇多，而和他维持和谐关系，是基本条件。

因此，认识的人越多，机会就会越多。

一、善借人才来发展

目前，许多单位重金聘请高级人才是司空见惯的事，一掷千金，少则月薪成千上万，多则月薪几十万。这也是许多领导在用人方面颇富眼光的表现。

有句名言说："山不在高，有仙则名；水不在深，有龙则灵。"对一个单位何尝不是如此。一个单位如果有一帮能征善战、忠心效力的人才，不愁效益上不去。对领导者而言，人才就是利润，人才就是效益。这样，一掷千金聘请高才的事情就不难理解了。

为求英才而不惜代价的事例也是很多，比如在美国，资产雄厚的约翰逊，已拥有了一批如旅馆、实验机构、自动洗衣店、电影院等不同类型的企业，但仍然热衷于兼并其他企业。

约翰逊决心跻身于杂志出版界，并计划发展一套在美国有影响的杂志丛刊，但问题是他自己对杂志业务一点也不熟悉，这就需要物色一个懂行的人才帮助他主理这项工作。但这种人才到什么地方才能找得到呢？找到这样的一个人才，自然是他跻身出版界的前提条件，也是摆在他面前的第一个难题。

不久，经朋友介绍，他认识了一位名叫罗宾逊的杂志发行人。

罗宾逊多年以来，一直在从事编辑、发行工作，其内容涉及某项日趋发展的领域，但所致力发行的这份杂志未能得到畅销。

尽管杂志销量不大，但罗宾逊的知识很全面，在专业出版界里，是公认的优秀人才，办这份杂志，他自己承担了大部分的工作，加上成本低廉，所以，他的日子还算过得比较宽裕。

这样，一些大的出版商曾多次找过罗宾逊，想把罗宾逊和他的杂志拉过去，但没有一位出版商达到目的。

约翰逊了解到这些情况之后，认为罗宾逊确实是自己所需要的人才，他接连两次找上罗宾逊的家门，不惜的是，他也和别人一样吃了"闭门羹"。

但约翰逊是一个不达目的不善罢甘休的人。他打定了主意不管花多大力气也要获得罗宾逊的这份杂志，还要以罗宾逊为核心，办起一套更具影响的专业丛刊。尽管在罗宾逊面前碰了两次钉子，但他仔细分析认为是自己对罗宾逊的心路还不明确，对他缺乏必要的了解所致。他认为，一个实业家物色自己需要的人才，就要用超乎寻常的耐心去等待、去争取。

经过一段时间的认真观察，约翰逊发现罗宾逊是一个恃才傲物的人。罗宾逊最瞧不起那些大出版商，他说那些大出版商是制造低级杂物的"工厂"。

此外，约翰逊还了解到，独立经营者所具有的那种高度冒险的乐趣，已渐渐失去对罗宾逊的吸引力。而且，罗宾逊不相信局外人，尤其是那些与他的创造性领域不相干的"生意人"，特别是那些毫无创造性目的的出版商。

约翰逊掌握了这些情况以后，第三次找到了罗宾逊谈话。一开始，约翰逊就坦率地承认，他对办杂志、出版业务不熟悉，但他需要一个行家里手主持开辟专业出版的新领域，并指出罗宾逊正是这样的一位杰出人才。

接着，约翰逊掏出一张3万美元的支票，说："自然，在股票和长期利益方面，我们还会赚到更多的钱。但是，我觉得，任何一项协议，就像我希望和你达成的这项协议，都应当有直接的，看得见的好处。"然后，约翰逊停顿了片刻，用期待的目光盯着罗宾逊。见罗宾逊还是没有反应，约翰逊又用强调的口气，向罗宾逊介绍了他的一些同事，特别是他的业务经理，指出这些人完全听从罗宾逊的调遣，并承担罗宾逊所希望摆脱的一切杂务。

听完这些，罗宾逊固执的脑子终于开始松动。于是，他们之间进一步商谈。但他们的强调互不同，罗宾逊坚持做一笔直接的、干净的现款结算交易，不接受带有附加条件的上级公司股票，但约翰强调长期保障。他指出，上级公司的股票正在增值，而且股票的利息与他们的利益紧密相关。另外，约翰逊还进一步指出，他需要罗宾逊所具备的充沛的创造力，所以不能让别的工作或别的任何事情削弱他的这种创造力。这不仅是为了他自己公司的需要，更是让罗宾逊充分发挥才华的需要。

罗宾逊最后终于同意了把自己的杂志转让给约翰逊，为期5年，在此期限内他自己为约翰逊服务。他得到的现款支付为4万美元，其余部分则为5年内不能转让的股票。

罗宾逊之所以会答应，是因为约翰逊满足了他主要的条件，又可以摆脱那些乏味的工作，以全身心地投入他的创造工作，另外他有了足够的资金，也摆脱了苦恼。

约翰逊也因此得到了另一种值钱的资产，一个难得的人才，而付出的代价还在他愿意付出的数额之内，这真是两全其美。

杭州万向节总厂厂长鲁冠球，从7人小厂起家，迅猛发展为集农、工、贸于一体，年盈利逾千万元的集团企业，并于1990年成为乡镇企业中独占鳌头的国家一级企业。鲁冠球也因此先后荣获"全国十佳农民企业家"、第二届"全国优秀企业家"称号，并荣获首届"中国经济改革人才金杯奖"。

鲁冠球在选才上不仅心"狠"，而且心"硬"。为了得到人才，他不惜花费重金，用他的话说就叫"舍财换才是效益最好的投资"。

以上两个事例，都表明了一个成功的创富者一定要善于借助于人才的力量，重视人才来促进的企业的发展，这也是善借人气的一方面。

二、善借顾客的要求图发展

在商场上，顾客就是上帝，要想创造财富，就要充分借助于顾客的人气，明白他们需要什么，然后满足这些人的需要。

近一个世纪来，罗尔斯－罗伊斯轿车一直代表着英国的骄傲，它象征着成功、财富、权力与地位，它被视为英国的"国宝"。

出生于英国平民家庭的亨利·罗伊斯因为设计利物浦第一街道照明系统而小有名气。此后，凭借自己的电气、机械知识，他又制造出各方面都优于福特汽车的汽车，他的成功震动了具有贵族血统的驾驶员兼飞行员罗尔斯，富有的罗尔斯欣赏罗伊斯的才华，他们一个出资金，一个出技术，就这样，1906年罗尔斯－罗伊斯汽车公司成立了。

1907年，罗尔斯－罗伊斯公司制造出第一批汽车命名为"银色幽灵"。"幽灵"，顾名思义是没有声音，没有动静，取这样一个名字是形容这种车子的噪音之小，振动之微。

近一个世纪以来，罗尔斯－罗伊斯公司相继推出 3 种汽车品牌，即"银灵"、"银羽"和"银影"。"银灵"为黑蓝等深颜色，通常卖给国家元首、政府首脑和要员、王室成员以及英国有爵位的贵族人士。"银羽"则为中性颜色，一般卖给绅士名流。"银影"为白灰等浅色调，大多卖给公司集团和富豪。只有这些人才买得起外表雍容、性能超群、工艺精湛、价格昂贵的"轿车王"。

令人难以想象的是，生产如此"极品"的罗尔斯－罗伊斯公司的制造车间看起来竟像是一个非常原始的手工作坊。那里的工人用锤子、火铬铁和缝纫机等工具干活。对此，罗尔斯－罗伊斯公司的高级管理人解释说，罗尔斯－罗伊斯不大批量生产产品，月产只有 60 几辆。从 1906 年建厂到现在总共制造出的轿车只有 14 万多辆。在这种情况下，流水线式的生产方式除了增加成本之外，并不能给公司带来什么好处。

更重要的是，在罗尔斯－罗伊斯，手工劳动保证了设计和生产的灵活性，公司可根据市场变化和顾客的要求不断改变设计，并随时投入生产。即使是今天，有许多零部件仍是以手工制作的。

手工劳动是罗尔斯－罗伊斯保持个性化的主要方式。这里生产出的每一个部件都具有个性色彩，并刻上了工人们的名字。

手工生产最重要的问题是保证质量。近年来，在罗尔斯－罗伊斯轿车厂内的报告板上，出现了两个汉字"改善"。现在这一极具东方特色的"改善"概念已成为这个工厂经营管理者的口头禅。事实上，"改善"的管理方法跟亚洲人的管理方法非常相似。它强调个人的主动性和群体合作性。根据这个新管理方法，他们把工人划成 17 个独立核算的实体，每个实体都有自己的管理层，实体人员的经济利益与产品质量相互促进、相互制约。

在罗尔斯－罗伊斯轿车厂的车间里，到处可以看到公司创始人亨利·罗伊斯的名言。其中最引人注目的两条是："把最好的东西拿来，并在你手上把它变得更好。"另一条是："微小的事物可以创造完美，但完美从来就不是小事。"

在罗尔斯－罗伊斯轿车从整体到细节充分体现了罗伊斯崇尚完美的精神。罗尔斯－罗伊斯公司把每一部车辆的制作都当成一件精美的艺术品来对待，精心制作每一个零部件，以致连一枚螺丝钉也要反复修正。广告大师戴维·奥格威为其所做的广告通过 19 个方面详细记录了罗尔斯－罗伊斯轿车的与众不同之处，也真实地使人们看到罗尔斯－罗伊斯的精益求精。

罗尔斯－罗伊斯轿车内的木制仪表板、餐桌等都是选用上等的桃木、橡木和红木制造而成的。其中有一种桃木是公司特地每年派人到美国选购的。他的代价是一整棵树，而这棵"遥远"的"进口"的树却只有一段是符合要求的。

罗尔斯－罗伊斯轿车的喷漆过程也极为严格。首先要在车体上涂上一层含锌材料用来防腐蚀，然后再用磷酸盐材料、底填充膜处理。上完漆后再加上密封剂和蜡，这样，车身可以长期保持鲜明的颜色，路面上溅起的硬物也很难损伤喷漆。在车子出厂之前，每块玻璃都要用擦光学镜头的浮石粉精心擦拭。

尤其值得一提的是那个在车前盖上方装着的美丽的小天使，她的选料极其考究，制作极其精良。

罗尔斯－罗伊斯的发动机要在专门的仪器上进行反复测试，完全合格后才能进入下一道工序，而不像有些厂家的发动机造好就直接上流水线。

通常，一辆罗尔斯－罗伊斯轿车的生产要用几个月的时间，其中最为严格的即路试，竟长达两个星期之久，每一辆车必须经过5000英里的测试，否则就不能交给顾主。

几十年来严格的技师管理、坚持将先进技术与传统工艺相结合的精益求精的制作技艺和追求完美的工作态度，使得罗尔斯－罗伊斯享有品质超群、经久耐用的美名。尽管罗尔斯－罗伊斯轿车价格不菲，但他卓越的品质却使众多富豪忘记了价钱。

罗尔斯－罗伊斯有这样一句有名的箴言："永远不要问我们现在有什么，而要问我们还能为顾客做些什么。"正是这样的信条，使罗尔斯－罗伊斯对顾客有求必应，总是尽最大努力在最大限度上满足客户的需要。

在罗尔斯－罗伊斯公司，有一个专门的部门负责满足客户在标准设计之外的特殊要求。他们总是想尽办法满足顾客的各种要求，无论是什么，他们都是有求必应。

借助顾客的要求，同时也借助这顾客庞大的人气，使得罗尔斯－罗伊斯公司发展得如此的迅速，使他们的品牌永远留在了顾客的心中。

三、借助于名人的声望谋发展

很多的时候，在众多的商业活动中，成功的经商者都会利用名人的名气好好宣传自己的品牌。比如班尼路，这个休闲服饰就请来了刘德华为他们公司作品牌代言人，借助于刘德华这位名人的人气来大肆地宣传和运作，让喜欢刘德华的人也喜欢这款休闲服饰，以达到班尼路的商业目的。

20 世纪 80 年代末的一段时间，人们为庆贺美国现总统小布什的父亲老布什当选总统掀起了一场吃"炸猪皮"的风潮。在布什先生尚未进入白宫前，炸肉皮却已事先登上了"总统美食"之金座。因为听说，布什有食炸肉皮蘸酱油的嗜好。当时，美国食品大户芝加哥塔文斯公司及时利用布什的嗜好作诱饵，迅速推出"炸猪皮"。紧接着其他地方也紧步塔文斯后尘推出了以"炸猪皮"为主的"总统快餐"等等。一时间，"炸猪皮"的餐馆车水马龙，熙熙攘攘，营业额、利润都成倍猛增。结果，美国食品市场充满了美食家和游客，他们以一尝炸肉皮为快，普通的百姓也纷纷涌向超级市场的食品柜，抢着往菜篮子里塞肉皮。布什的饮食习惯营造了一种新兴的饮食业——炸肉皮，也营造了一种时尚。

同样，1990 年 5 月的一天傍晚，上海新锦江大酒店来了一群特殊客人——阿联酋总统扎耶德及 95 名随从。

夜间，总统应酬完毕，美滋滋地呷了几口茶，尔后便径直走向卧室。当总统换上睡衣，侍从为他揭开床罩时，总统恍若置身梦境：明明是在中国上海出访，可床上摆设为何酷似家里？这里的摆设、布置，尤其是三只并排放在床头的小枕头几乎与家里的一模一样。

总统所不知道的是，他步入套房 20 分钟前，新锦江大酒店捕捉到一条绝妙信息：扎耶德就寝时习惯使用小枕头。

扎耶德总统在应酬、品茶时，新锦江大酒店制服间的 3 台缝纫机一齐飞了起来。20 分钟，终于完成了以假乱真的杰作。

扎耶德枕着小枕头，很快进入了梦乡。

扎耶德在以后几天的访问、考察、应酬中，多次提到新锦江大酒店细致、周到的服务。每每讲到这里，总统大人感情真挚、激情满怀。

以上所述说明人们总有这样的心理，名人生活的环境是非凡的地方，凡是与名人有联系的必定是不一般的，基于这种心理，人们都纷纷追逐、模仿名人，所有与名人沾边的东西也就容易成为抢手的东西。

因此，有钱人认为，处理与协调不同的人际关系是创造财富活动的重要组成部分，长袖善舞、营造良好的人际关系，已成为有钱人创造财富的活动中一个不可缺少的要素。

◎ 借政扬商，拓宽空间 ◎

对于商人而言，在商言商固然天经地义，但商人总不可避免地要与政府部门打交道。因此，一个企业如果善于借用政府的力量，处理好了与政府及主管部门的关系，那就会左右逢源、得心应手。否则就可能与之频频发生摩擦和冲突，甚至被制裁。作为一名有经验的商家总是热情而主动地参加政府和主管部门组织的有关活动，仔细听取他们对企业各项工作的意见和建议。在有些情况下，也可以反映本企业的成绩和存在的困难及要求。一般来说，由政府提供的有利于社会公益事业的活动，企业应作为社会的一员积极参加。这样做，一方面可以加深政府对企业的信赖和赞许；另一方面，可以提高企业的声誉和知名度。

熟悉那一时期国内产品的人都知道，"健力宝"原为一家小厂的产品，20世纪80年代中期，李经伟将这个产品牌子买了下来，成立了广东健力宝公司。从此，"健力宝"成了李经伟生命的一部分，如何使之名扬天下，拓开销路，就成了他日思夜想、魂牵梦萦的问题。当时的国内饮品市场为各种各样的杂牌所占据，由于国民的消费水平有限，低档次饮品大行其道，高档次饮料则一直无法拓开销路。李经伟因此将眼光瞄向了国外市场，准备来个"墙里开花墙外香"，做大品牌，到更大的市场上去争夺。

恰好在此时，一个绝妙的机会来了。1984年，中国体育代表团远赴美国洛杉矶参加第23届奥运会。在当时，体育运动员均为国家队所属的从业人员，出国参赛，生活由组织上统一安排。经过一番深思熟虑，李经伟毅然决定出面赞助中国体育代表团，无偿提供健力宝饮料作为代表团在奥运会期间的专用饮品。特别幸运的是在那一次的奥运会中，中国体育代表团取得了前所未有的好成绩，晋身世界体育四强，一举成名。而中国体育代表团的专用饮品也因此一鸣惊人，名扬洛杉矶奥运会，被美国媒体誉为"东方魔水"。从此，美国人开始知道中国有个健力宝饮品。

第23届奥运会后，李经伟果断地把中国香港和美国作为进军国际市场的桥头堡，先后组建了健力宝香港有限公司和健力宝美国有限公司。曾有人问，国内市场那么大，李经伟为什么非要打到"可口可乐"的家门口去，那不是找死吗？这个选择其实有它的必然性。美国是世界现代饮料王国，共有 3000 多种饮料竞争这块风水宝地，可以说是全球饮品市场的制高点。除了开发于 19 世纪 30 年代的"可口可乐"和"百事可乐"在市场上拥有无法匹敌的超级地位之外，其他世界各国的名饮只要在这里能占得一席之地，便会有巨大的收益和莫大的光荣。可以说，这就像是一种资格考试，如果能在美国市场上取得执照，日后再进军国际大市场就可以居高临下了。这就是李经伟决定"健力宝"外向型发展道路的原因。

不难想象，要通过这场资格考试并不是件容易的事，尽管在洛杉矶奥运会上"健力宝"已赢得了一片喝彩，但李经伟心里清楚地知道——那更多的是源于客观角度的好奇，并不代表完全的认同，要让美国人完全接受健力宝饮料仍然是一件十分困难的事情，因为美国消费者可供选择的饮品实在是太多了。

面对当时的困难和阻力，李经伟没有退缩，他以发展民族工业为己任，以开创国际品牌为志向，多次到美国考察市场，调查研究，一心一意要拿下这个制高点。李经伟认识到，对眼前这个傲慢的市场，对顽固自恃的美国人，没有一举制胜的良机，只能靠捕捉无数个战机，连连刺激美国人，强制性让他们记住"健力宝"这个品牌。总而言之，要想在美国饮品市场占有一席之地，不可能是一朝一夕的事情，要踏踏实实一步步地来。

1991 年，健力宝美国有限公司正式在美国纽约注册。1993 年，7 月 15 日，健力宝美国有限公司乔迁庆典在纽约隆重举行，千余嘉宾亲临祝贺。纽约市原市长也精神矍铄地应邀出席剪彩仪式，与董事长李经伟相携执剪。这次盛大的乔迁典礼使得"健力宝"在纽约风风光光地登场了。作为第一个中国产品广告，"健力宝"霓虹灯广告高悬在繁华的曼哈顿闹市区，与众多的产品广告竞相争辉。

1993 年 10 月，适逢美国 4 年一度的总统大选。总统大选是美国人的重要事件，牵动着亿万美国人的心，吸引着全美人的目光。李经伟马上就想到不应该放过这个绝好的机会，应该利用这次盛会搞宣传，总统大选对美国人的影响力自然是任何其他公益活动无法比较的，如果可以在这次大选中树立起"健力宝"的产品形象，定可事半功倍。他授意新上任的美国公司总裁林齐曙带上几个助手，以 5000 美元一张门票的高价，参加克林顿助选团在豪华艇上的一次盛会，成功地捕捉了打入美国上流社会的一次商机，为健力宝在美国树立形象做了充分准备，也创造了"健力宝"历史上经典的一刻。经过一番策划，在克林顿夫人希拉里和戈尔夫人蒂波尔登上游艇时，"健力宝小姐"及时送上了健力宝饮料，并让摄影师拍下两位夫人举杯共饮的画面。当克林顿当选美国总统、戈尔当选副总统后，这张照片就成了珍贵的图片资料和无价的商品广告刊登在《纽约商报》上。

成功的策划使"健力宝"在美国迎来了一个小高潮，但李经伟仍然清醒地认识到，如果不及时利用，这次成功只会是昙花一现。第一夫人和第二夫人举杯共饮健力宝的历史画面只是为美国市场吹了一阵风，更重要的还在于要懂得趁机点火，真正成功的宣传活动产生的效果应该是使产品不断升温，而不是短期的轰动效应。

经过 7 年苦斗，李经伟初战告捷，在纽约饮品市场掀起一股健力宝旋风。美国饮品界权威人士再也不敢小看这个名不见虚传的中国品牌，他们远赴广东三水考察，与"健力宝"洽谈合作事宜。美国饮料界新秀阿利桑那公司总裁在一次会上说："你们的饮料真不错，如果我是分销商，一定卖你们的产品。"美国民众也开始对"健力宝"感兴趣，抱着尝鲜的态度开始购买，经过一段时间自然会有一部分人真正喜欢上它，成为健力宝饮品的热情支持者。

品尝着胜利的喜悦，李经伟清醒地认识到，面对美国市场的激烈竞争，要想立于不败之地，必须开发新产品。人们是喜欢尝新的，对于美国人来说，"健力宝"被接受的一个重要原因也在于它的"新"。品牌如果陈旧和单一，便难以承受市场的冲击，老产品的销售热潮终究会过去，而此时如果新产品难以为继，一个企业是难以长期立足的。美国一些大公司之所以每年投入数百亿美元研发新产品，也正是这个原因。

在确保健力宝饮料这个拳头产品的前提下，健力宝美国公司也努力开发新产品，终于在 1996 年上半年在美国率先推出健力宝冰茶、人参冰茶以及人参葡萄柚能量饮料。为生产更适合美国人口味的饮品，美国公司总裁林齐曙常常独自到摊档去做市场调查，征询经销商的意见，新开发出的健力宝产品完全以美国大众口味为参照设计，从而使健力宝饮品在美国市场上的地位趋于稳固，知名度也进一步提升。经过一系列的艰苦谈判，健力宝饮料以比较优惠的条件进入美国上千家大型超市。一位在美国饮料界工作了近 40 年的商人感叹道："你们在短短三五年内做到了其他饮料公司十多年才能做到的事。"

李经伟的美国路线是一条上层路线，他利用了美国的政界对民众的影响力来打响"健力宝"的名气，提升了健力宝的产品形象，同时也利用体育赛事吸引美国人的眼光，最终使健力宝饮品深入人心，他的成功经验提醒了许多人，同时也为国内业界提供了许多宝贵的经验。

其实，在一定意义上可以说，政府是世界上有力的推销员，商人是世界上最有钱的政治家，以上的事例表明，不善于借用政府的力量，同政府关系僵化的企业，是难以发展的，弄得不好，还会亏损，甚至破产倒闭，在现代的社会中，商人的生产经营活动绝非是自行其是的孤军奋战，更不是不负责任的为所欲为。企业必须与政府及主管部门处理好关系，在社会冲突与社会责任中，谨慎而严肃地扮演好自己的角色，按照设定的目标，妥善处理冲突与责任，令企业走上一个良性循环的轨道。同时，企业作为一个经济实体，对作为国家代表的政府负有一定的责任，比如：承担政府所交给的生产计划、提供优质产品、为国家积累资金、无偿提供必要的社会公益服务等等。

化敌为友，和气生财

在有钱人阶层流传着这样一句话："谁是最强大的人？那就是化敌为友的人。"

谅解和接受曾经伤害过自己的人，才是最好的待人之道，这样就能得到希望中的回报。

对他人的爱源于家庭之内的爱，即对兄弟姐妹的爱。

有两个农民兄弟，一个和妻儿一起住在山的一边，另一个还没结婚，住在山的另一边的一个小草屋里。

有一年兄弟俩收成都特别好。已经结婚的哥哥想道：

"上帝对我真好。我有妻子和孩子，庄稼多得超出我的需要。我比我的兄弟好多了，他一个人孤零零地过。今天晚上，趁我兄弟睡着的时候，我要把我的庄稼背几捆放到他地里。当他明天早上发现的时候，怎么也想不到是我放的。"

在山的另一边，没有结婚的弟弟看着自己的收获，想到：

"上帝对我很仁慈。但是我哥哥的需要比我大多了。他必须养活妻子和孩子，可是我的果实和谷物与他一样多。今天晚上，当哥哥一家睡着的时候，我要背一些粮食放到我哥哥的地里。明天，他怎么也不会知道我的少了，他的多了。"

所以兄弟俩都耐心地等到了半夜。然后各自肩上背着粮食，向山顶走去。正好在午夜的时候，兄弟俩在山顶相遇了，意识到他们都想到了帮助对方，兄弟俩拥抱在一起，高兴地哭了。

人们历来主张把罪恶本身与犯罪之人加以区分。

曾有这样一个故事，从前，有几个犹太拉比碰上了一伙十恶不赦的坏人，其中有一个拉比在忍无可忍的情况下，诅咒他们都死了算了。

可是，在他们中有一个伟大的拉比却说：

"不，我们不应该这么想。虽然有人认为这些人还是死了比较好，但不能祈祷这样的事发生。与其祈求坏人灭亡，不如祈求坏人改邪归正。"

因此，处罚坏人对谁都没有什么益处。不能使他们改悔，那才是人类的一种损失。

第二次世界大战期间，有两万左右的外国人避难于上海。在此期间，有不少人曾受到占领上海的日本当局的虐待。有些人直到战后很久，还念念不忘日本人的暴行。但一个犹太拉比给他们讲了一个故事：

有一只狮子的喉咙被骨头鲠住了。狮子便向百兽百鸟宣布，谁能把他喉咙里的骨头拿出来，就给他优厚的奖品。

于是，来了一只白鹤，他让狮子张开嘴，把自己的头伸进去，用长长的尖喙，把骨头衔了出来。

白鹤干完后，便向狮子说："狮子先生，你要赏我什么礼物啊？"

狮子一听，恼怒地说：

"把头伸到我的嘴里而能够活着出来，这还不算奖品吗？你经历了这样的危险都活着回来了，没有比这更好的奖赏了。"

拉比的结论是：既然现在还能诉苦，就说明至今还活着，而至今还活着，就没有必要诉苦。不要为曾经历过的不幸而抱怨。当然，更没有必要憎恨了。

这个故事在这群外国人当中广为流传，这充分说明，他们一直在尽力避免"憎恨"。

无论人们对他们的这种做法怎么看，犹太人自己的历史则确凿无疑地证明了，这种反躬自责而不是一味憎恨的心态对民族存亡具有重大的价值。

在犹太人中，曾有这样一个习惯，如果两个人误会太深，见了面都视而不见，那么，与他们都很熟的老人就会主动上前，使其中一方首先开口，这样做，至少会使他们平息怒气，甚至握手言和。

对整个人类充满爱心而去真诚爱护每一个人，这就是千百年来杰出的处世智慧。

化敌为友，不仅可以体现自己胸襟宽广，还可以表现出自己的智慧经营之道，不断地拓展自己生财的渠道。

第十一章

时间是财富的源泉

有句名言说："今天就是最后一天，永远不要等待明天，因为没有人知道明天会是什么。"一个人在忙碌地工作，一分钟也不可以放弃，因为创造财富要有时间，必须有大量的时间可以让你支配，否则是不会轻易地成功。成功是经过大量艰苦的劳动得到的，要善于利用并及时把握时间。时间就是金钱，在这个世界上，时间是最宝贵的东西。它不像金钱和宝物，丢失了可以再找到或者可以赚回来，而时间只要被浪费掉了，就永远不会回来了。

时间＝金钱

"你热爱生命吗？那么别浪费时间，因为时间是组成生命的材料。"

"记住，时间就是金钱。假如说，一个每天能挣 10 个先令的人，玩了半天，或躺在沙发上消磨了半天，他以为他在娱乐上仅仅花了 6 个便士而已。不对！他还失掉了他本可以挣得的 5 个先令……记住，金钱就其本性来说，绝不是不能"生殖"的。钱能生钱，而且它的子孙还会有更多的子孙……谁杀死一头生仔的猪，那就是消灭了它的一切后裔，以至它的子孙万代，如果谁毁掉了 5 先令的钱，那就是毁掉了它所能产生的一切，也就是说，毁掉了一座英镑之山。"

这是美国著名的思想家本杰明·富兰克林的一段名言，它通俗而又直接地阐释了这样一个道理：如果想成功，绝不能浪费时间。

拿破仑·希尔也曾经指出，利用好时间是非常重要的，一天的时间如果不好好规划一下，就会白白浪费掉，而时间是一去不复返的，不珍惜时间，我们就会一无所成。经验表明，成功与失败的界线在于怎样分配时间，怎样安排时间。人们往往认为，这儿浪费几分钟，那儿消磨几小时没什么要紧，事实上它们的作用很大。时间上的这种差别非常微妙，也许要过几十年才看得出来。但有时这种差别又很明显，我们不妨来看看贝尔这个例子。贝尔在研制电话机时，另一个叫格雷的也在进行这项试验。两个人几乎同时获得了突破，但是贝尔到达专利局比格雷早了两小时，当然，这两人是互不知道对方的，但贝尔就因这 120 分钟而取得了成功。现在人们谈及电话，想到的便只是贝尔，却不知道格雷。

请记住，你最宝贵的财产是你手中的时间，好好地安排时间，不要浪费时间，浪费时间就等于浪费生命。

时间的特点是：既不能逆转，也不能贮存，是一种不能再生的特殊资源，因此，一切节约归根到底都是时间的节约。

时间对任何人、任何事都是毫不留情的，从这点上说，时间是专制的。时间可以毫无顾忌地被浪费，也可以被有效地利用。我们所说的效率，便是指有效地利用时间。也可以说，效率就是单位时间的利用价值。人的生命是有限时间的积累。

随着人类社会的生产发展，特别是科学技术的提高，时间的价值，犹如核裂变反应，正以几何级数成倍增长。现代一台纺纱机一小时纺的纱，抵得上古老的纺车嗡嗡响一年；拖拉机一人一辆，一天能干完牛拉犁几个月的工作量；乘超音速飞机数小时可以从西半球飞到东半球，而当年周游一国竟耗去大半生的时间……

现在，一小时所创造的价值，比古代不知要高出多少倍。托夫勒在谈到电子计算机所起深刻作用时曾指出："20 年来，用术语来说，计算机科学家已经经历了从毫秒（千分之一秒）到毫微秒（十亿分之一秒）——几乎是超越人类想象能力的对时间的压缩。这也就是说，一个人的全部工作寿命，就算 8 万个工作小时，每年 2000 小时，40 年，可以压缩为 48 分钟。"

社会学家曾估计："今天社会在 3 年内的变化相当于 19 世纪初 30 年内的变化、牛顿以前 300 年内的变化、石器时代 3000 年内的变化。"

时间的增值效应，正在引起一连串的链式反应，涉及社会的各个方面。

在工业上，丧失一分一秒，就可能倒闭破产。正如美国汽车大王福特二世所说的那样："企业成功与高速度之间的关系，比起与任何其他几个因素之间的关系来都要密切。"

至于商业，更是争时如争金。我们都知道，现在是信息社会，为了捕捉瞬息万变的商业信息，日本贸易振兴会不惜巨资，在全世界 182 个地方设立了调查点，按不同的商品和地区进行分类，出版专门性的商业情报杂志，并开展"委托调查"的业务，根据企业的委托要求，利用海外情报网络有针对性地组织商场调查，收集信息。

现代社会进入了信息社会的新形势，要求我们每个人在时间运用上要运筹帷幄，精心安排，组织工作，珍惜时间，善用时间，只有这样，才能在激烈的竞争中，立于不败之地。

说起来你也许不相信，中国最大的参茸市场不在其产地东北，而是在远隔千山万水的温州苍南灵溪，而且价格比东北产地还便宜。

我们都知道人参、鹿茸、貂皮重量轻、价格高，是东北的"三件宝"。温州人向东北人购买后，在温州以低于收购价 10% ~ 20% 卖掉。

有人会问：这不是做亏本生意吗？

不。温州人才不会那么傻呢。他们在与东北人形成长期供销关系后，东北人往往答应一年结一次账或半年结一次账，在这一年或半年的时间内，温州人就能把参茸迅速卖掉，参茸交易可获得一大笔现金，在半年或一年的时间里，用这笔钱可做上10到20轮的生意。其结果不仅可以填补参茸的亏损，还有盈余。

于是全国最大的参茸市场不在东北而是在温州的苍南。

从本质上来说，这其实是温州人从东北的跨省借贷，而这个全国最大的参茸市场其实就是一个地下资本市场。其规模在"10亿到20亿之间"。曾经一段时间，这一市场以影响参茸市场为名，被硬性打击过，结果当地工商业一度萧条，后来又恢复了。当地人说：本来就是你情我愿的事嘛。

对于温州人来说时间就是金钱。

有一辆开往温州去的中巴车，车速比较慢，同车有20个急着要到温州把货卖掉的生意人，本来互不认识，但当即有人牵头，每人20元，一共集资了400元，让司机违章超车，以备罚款，于是，中巴车一路狂奔而去。从交通上来说，这件事当然是不应该效仿的。但温州人的集资意识和做生意的时间意识，由此可见一斑。

巧用时间差

计算时间、节省时间、买卖时间、巧借时间，这些一般都是善于利用时间的有钱人所拥有的品质。这些有钱人认为创造财富需要珍惜时间，追求一定的效率，而打时间差也很重要。

打时间差，就是凭借协约、合同等有效手段，把酶的拥有权（一般为销售代理权）掌控在自己手中，然后在合同、协约规定的时间内迅速催化、转换、造势，从而获得高额的利润。协约规定的时间，就是定酶与转换之间的时间差，这个时间差很小，运作者就是利用这个时间差，少花钱甚至不花钱，就能挣一大笔财富。

曾有这样一个故事，1987年，余韦达辞掉中学教师的工作，向妹妹借了200元钱与另一位同学闯荡北京，最初他在京郊某乡镇企业做推销员。一年后，他挣了5万元。对于一位初闯北京的人来说，应该是不错的了。但他没有满足，他在寻找着机会。有一天，他办事路过前门，在一座三层楼前，被一则招租启事吸引住，启事上说，产权拥有者欲将这幢破旧的三层楼出租，年租金40万，但条件是要求租金一次性交齐。前门是北京最繁华、客流量最大的地段之一。如果可以在这地段拥有一片店，就意味着拥有一棵摇钱树。余韦达看中了这栋楼，但被它昂贵的租金、苛刻的付款方式难住了。此时，他的5万元钱只是年租金的 1/8。借，来北京才一年，举目无亲，也无有钱朋友，何处可借？贷，能贷到款，还来北京闯天下？此时，余韦达灵机一动，不自觉地用了一招空手道——打时间差。

于是他先找到房主，把5万元钱交给房主作为定金租下了这座空楼。他与房主签订了一份协议，协议规定：45天内，余韦达把年租金40万交齐，若45天拿不出租金，房主没收定金，房子另租他人。

租房协议签订后，他又找到一家装饰公司，凭着租房协议，他与装饰公司签订装修协议。协议规定装修公司在25天内按余韦达的设计思路把房子装修一新，45天后，付装修费。

接着，他凭着租房协议和装修协议，与5家商场签订赊销协议。又以赊账的方式购置了地毯、桌椅、厨房用具、卡拉OK设备等，其价值和装修费用达70万元。装修后的楼房，已经摇变成了一个中档饭店。余韦达四处张贴招租广告，在不到20天的时间，有20多位有意者前来洽谈，最终，他以140万的价格转租出去。这样，在很短的一段时间内，他还清欠款后还净赚30万元。他收到140万租金时，离他交房主租金的时间，仅仅只有3天，如果再过3天，没有交房主租金，则前功尽弃，赔了辛辛苦苦挣来的5万元还不算，还要欠70万元债务。当然，这是险招，稍有不慎，则全军覆没。此后，他成立了丹侬公司，连连使用空手道，像变魔法似的，使丹侬公司的资产呈几何级增长，不到3年时间，由注册时的100万元，发展到1992年的3个亿。

因为一些事情，1993年，余韦达铁窗失意。1995年，他重返生意场。此时，他已是两手空空。但他仍具有智慧、有声誉，凭此他又使用了一招他创业初期用过的手法——打时间差，使用的方式、方法、过程，几乎是一模一样，只是规模与力度要比以前大得多，就此一招，他又成为一个千万富翁。1995年初，余韦达在报上看到一则招租启事，说是北京东三环大北窑的一栋楼要出租。他依着报上的地址前往察看位置、环境，这是栋四层楼，4800平方米，临长安街，与国贸大厦、国际大厦正对面，地理位置非常好。但楼房十分破旧，房主告诉他，这楼房属于违章建筑，只有 3 年的使用期，3 年后就拆除了。余韦达问多少租金，房主说，租金按平方米算，每平方米 1.5 元／天，房主的回答令他一阵激动。北京素来有东富西贵的说法，而这个地段正是"东富"的黄金地段。这个地段的写字楼，每平方米租金一般都在 10 元／天左右，像国贸大厦、国际大厦有的房间租金每平方米高达 2 美元／天。余韦达意识到这是一个绝好的创富机会，可问题仍然是没钱，连当年的 5 万元钱也没有。怎么抓住这个机会呢？他用了一个方法，就是诱。他给房主"还"了一个价，惊得房主张大嘴半天合不下来。余韦达"还"的价是每平方米 1.8 元／天，比房主开的价还要高 0.3 元／天，房主特别感慨地说，在此之前，与他谈过的人不下 20人，还价没有一个超过 1 元／天，余韦达趁着这个机会说，他出这么高的价，是有条件的。房屋租金要两个月后付，在两个月内，他要花 500—600 万装修。如果两个月交不出年租金，楼房装修物、电话、空调、沙发等办公设施全归房主所有。房主当然也觉得这是个不错的主意，于是他很快与房主签订了租房协议，找到了一家建筑装潢公司，以高于市场 20% 的价格，让装潢公司在一个月内按他的设计装修完毕。装潢公司除装修外，还购置电话、空调、办公沙发等，总装修费总计 600 万元。装修费、设施购置费等在装修完毕的两个月内分两次付清。按余韦达的设计、装修好的楼房是栋中档写字楼。在装修的这段时间内，他在《精品购物》、《参考消息》、《工商时报》、《北京晚报》等报刊刊登招租广告，然后招聘 10 个年轻的推销员到外资驻京机构、北京各大公司等四处推销。因为该楼地理位置优越，价格适中，楼房还没有装修完毕，就已全部出租出去了。每平方米的价格最低为 8 元／天，最高达 14 元／天。这栋楼房的年租收入为 1700 多万，除还给房主的租金 263 万（4800 平方米×1.8 元 ×365 天 = 315.4 万元），装修费 600 万，余韦达净赚 784 万多。一年后，房主收回楼房，余韦达将电话、空调、办公桌椅、沙发、地毯作价变卖，得现金达 100 多万元。这样，利用时间差，余韦达未花一分钱，净赚近 900 万。

　　善打时间差，是有钱人致富的一种重要途径，有钱人认为，在生活中，时间就是金钱，要善于捕捉每一次机会，善于利用每一次的机会，在时间的间缝之间挣钱。

穷人"两条腿"，有钱人"四条腿"

穷人两条腿，有钱人四条腿。为什么这样说呢？因为穷人生活在自己狭小的圈子内，整天按部就班。不紧不慢地按固定的习惯生活，是个实实在在的"慢郎中"。而有钱人则是"急性子"，有钱人认为，时间就是金钱，时间就是商品，在有限的时间里，若想创造出更多的财富，就必须和时间赛跑，向时间要创造财富的效率，成为时间的主人。

在现代的经济社会中，生活一反四平八稳、平安无事的古老格局，呈现出快节奏、多变化为特点。每个人都在增加力量，提高速度，加快发展，这就是当今社会的格调，要在竞争中立于不败之地，就不能慢条斯理，而必须珍惜时间，增加速度、快速出击，使竞争的对手防不胜防，难以应付。然而在这个数字化的世界里，"快鱼吃慢鱼"是最基本的生存原则，贻误战机通常就会导致自己在市场里被扫地出门，为了保证不被别人以速度战胜自己，有钱人认为必须每日都要有一个新的面貌以赢取最大的竞争。

一、提高速度的四大步骤

（一）将速度作为竞争的关键

在高级的餐厅用餐的绅士淑女也许并不需要速度。因此，这类高级餐厅业主就可以不需要将速度纳入竞争策略的范畴来考虑，然而在其他种类的餐饮业，速度则变成了决定性的因素，节拍快慢影响到顾客的满意。

很多餐饮业也因速度威力而赚进大把钞票，速食餐厅是最明显的例子。现在即使不属于速食业的餐厅也已开拓速度要素，例如家庭餐厅连锁店丹尼之家就在 1989 年推出"10 分钟之内上菜，否则免费"的促销广告。这其实正是丹尼之家对速度要素的强力回应，因为它必须与快速供食的餐厅和自助餐厅竞争。

这里所谓"快"、"适中"、"迅速"，完全决定于顾客的期望，例如在高级餐厅进餐，客人不求速度，只求适当的服务节奏和气氛。

（二）调查客户，了解他们的满意的程度

柯达公司在 20 世纪 80 年代对快速冲印相片的调查中，只获得顾客 5%的肯定，因此柯达放弃了这个尝试。然而迷你快速冲印店的革命，却发生在这次调查的不久之后。

这个教训并非显示柯达的研究方法不够热门，而是他们的顾客属于一种要看到结果以后，才能决定自己要什么的类型。因此你一方面应该很积极地听顾客的意见，但另一方面不要期望他们会给你答案；甚至在顾客试验你的新方法之前，也不要期待他们感激。

比较好的战略是换一种问法：只要问，如果不准时交货，对顾客的满意度影响有多大？然后找出用速度增进其满意度的改进方法。同时如果你认为手上已经有一个大胆的新方法，不妨相信你的感觉。然而，在商场上有两大类速度——制造速度和满足顾客的速度。对制造业来说，速度牵涉到许多复杂因素，环环相扣。对服务业而言，"产品"则是当场制造的，就如同你到饭店柜台办住房手续，接待人员的态度就是一种"产品"。虽然在此我们的讨论仅集中于满足顾客的速度，但制造速度也同样是另一种强大的竞争优势。

波士顿咨询顾问公司的副总裁伊斯凡是所谓"时间本位策略"的支持者。伊斯凡相信，速度是否能超过成本或品质，成为"涵盖全体的首要经营目标"，只是时间长短的问题而已。

他相信强调时间周期的企业，将有能力使过去互相抵触的成本限制、品质和创新等计划重新调和，发挥最大的功效。

伊斯凡说："造成拖延的最大原因就是人事。一般人通常将企业作业流程视为一个线性系列，其中每一项工作都由不同的专人执行，虽然同样重要但却互不相关。正是这种过度专业化的区分导致了多重人力浪费。而每每为了协调各部门行动，又使得决策更加迟缓。所以靠时间竞争的人，便应想办法减少工作重叠，以便加快速度。一方面疏通协调的部门，一方面重建企业随机应变的灵活度，如此一来既可以精简人事，又可以提高效率。"

伊斯凡的观点极具说服力，他宣称这样的经营哲学适用于每一企业的每一层面。主管办公室里交代秘书应办事项的便条箱，就像任何工厂的存货盘点清单，或商店的储藏室一样，制造业、服务业的办公室管理和工厂、商店并没有差别。

不论你从哪一点开始改变你的成就目标，都将很快看到效益。这其中的秘诀就在于订出速度的标准，算出究竟做了多少不合乎标准的事，然后迅速改变。

下面就是 3 个订出速度的例子："所有电话都要在响第 3 声之前接听"，或

"损坏货物的调换单会在收到后 3 天之内处理"，或"所有订购品都将在收款 24 小时之内装箱"。

（三）为付费的顾客提供更快的速度

即使你必须加价，也要提供高品质的商品和服务，赫斯租车公司为了替顾客减少取车时间，推出第一号俱乐部黄金计划：会员只要填妥一张租车协约和缴交 50 美元的年费，就可以在下飞机后直接乘坐赫斯的专用公车到有棚的停车场，他们要租的车子就停在那儿等候——行李厢敞开，引擎已经发动，而租车协约就挂在后视镜上。

"有些客人说由下飞机到开车上路，几乎只要 5 分钟，"赫斯租车公司的主管唐娜休说，"其实那已经超过我们当初的预期了。"

一家以洛杉矶地区为主要销售地的廉价西服连锁店 C&R 西服公司，为顾客提供快速修改服务。顾客只要多花 15 美元，就可以在该店选好一套中意的西装，然后立即按自己的要求修改，一般来说在第二天早上他就可以穿去赴宴了。快速修改计划在实际应用中一举成功获得了很多顾客的好评，该公司发言人得意地说："那就是客人到我们这儿来的主要目的！"

只要能增加速度，即使是得多花钱的新方法，你的顾客仍然愿意接受。立即检查一下你的订购——交货流程吧，看看是否有障碍存在，而且成本是可经由转嫁给顾客而消除的。然后提出一种虽贵但更快的方式，测试顾客对此的需求。

（四）奖励速度快的员工，并为顾客提供时间的保证

每周 6 天，来自美国各地的飞机降落在联邦快递公司的曼菲斯的运输总站。每晚 11 点 40 分，联邦快递公司的 4000 名兼差员工开始将货物由飞机上卸下、分类，再装舱。凌晨 1 点 55 分前，所有工作都必须宣告完毕，飞机预备起飞。各站货品一律空运，以保证准时抵达目的地，并在当地早上 10 点 30 分以前，由当地运输公司准确而快速地递送每件货品。对服务网遍及世界 119 个国家的联邦快递公司而言，速度比什么都重要，因为他们卖的就是速度。

其实，在 20 世纪 70 年代的某段时期，联邦快递公司曾经出现转运中心不能准时完成任务的问题。怎样才能让员工关心那些看不见的顾客呢？上层管理人员思索着这个问题。

"我们是曾经有过无法准时的问题，"总裁史密斯说，"我们试过所有能想到的机械控制方式，但都行不通。最后发现问题是出在货运中心的搬运工人

这个环节。他们大部分是大专学生，喜欢慢慢磨蹭，因为这样可以赚较多钟点费。针对这种现象我们提了一个最低保证：'如果你可以在某一时间内作完，不但可以提早收工，而且也表示你有能力击败这个制度！'45天之内，货运中心的速度就超过原先预期的进度了——这真是一个让人不敢相信的好结果。这种来自精神的力量，我甚至不认为他们自己已经注意到了呢！"

史密斯总结调查结果，了解到持续不断加速的一个重要因素，就是要激励员工尽量表现，使他们有高昂的参与感。

在顾客的时间保证上，法国银行保证：如果顾客排队等候超过5分钟，则赔偿现金5美元。

幸运连锁超市在面对便利商店和速食店的竞争威胁下，对顾客做出保证：只要有超过3名顾客排队结账，该店就加开结账收银机。

顾客果真在乎这类保证吗？布洛克税务代办公司在1990年推出的迅速退税申请计划时所引起的热烈反响就是最好的回答。

只要多花25美元，你的退税单的申请就能马上进入国税局的电脑，不需要你亲自去排队，这便是退税申请计划的内容。结果有290万人选择这种迅速服务，其中有100万人自称过去一向不假他人之手，现在他们希望的只是如何加快退税的速度。只要花一点手续费，顾客便可以在数天之内从布洛克公司获得退税款项，而直接向国税局申请要花数周。"我们相信，迅速退税计划让我们与众不同，"以堪萨斯城为总部的布洛克连锁公司总裁兼执行总监布洛克说道，"这也给我们的主要竞争对手——仍占半数的自行退税者一个强有力的印象。"

有钱人认为，速度对创造财富者的未来来说不可或缺，实际上，速度也已经开始改变世界，而且已成为企业打造产品优势的重要途径。想在未来10年内更上一层楼，成功创富，就一定要重新思考自己与速度之间的关系。更重要的是——现在立刻去做。

新时代的竞争，基本上已不是成本、价格上的竞争，而是速度上的竞争。但新时代的速度不只是反应快、脑筋动得快，更是在整个流程和企业组织中必须重新规划，以使整个企业更具有弹性，更快速地回应市场和外在环境的巨变，经商者要通过以上的4个步骤，更快地拓展自己创富的市场。

二、超过别人，永不疲倦地奔跑

比尔·盖茨在计算机业内的角色可以与艺术界的列奥纳多·达·芬奇媲美了。达·芬奇是文艺复兴时期的著名的预言家，他画中所绘的怪诞的机器在几世纪后成为实物。

比尔·盖茨除了搜集保时捷跑车，购买了西雅图市郊的一座5000万美元的别墅外，在其他方面的花销十分有限。这的确令人惊讶不已。但有一个例外，那就是他花了3080万美元购买了列奥纳多·达·芬奇的一部珍贵的手稿。这一举动让一些人认为比尔·盖茨把自己看作当代的达·芬奇——一个对未来世界的远见在几世纪后被证明为正确无误的人。

然而，与他心中偶像不同的是，比尔·盖茨植根于实业，植根于现在。他最大的优势在于能够把技术革新与讲求实际的实用主义结合在一起。他也意识到自己的不足，这对于功成名就的人来说是不常见的品质。

"如果你擅长某方面，那么一定不要以为你也得在其他不必要的方面如此出色，"他曾说过，"我每天都在发挥我的作用，我同一大批开发优秀软件的人一同工作，我聆听反馈意见，进行调查研究，因为我在这方面取得了成功，人们就理所当然地以为我对每件事都有天分，而事实却不是这样的。"

"我认为我们对公司的管理有可借鉴之处——我们雇佣员工的方式、创造的氛围以及利用股票权对员工的激励等等——这些都是其他公司可以学习的地方。但是我总是非常谨慎，害怕误导别人以为我们能解决一切问题。"

归根到底，是比尔·盖茨永不知疲倦的性格，而不是其他因素给微软带来了巨大成功。他一直很清楚计算机产业中的快速转变决定着他创立的公司的竞争状况。

比尔·盖茨已经处于他的职业巅峰长达20多年之久，他早已成为世界首富。但是尽管拥有了巨大的财富与成就，比尔·盖茨丝毫没有停下来的意思。

比尔·盖茨在过去的20多年里留下了骄人的业绩。人们不免要问微软如果没有了比尔·盖茨，将会何去何从。尽管他现在成功地把首席执行官的位置过渡给斯蒂夫·鲍尔默，但是比尔·盖茨一直对微软乃至整个IT产业具有很大的影响。微软仍以无人能及的速度在21世纪奔跑着。

到目前为止，微软比任何一家公司的发展速度都要快。为了维持自己的统领地位，这位著名的领导人从不害怕放弃过去，追求未来。比尔·盖茨比的任何人都更深刻地了解技术革命的意义，他知道要加快速度才能使微软得以生存，否则微软将面临死亡。

三、快速竞争赢得市场

成功的经商者都知道，市场与变化是一对孪生兄弟，没有变化的市场是不存在的。作为一个现代企业，要想在市场的战斗中取得胜利，就必须以快取胜，反应在市场的前面，日本企业就深谙此道。可以说，日本经济在第二次世界大战后创造了举世瞩目的奇迹，在很大程度上得益于日本企业实施了快速竞争的战略，他们依据详细的调查资料对市场进行预测并将快速竞争战略贯穿于生产经营的全过程。

（一）产品的快速设计

工厂中传统设计部门与生产部门相脱节，常常会出现由于新的设计难于制造或制造成本太高而退回设计部门重新设计的情况，因而延长了产品设计时间。

日本的企业采取了一种"同步工程设计"，即产品的设计与生产该产品的生产过程设计同步进行，从而减少了设计时间，加快了产品设计。

（二）产品的快速改型

大批量生产早已无法满足当今市场上瞬息万变而又千差万别的顾客需要，而日本企业正是采用快速改型战略来面对市场的这种挑战。

在日本东芝公司的一家计算机工厂中，计算机网络把办公室、设计室、市场、车间、管理人员、技术人员和操作人员完全连在一起，在提供零部件的同时也提供了信息。人们看到，一条生产线上可装配9种不同的文字处理机，而另一条生产线上是市场上20种不同型号的手提电脑。一次改型的生产批量只有20件，而这家工厂可使最小批量压缩到10件。该工厂生产的电脑不仅能及时满足生产需要，而且可以避免畅销产品的缺货和滞销产品的积压。

（三）产品的快速分销

如果说日本丰田公司以快速生产著称，日本花王日化公司则是以快速分销而闻名。花王可以在24小时内，把商品送到全国28万个零售商中的任意一个，并且保证平均到货品种有7种。当然，做到这一点少不了计算机系统。一个极其先进的计算机供货系统不仅把所有的销售、运输、研究开发和促销业务联系起来，而且还和其所有的批发商、零售商乃至数以千计的推销员的手提电脑联网。

（四）信息的快速反馈

在信息搜集和反馈方面，花王公司的速度也堪称一流。在美国的消费品公司中，经理人员在早上上班时就可以看到前一天的销售额等相关数据。而在花王公司，其经营管理人员可以得到几秒钟前的销售信息，经理人员可以随时得到当时的生产量、库存量和销售量数据，还可以知道竞争对手是否在进行降价促销，从而及时决定是否采取对应措施及如何采取相应措施。花王公司之所以成为日本最盈利的公司之一，其快速分销和快速反馈起了重要作用。

（五）快速占领市场

战场上的胜利往往都是由于赢得了时间抓住了战机。孙子所说的"节"是速胜的条件之一。企业竞争中存在着很多不确定因素，发现、捕捉和利用战机便显得尤其重要。

日本钟表企业抓住 1967 年瑞士发明石英表的机会，率先研究石英和电子技术，迅速推出石英表和电子表，攻占了一个又一个机械表市场，击败了钟表王国。

战场上的战机捕捉包括两方面："快"和"先"，市场上同样也需要这两个字。但从某种意义上来说，"先"似乎更为关键。因为先入为主对占领市场会起决定作用，第一个往往胜过最好的。日本企业在捕捉战机上不仅"快"，而且总是"先"于对手。

快速、准确的信息来自市场。市场如战场，只有推行快速竞争战略的企业领导者，才能当机立断，做出决策，带领企业最终占领市场。

四、用速度来争成功

人们通常都把微软公司比做当今商场上的"无敌舰队"，自然，统帅这个"软件帝国"的就是那个被称为"海盗船长"的比尔·盖茨。确实，从微软永争第一的技术创新，到遍布全球的疯狂行销来说，从不要钱、不要命、不要脸的工作态度，到以霸道竞争谋求垄断的"霸王扩张"，比尔·盖茨都在向人们证实着自己实力和野心的同时，显示着微软惊人的发展速度。

同行这样评价比尔·盖茨，"这个世界将是他的，只要还有任何东西不在他控制之下，他将不遗余力，想尽办法地得到它"。确实比尔·盖茨就是这样一个人，当然，他并不是疯子，他更知道享受，他之所以如此玩命地和别人争速度，唯一的目的就是为了更好地生存，为了不让微软被竞争对手打败。在这个以速度争胜负、定生死的知识经济时代，要生存则须加速，停滞则意味着死亡。

因此，人们理所当然地敬畏着比尔·盖茨，把他视为数字年代的预言家和设计师。公正地说，如果说他不是始终地高瞻远瞩，那么至少在一部分时间内，他具有远见卓识。历史将比他的那些诋毁者与对手们对他做出更公正的评判。比尔·盖茨的反对者们说他只不过是在利用他的垄断地位而已。如果没有比尔·盖茨和微软，个人计算机革命不可能像今天这样如火如荼。然而比尔·盖茨非常聪明，他从不骄傲自满。他比产业内任何一个人都明白自己所走的道路是多么的危机四伏，毕竟，他不止一次地目睹了他前面的车辆坠跌悬崖。

比尔·盖茨本人占有微软很大份额的股票，所以可以确信的是如果微软一旦被对手打败，比尔·盖茨的财富将迅速缩水，与此同时微软帝国将迅速塌陷。这些都很可能在短时间内发生。"技术产业的发展道路上起起伏伏，"他说道，"也许这就是它的魅力所在——没有公司能故步自封。IBM曾经在技术上占据了绝对优势，这是其他公司无法比拟的。但是在前进的道路上，他们拐错了几个弯，这让你每天早上起来都会想，'哦，我们要努力确保今天我们不会在路上拐错弯'，让我们了解语言识别或人工智能是怎么回事，让我们确信我们雇用了可以通力合作的人，让我们确信新事物出现在我们面前时，我们不至于惊讶不已。"

速度战略在经商者创造财富的过程中，起到了十分重要的作用，它往往使经商者先发制人，永远走在行业、时代的前列，只要不断提高速度、提高效率，我们就永远不会被时代所淘汰。

有钱人节省时间的艺术

善用时间就是善用自己的生命，时间对于每一个人都是平等的，它就像海绵里的水，只要善于去挤，就总会找出来，不善于挤，当然就没有。这告诉人们，一定要好好地珍惜时间，让自己做时间的主人。

一、不要浪费时间

人最不该浪费的东西就是时间，因为每个人都只能经历一次时间，而他人的时间更不可以随便地占用和浪费。对人而言，时间就是命运；对于商人而言，时间就是金钱。要经商，首先要保证自己拥有充足的时间。

在世界上，犹太人把时间看得十分重要，在工作中也往往以秒来计算时间，是分秒必争的。一旦规定了工作的时间，就严格遵守。下班的铃声一响，打字员即使只有几个字就可以打完，他们也会立即搁下工作回家。因为，他们的理由是"我在工作时间没有随便浪费一秒钟时间，因此我也不能浪费属于我的时间"。瞧！这就是犹太人的时间观念。如此强烈的时间观念大大提高了他们的工作效率，他们严格地杜绝各种时间的浪费。他们把时间和金钱看得一样重要，无故地浪费时间就是和盗窃别人金柜里的金钱一样是罪恶的事情，犹太人为此计算了浪费时间并由此带来的经济损失。一个犹太富商曾经这样计算过：他每天的工资为 8000 美元，那么每分钟约合 17 美元，假如他被打扰而因此浪费了 5 分钟时间，这样就等于自己被盗窃现款 85 美元。

对犹太人来说，时间既然已经安排定了，就按照这个时间表严格地进行。他们的计划是不允许任何人打乱的，假如你有什么重要的事情，必须提前预约，这样他们才可以给你安排时间，否则，他们只会按照自己既定的时间表进行他们的活动。

在犹太人的思想观念里，时间是如此的重要，千万不可以随便地浪费。即使一些看来是需要的活动，也被他们简单化了。比如客人和主人约定时间谈事情，说好在上午 10 点～ 10 点 15 分的，那么时间一到，无论你的事情是否谈完，都请自动离开。犹太人为了把会谈的时间尽量压缩，通常见面后，他们便直奔主题："今天我们来谈谈什么事情……"而不像其他民族，见面就谈一些"今天的天气不错"之类的客套话，在犹太人看来那些是毫无意义的，纯粹是在浪费时间，除非他觉得和你客套能从中得到什么好处，才会跟你客套几句。

有位日本的青年不知道犹太人的这些习惯，而遭到了拒绝，让我们来看看事情的发生经过：

日本某著名公司一位颇有能力的青年主管前往纽约市办事，办完事之后他发现还有多余的时间，为了有效地运用时间，就前往纽约一位著名犹太商人的公司，打算会晤该公司的主管。一进公司，他就做了自我介绍：

"我是日本某公司的部门主任，想见一下贵公司的宣传部主任。"

门房小姐随即问道：

"请问先生，事先已约好时间了吗？"

这位青年主管随即被问得有点不好意思，但是为了挽回面子，他继续滔滔不绝地说："我是日本百货店的部门主任，此次来纽约考察，因工作需要，特来请教贵公司的宣传部主任。"

"对不起，先生！"门房小姐委婉而坚定地拒绝道。

就这样，他被拒绝了。

这位日本职员的行为，珍惜时间，主动地访问同行的做法在日本处处得到夸奖。知道的人都会感慨地说："这个年轻人，工作热情，很有干劲，真是令人佩服啊！"

可是，他们的这种工作作风，对以"不要浪费时间"为原则的犹太人，是行不通的，因为他们绝不接待未经预约的不速之客。

有些人也许会觉得犹太人这种拒人于门外的做法似乎没有礼貌，聊一会儿也是友好的表示嘛！可是犹太人却说，"你和我约定了时间却迟到了1分钟，你已经没有礼貌了。你和我客套，然而并不能给我带来额外的好处，浪费了我赚钱的时间，你就更没有礼貌了！说好谈判25分钟的，可是你谈到了30分钟还说'只有几句话了'，更是对我时间的严重的浪费，你连起码的礼貌都没有了！"

这个时候，你如果觉得他们很生硬，想要说些什么，他们就直接说一句："商务不优待善意！"

约定时间，请务必准时到达，即使差一分钟也是不礼貌的；一进办公室，立即进行谈话，这样的做法在犹太人看来才是礼貌的商人。在规定的时间把话题说完，如果需要，请你来之前作好谈话的准备，但是既然来了，切勿拖延对方的时间，这才是犹太人眼中的礼貌。

时间在商业中的竞争是十分重要的，有钱人懂得如何合理地安排时间，做到不浪费自己和别人的时间。

二、节省时间的九大战术

一切时间都是有价值的，时间就等于财富，浪费时间无异于加速一个穷人的末日来临。生活的道理就是这样告诉我们的：要节省时间。然而，节省时间在有钱人的眼里有以下几种战术：

（一）电话情报

金融家富卡通过电话把买卖联系在一起，获得了巨大的财富。他的最重要的战术是打电话之前做笔记，"我必须确保与对方直接进入要点，不谈论天气之类的话题，我把业务放在至高无上的位置。"富卡认为在商业学校里应该传授给学生的至关重要的技巧之一便是管理打电话的时间。

（二）现成模式

有很多人花费一定的时间写感谢信、慰问信和贸易信。但是当它们变成例行公事的便函、信件和表格时，依靠事先写好的材料，他们便能节省大量的时间。

美国《精华》杂志的主编苏姗·泰勒创作了 40 种形式的书信，涉及各种各样的事情，从退稿通知到答复募捐等要求。这些信件被贮存到计算机上，它们能很快被调出、复制或通过改变几个词而适应不同的对象。泰勒经常只需在信尾增加一个手写的问候语作为亲笔签名就很完美了。

（三）保持焦点

所有高层次的执行者都能明确当务之急。《世界主义者》的主编海伦·格利·布朗始终在她的办公桌放着一本这种杂志。当她被引入歧途零碎地消耗时间，干一些无助于这种杂志成功的事情的时候，只要看到那本杂志，她就会回到正道上来。"除非你有一个当务之急的意识"，布朗说，"你越整天苦干，离你开始时的目标就会越远"。

确定当务之急的一个方法是建立一个"行动"一览表。每天晚上，记下第二天要干的头几件事情。并且一天多看几次这张日程表。加拿大安大略省的时间管理顾问哈罗德·泰勒认为完成表上之事的最好方法是给每项任务一个特殊时间区段。

（四）现在就做

苏姗娜·塞吉尔是一个著名的色彩专家，她为许多名人设计过居室和衣物。在应付日程表上的所有要求时，她遵循从祖母那里学到的一个原则：如果有一件事情要做，立即就干。

很多的人浪费时间的原因就是在"着手进入开始状态"上浪费太多时间，塞吉尔常这样说。他们花费了很多的时间准备干一件事，以致他们没有剩余时间去干这件事了。如果立即着手行动，你就会惊奇地发现自己干得有多快！记住：栽一棵树的最好的时间是 20 年前，而第二个最好的时间就是现在。

（五）避开高峰

"通过避免高峰期，比如避免排长队、交通拥挤和其他时间浪费，可以节省大量时间。"《永远向左转》的作者肯·库伯如此建议。在拥挤前早点去餐馆，别在星期五下午兑换支票，在晚餐期间去菜店买东西，那时大多数人正在家里吃东西。通过提前买礼物避免节日的拥挤。

在别人去吃饭的时间里使用办公室复印机，你就不必排着队等待了。早点去上班或晚点下班，其他人也不在周围，打通电话就会更快一些。尽量选定中午的航班，那时飞机不会在跑道上等待或在空中盘旋。

（六）冻结设计

完美主义者和办事拖拉之人浪费的时间其实是同等的。瓦克维亚有限公司前主席托马斯 F.R. 威廉发现，很多有希望的年轻人却不知道何时停止研究一些东西。工程师们被要求在一个确定的日期之内拿出最好的解决问题的方法。即使一个设计不是完美无缺的，但他们已经在一个确定的期限里完成了他们所能做到的最好的工作，这就足够了。

工程师们把它称之为"冻结设计"。成功的时间管理者都懂得什么时候值得为十全十美而奋斗，什么时候只有放弃十全十美才足够好。

（七）利用技术

把你的工作记录保存在计算机上而不是笔记本里。因为计算机有一种搜寻的功能，可以在几秒钟之内找到内容。你也可以买计算机软件，它会为你写出并支付所有账单。

别手写信件再让秘书打印——把它们口授在录音机上。研究证明，那样的口授具有比手写一封典型的 185 个词的信件快 3 倍的优越性。如果你一天写五六封信，按每月支付给你的 1 万美元计算，口授会使你一年节省的时间价值 875 美元。

任何时候，提前完成一项任务或者避免一次无谓的争吵，你不仅节省了时间，而且自己的生活也变得更愉快更富有。

（八）"不得不走"

有一位教授在特纳广播系统工作时，圣诞节前夕需要见特德·特纳。特纳告诉教授他很忙，仅能给他 5 分钟时间。他尽可能快地提出自己的看法，但是 5 分钟飞快地过去了。当他中止后面的句子时，特纳打断了他的话。"你的 5 分钟完了"，他说，"我喜欢你，教授，但我不得不走了。圣诞快乐。"这次会见就这样结束了。

如果不能像特纳那样，直接给来访者一个提示，控制自己的日程，你可以用微妙的暗示，诸如向前挪动椅子，把纸张摆在一起，或者用一个长的停顿暗示时间已到了。如果会见比计划要长，若想加速进行，可以说"很抱歉，我刚看了看表，你是否还有其他要谈及到。"皮包里最好有一个设定 10 分钟的计时器，当铃响时，就宣布需要赴另一个约会。如果你想继续谈话，就简单地关掉定时器。

（九）考虑代价，不是价格

在一个游艺厅，有位专家曾观察过人们排起近 100 米的长队，等候 1 个小时购买一份 3．99 美元的早餐。而 50 步之外，就有一个餐馆，如果去那里，马上就能坐下来吃饭，只不过价格贵了 3 美元。但是早餐以后，这些人又匆忙回到游艺厅，在这里他们冒着数倍于 3 美元的风险去下一次命运的赌注。

有许多属于一分钱智慧几小时愚蠢之类的事例。如果你选择到机场的公共汽车代替出租车，你就把有价值的时间浪费在等待公共汽车的到来上。你外出做一个小时的买卖可以挣 20 美元，却自己清扫房子而不肯每小时花 10 美元雇一个保姆，也是一种愚蠢的行为。当然，除非你更喜欢打扫房间。

通过以上 9 项节省时间的战术来看，时间在一分一秒中都能创造出无限的价值，时间让人去珍惜、节省，时间对于每个人是那么的重要，时间可以成就一个人，改变一个人，时间只会被那些珍惜它的人们获得。

有钱人的财富是时间码起来的

生活中，有多少人向往自己能拥有 10 万、100 万、1000 万，但这样数字的财富并不是唾手可得的，这需要一定的时间和耐心，时间积累财富，耐心成就梦想。许多的有钱人就凭着这一条成就了自己的财富梦想。

每一个有钱人在还没成为有钱人之前，或许在他们的每次投资中，并非像今天这样几十万、几百万、几千万地投资某个项目，他们都是从小小的投资中，靠着时间来积累，获得巨额财富的。因此，每个人的财富是积少成多的，没有人一天、两天就可以成为大富翁，我们要明确地认识到时间是累积财富的阶梯。

某建设集团的董事长黎女士指出：在 19 世纪 30 年代，一个外省人在香港投资土地经常被别人取笑。但是就是凭着有限的本钱与顽强的毅力，1948年离开上海来到香港的黎女士在老公对事业经营心灰意冷的情况下，重拾他们在上海经营房地产的本领，开始购买土地。

四十多年后，房地产的长期投资终于开花结果，现在她们家的事业越做越大，已经拥有两家上市公司，其中他们的半导体公司已成为全球第二大封装厂。至于建设公司，就是在 1988 年于汐止推出一个著名山庄别墅，而带动了整个汐止的房地产行情，也使她们家的财富迅速累积。

黎女士现在已经交棒给她的儿子，担任半导体公司董事长的儿子颇得母亲的真传，他是那种走到哪里就会顺手买土地的人，不管是在中国或美国，都有不少的土地。也许再过 20 ～ 30 年后，她的儿子也会这么说"没想到当初几百万买的土地，现在却有几十亿元的价值了"，不过她的儿子累积财富的速度会比他母亲快很多，因为她已先奠定良好的基础，之后只需顺势而为，财富即呈几何级数增加，财源滚滚而来，挡都挡不住。

从上述的例子，可以看出：

有钱人一个很重要的理财条件是时间，在有钱人看来，如果对时间没有正确的认识，自然会产生急躁的现象，一急躁就会冒极大的风险，原本可以成功，也会因急躁而失败。

无论财富的累积也好，经验的累积也好，都不是一朝一夕所能完成的，必须用时间去换取。幸好老天爷在这一点上倒是非常公平。人无论出身贫富、贵贱，大家都一样，一天只有 24 小时，平均寿命约为 75 岁。时间是人生最大的财富，而人一生的荣辱、贵贱、贫富、苦乐，全视每个人如何运用这笔财富。

第十二章

魅力是财富的外衣

作为潜能的财商，在每个人身上无疑都会打上个性的烙印。个性直接影响着个人的财商高低，关系着创造财富的难易程度与成败。也曾有人说过，性格决定着命运。一个人所具有的性格特征在很大程度上决定了他一生中所适合从事的职业以及他在这一个职业上的成就如何。在现实生活中的调查研究发现，特殊的个性与性格在许多成功商人的人生轨道中占据了十分重要的位置。有些性格帮助他们克服巨大的困难，有的性格使他们具有了有钱人的优势，这一切都是他们魅力体现的不可缺少的组成部分。

有钱人风度翩翩

翩翩风度、堂堂仪表，常会让人羡慕，但并非人人皆能如此。出众的形象既有先天因素，又有后天人为的成分。仪表美不仅是一种外在表现，更重要的是反映出人的思想修养、精神风貌，是人内在之美与外在之美的有机统一。因此，注重仪表礼仪是每个人的必修课。

仪表，即外表，主要包括人的容貌、姿态、服饰等。容貌，即人的相貌，也就是人的长相，多为先天造就，是一个人仪表的基础。姿态，即人的行为举止，是后天训练或习惯而成的结果，是构成一个人仪表的动态因素。服饰，即人的穿戴打扮，不仅是遮体御寒的一种手段，而且是仪表的发展、创造和补充。从狭义上讲，仪表美包括仪表的自然美和仪表的修饰美两个方面，是一个人外形的主要展现。事实上，仪表反映一个人思想感情、道德品质、文化修养这三方面。

成功的有钱人一般都会比较注重自己以上三方面的仪表，可以归纳为一句话来说：就是要想方设法在自己的人际交往中，替自己塑造出完美的形象，并且尽心竭力地维护个人的形象。

个人形象对于个人而言之所以如此重要，是因为它体现着个人的精神风貌与工作态度。商务工作向来以严谨、保守而著称，假如一名商界人士在商务交往中对个人形象掉以轻心，无疑还会直接地有损于其所在单位的整体形象。正像一位举世知名的公共关系大师曾经说过的那样："在世人眼里，每一名商务人员的个人形象如同他所在的单位生产的产品、提供的服务一样重要。它不仅真实地反映了每一名商务人员本人的教养、阅历以及是否训练有素，而且还准确地体现着他所在的单位的管理水平与服务质量。"

目前，在社会各界的从业人员之中，就注重个人形象而论，恐怕无出于商务人员其右者，其主要原因大概就在于此。如果说个人形象就是商界人士自我宣传的广告，恐怕一点也不过分。

个人在日常的工作和生活之中，要塑造好、维护好自身形象，往往涉及多方面因素，诸如本人受教育的程度、就职方面的经历、艺术上的鉴赏能力、个人的品位志趣，以及是否受过有关的专业训练、能否注意严格要求自己等等。

而且，在这方面要想取得长足的进步，并且得到世人的认可，也是"冰冻三尺，非一日之寒"，绝不可能一蹴而就。

不过，这并不意味着塑造好、维护好个人的自身形象，犹如纸上谈兵，永远都办不到。实际上，平日只要注意在这一方面严于律己，努力学习，坚持不懈，并且依照有关的规范办事，每一位商务人员都可以使自身形象日臻完善。

在塑造、维护自身形象方面，不同的行业所要求的侧重点往往不同。对个人来说，因其穿着打扮直接同留给交往对象印象的好坏密切相关，故此应当首先对它予以高度的重视。装束礼仪，就是有关个人在工作岗位上的穿着打扮的礼仪规范。

从总体上来看，装束礼仪要求个人的穿着打扮必须既符合其身份，又符合其规范。个人在穿着打扮方面最忌讳的，就是不符合自己的身份，不遵守相关的规范。

具体来说，装束礼仪要求商务人员在日常的工作和生活之中，对于有关西装、套裙、制服、发型、化妆的礼仪规范，务必身体力行，严格遵守。在每个人的穿着打扮之中，着装、发型、化妆既是本人关心的问题，也是他人观察的重点。

其实，服装是一种文化，反映一个国家、一个民族的经济水平、文化素养及文明发展的程度。服饰还是一种"语言"，表达着一个人的社会地位、文化品位、审美意识以及生活态度。因此，选择服装不能随心所欲，尤其是商界人士，选择服装应遵循着装的原则，根据自身的特点以及特定场合的需要，为自己选择一套得体和谐的服装。

个人在与人交往中代表着企业形象，更应了解服饰选择的基本常识，时时注意自己的穿着打扮。服装对个人的美化作用是无可置疑的，但是，不能说一套好的服装穿在任何人的身上都一定能产生美感。事实证明，服装只有与穿着者的气质、个性、年龄、职业，以及穿着的环境、时间协调一致时，才能达到美的境界。下面是服装穿着上的经验之谈。

（1）服装穿着要符合自己的肤色特点。这一点是讲要根据自己皮肤的特点来选择服装的颜色，以达到映衬和改观肤色的目的。皮肤浅黄，是多数中国人的肤色特点，故服装色彩选择的范围较广。肤色苍白者，宜选偏暖色调的服装，忌穿紫红色、黑色或白色上衣。肤色偏黄者，最好不要选与肤色相近的或较深暗的服装，如棕色、土黄、深灰、蓝紫色等，它们容易使人显得缺乏生气，宜选橙、红色的偏暖基调的服装，以增加皮肤的红润感。肤色偏黑者，宜选择柔和明快的中性色调服务，以增加明朗、健美感，不宜着黑、绛紫、墨绿、深褐及深冷色调的上衣。

（2）服装穿着要符合自己的体形特点。服装的美是以人体的美为基础的。服装的款式结构，必须符合由骨骼和肌肉组成的人体自然生理结构。一般来说，理想的体形结构，男士是"T"型，女士是"X"型。但人体的这种自然的生理结构，具体到每个人，往往难以十全十美，或多或少都存在着体形上不完美的部分，或高或矮，或胖或瘦，或臀宽或腿短等，这些都是每个人形象中的不利因素。若能了解自身的体形缺陷，根据体形特点选择、设计自己的服装，定能产生良好的效果。比如身材偏胖的人，若能挑选一些深色服装或竖条服装穿着，定会显得苗条多了。

（3）服装穿着要符合社会角色的要求。在社会生活中，我们每个人都扮演着不同的角色。社会心理学家认为，不同的社会角色，必须有不同的社会行为规范，在服装穿着方面也依然如此。例如：一位女士在家身为太太时，可以自由穿戴；上街购物，作为顾客时不作精心修饰也无可厚非；然而，作为"上班族"的一员出现在工作岗位时，就不能无所顾忌了。这是因为，此时的她已不是彼时的她了，工作时，她的形象已不仅只代表着她个人，而更多的是代表着她就职的单位。总之，一个人无论出现在哪里，无论在干什么，都要先弄清自己所扮演的角色，然后为自己挑选一套适合这个角色的服装，穿着后定会使你增强自信，别人也会对你多几分好感。

（4）服装穿着要符合环境与场合的要求。不同的场合有不同的服饰要求，只有穿着与环境气氛相融洽的服装，才能产生和谐的效果，达到美的目的。如：喜庆场合的服装要求色彩丰富、款式新颖，以显靓丽和洒脱；庄重场合的服装要求凡规定须要穿礼服的应按要求穿着，没有服饰要求的也应穿着大方、整洁、得体，不得敞胸露怀，漫不经心；悲伤场合的服装要求以深色、素色为主，款式应庄重，忌穿各类时装或色彩鲜艳的服装，以免冲淡现场气氛。

（5）服装穿着要考虑色彩的搭配与组合。色彩对于服装来说，其重要性超过面料，它是体现服装艺术的主要因素。选择服装色彩既要注意到身材、肤色、环境场合，还要考虑到色彩本身的搭配规律。在服装配色中，同类色相配较为简单。使用多种不同颜色组合时，要根据色彩各自不同的性质加以选择：上深下浅的服装颜色搭配，能给人以活泼、轻松、飘逸的动感；上浅下深的服装颜色搭配，能给人以稳重、沉着的静感，这是人们经常采用的搭配方法。另外，呼应配色、补色对比、点缀配色等也都属于非常美的色彩搭配。但要避免色彩繁杂、凌乱，做到少用色、巧用色。男士服装不宜有过多的颜色变化，以不超过三色为好。女士服装的颜色也不应过多堆砌，色彩过多，显得太浮艳、俗气，失去了美的价值。

因为服装色彩的搭配不当，有一些人失去了许多的商业机会。小伟刚从大学毕业，便加入了一家公司，被分配到销售部，做产品推销工作。小伟早就听说过公司职员的个人形象在业务交往中备受重视，因此他头一次外出推销产品时，便穿上了一身刚买的深色西装、一双黑色的皮鞋、一双白色的袜子，希望自己形象不俗，并因此而有所收获。

让小伟大惑不解的是，他虽然跑了不少地方，但与接待他的人刚一见面，对方往往朝他打量几眼，便把他支走了。有的大厦的保安，甚至连楼门都不让他进去。

后来，经过他人指点，小伟才知道自己当时屡屡被拒之门外的原因，主要是形象欠佳。小伟上门进行推销时，虽然身穿深色西装、黑色皮鞋，但却穿了一双白色的袜子。这种穿法，有悖西装着装的基本规则，因而不能为他人所认可。此虽瑕疵，但对商务人员来讲，却是被直接与其所在单位的产品、服务的质量等量齐观的。

有类似小伟经历的人还真不少，在风景秀丽的某海滨城市的朝阳大街，高耸着一座宏伟楼房，楼顶上"远东贸易公司"6个大字格外醒目。某照明器材厂的业务员关先生按原计划，手拿企业新设计的照明器样品，兴冲冲地登上6楼，脸上的汗珠未及擦一下，便直接走进了业务部李经理的办公室，正在处理业务的李经理被吓了一跳。"对不起，这是我们企业设计的新产品，请您过目。"关先生说。李经理停下手中的工作，接过关先生递过的照明器，随口赞道："好漂亮呀！"并请关先生坐下，倒上一杯茶递给他，然后拿起照明器仔细研究起来。关先生看到李经理对新产品如此感兴趣，如释重负，便往沙发上一靠，跷起二郎腿，一边吸烟一边悠闲地环视着李经理的办公室。当李经理问他电源开关为什么装在这个位置时，关先生习惯性地用手搔了搔头皮。好多年了，别人一问他问题，他就会不自觉地用手去搔头皮；虽然关先生作了较详尽的解释，李经理还是有点半信半疑。谈到价格时，李经理强调："这个价格比我们预算的高出较多，能否再降低一些？"关先生回答："我们经理说了，这是最低价格，一分也不能再降了。"李经理沉默了半天没有开口。关先生却有点沉不住气，不由自主地拉松领带，眼睛盯着李经理，李经理皱了皱眉，"这种照明器的性能先进在什么地方？"关先生又搔了搔头皮，反反复复地说："造型新、寿命长、节电。"李经理托词离开了办公室，只剩下关先生一个人。关先生等了一会儿，感到无聊，便非常随便地抄起办公桌上的电话，同一个朋友闲谈起来。这时，门被推开，进来的却不是李经理，而是办公室秘书。

关先生因为小节而误了大事，因此可以说：仪表的每个细节都能关系到商业活动的成败。在商务活动中，仪表体现着个人自然美、内在美、修饰美。

说到仪表的自然美主要指人体外观的自然美。五官端正、肤色健康、身体各部位比例匀称，是构成人体自然美的三个基本因素。

其实仪表的修饰美是一种创造之美。俗话说"佛要金装，人要衣装"，又言"三分长相，七分打扮"，天生丽质为人所羡慕，却不能人人皆然。不尽如人意是难免的，比如小眼睛、大嘴巴、满脸雀斑、上身长、下身短等。对于先天条件，人们无法选择，但通过后天修饰可进行弥补。容貌的缺陷可以通过美容修饰，体形上的缺陷可以通过着装改善。仪表的修饰美所强调的就是这种必要的弥补，我们可以通过对容貌的适度修饰、对服装的合理选择，而使自己的仪表给人以审美上的愉悦。

仪表的内在美是仪表的深层次的美，是仪表美的质的东西，从美学的角度讲，美总是有形的，美的生命在于它外形的显现，抽象的、内在本质的美须借助具体的、外在的美的形象才能得以体现。对于人的仪表美的要求，应让内在之美通过外在的、具体形象美展现出来。另外，仪表美无论何时都不应该仅仅是物质躯体的外壳，它均会从一个侧面反映出一个人的思想修养、精神风貌。心灵美与仪表美不是对立的，而是相亲相容不可分割的，只有它们互为表里、相得益彰，才是最完美的，否则只能是绣花枕头，外表再华丽，也是败絮其中。

对于那些在社会上谋生的人来说，只要你量入为出地尽量打扮自己，不管自己的经济状况是多么的不好，你也应该有意识地注意仪表，注意穿着干净整洁得体，竭力保持自尊和真诚，这样才能帮助你获得成功，带给你尊严、力量和魅力，使你赢得别人的肯定、尊敬和钦佩。

大学毕业的刘先生陪同学到一家知名企业求职。刘先生一贯注重个人修养，从他整洁的衣服、干净的指甲、整齐的头发上看，就给人一种精明、干练的感觉。来到企业人事部，临进门前，刘先生自觉地擦了擦鞋底，待进入室内后随手将门轻轻关上。见有长者到人事部来，他礼貌地起身让座。人事部经理询问他时，尽管有别人谈话的干扰，他也能注意力集中地倾听并准确迅速地予以回答，同人说话时，他神情专注，目不旁视，从容交谈。这一切，都被来人事部察看情况的企业总经理看在眼里。尽管刘先生这次只是陪同学来应试，总经理还是诚邀刘先生加盟这家企业。现在，刘先生已成为这家企业的销售部经理。

对于细节的注意也是非常重要的，面面俱到的修饰的确能使人看起来衣着得体，刘先生给那位招聘官留下深刻的印象，因此，他获得了一个成功的机会。莎士比亚曾经说过："衣装是人的门面。"这一说法得到全世界的认同。初看起来，仅凭衣着判断一个人似乎肤浅轻率了些，但经验一再证明：仪表的确是衡量一个人的品位和自尊感的一个标准，渴望成功的有志者应该注重自己的仪表。

别扭的仪表不仅会使人失去自尊，还会使人失去舒适和力量感。良好的仪表让人谈吐自如，让人意识到举止优雅从容。让我们像绅士样注意自己的仪表吧！

有钱人更懂得节俭

古人曰："小富在俭，大富在天。"有钱人认为，大富靠把握机遇，小富必须靠勤俭节约。在通常情况下，大富都是从小富开始的，否则，你即使遇到了好的发财机会，也往往会因为没有最起码的资金，而眼睁睁地看着机会擦身而过。在现实生活中，仔细观察，你会发现，有钱人和他们所经营的公司非常注意杜绝浪费，严格管理支出。

在这方面，香港海产大王蔡继有就有独到之处。蔡继有生于1930年，原籍广东中山，祖先世代务农。由于家庭状况不佳，他在乡下读了两年书便辍学了，帮助父亲靠耕种和捕鱼捞虾过活。蔡继有排行最末，11岁时父亲病逝，遗下妻子儿女，一家人辛苦过活。回顾这段生活，蔡继有曾对人说："当时我们家中生活十分拮据，常常要靠有钱人施粥才能得到一餐温饱。"有钱人施粥的对象多以乞丐为主，可见当时的蔡家比乞丐强不了太多。这样的生活环境，不但没有磨灭蔡继有求上进的动力，反而促使穷人孩子早当家，很早就开始赚钱糊口，接触社会实务。

后来蔡家的孩子开始长大，兄长向村民收购水鱼、塘虱、虾和蟹等水产品拿到市场去卖，蔡继有则开始为一家鱼类批发商打工，每天把水产品用自行车驮到拱北去卖。这段做商贩的经历对日后的蔡继有十分宝贵，因为他当时不得不仰面对人，时时谦恭有礼，久而久之习以为常，形成了极佳的传统商人素养。

在做小商贩的过程中，蔡继有注意到做水产批发很好赚钱，便希望自己能得到一个行商证，把水产运到澳门去出售，这一愿望直到新中国成立后才实现。由于他出身成分好，得到政府的照顾，经一位朋友的担保他顺利地取得了行商证，这样他开始往来于大陆和港、澳之间。1950年，蔡继有又把水产运到香港去卖，赚到的钱都寄存在澳门的一些搞水产批发的朋友那里。此后不久他看上了澳门的经商环境，打算到澳门去发展。1954年获准后，他前往澳门开始了又一轮艰苦创业。

在澳门，蔡继有以每月10元的租金租了一小间门面房，一家人省吃俭用，煮饭用木糠代替烧柴，吃便宜的碎米，尽量俭省，将钱用于生意上的周转。在澳门他仍然干自己的本行，收购当地渔民的水产，用木船运到香港去卖。为了赶生意，早上4点钟蔡继有便乘船从澳门出发，直赴二环的贝介类市场，把虾、蟹等水产交给一些渔档出售，付人4%～5%的佣金。1956年，经过两年苦斗的蔡继有生意大有起色，便和妻子及三个子女搬到上环街，租了一间房外加一个床位，月租20元。但除此之外，蔡继有在生活上仍厉行节约，全力投在事业上。至1957年，蔡继有已在西环的贝介市场开起了渔档，自己做批发生意。

至20世纪60年代，作为后起之秀，蔡氏渔档已在西环贝介类市场独领风骚。渔档生意之所以发展得不错原因有二：一是蔡继有给鱼贩的收购价比较高，代售时又不"食价"；二是他对渔民亲切，态度谦恭，和气生财，这样就使蔡继有和渔民之间的关系远比其他渔档紧密，有什么意外大家也能开诚布公地关起门来解决。

有了较强的经济实力后，蔡继有便开始支援渔民。他借钱给渔民造船，渔民收获后则以1／10的收成予以偿还。这样，蔡继有就别开生面地培养了一个可以说是属于自己的作业队，保证了货源和进价的稳定，和渔民也更加亲似一家。这种商业行为，可以说也掺杂有蔡继有个人感情色彩的——他幼年生活困苦，三餐难继，非常同情贫苦大众的生活际遇，因此他对于渔民往往毫不犹豫地倾力相助。

蔡继有的口碑在渔民中越传越广，更多的渔民为了买船来向他借钱，他只要调查清楚，在能力所及范围内从未拒绝过，这就使得"蔡氏船队"的规模越来越大，支持着蔡氏的渔档在市场上一枝独秀。蔡继有本人也成了港澳渔民最崇敬的人，在海产业内一呼百应。不难想见，靠着这样的人气和背景，事业是不难成功的。

随着生意的扩大，蔡继有的雄心也在日益增大。

1965 年，蔡继有租用田湾一个 370 平方米的加工厂，把贝壳类的海产进行速冻加工，售给贸易商远销日本，扩展自己的事业。但是不久，蔡继有便十分不满中间商的盘剥——由于一直将销售任务托付给贸易公司，而贸易公司却以较低的价格买进，到了日本后再转手以高价卖出，大大降低了蔡继有的利润空间。由此，蔡继有开始想在日本建立属于自己的销售渠道，省略中间商，直接进入日本市场。但以他当时的财力而言，要创立这样一条销售渠道并使之完善还很难办到，于是他想了一个办法，决定直接参与中间商的竞争。中间商要获取利润，把货物运到日本后的卖价高于出厂价，而蔡继有因此便拥有直接的价格优势，更容易和日本商家建立合作关系。

1967 年的某一天，蔡继有拿了一袋虾样品径自去拜访三菱株式会社驻港负责人，希望能不经第三者将速冻海产运往日本，并答应只先收八成货价，直至对方收到货，验收之后再收余款。蔡氏那时无论人力还是财力都还说不上是个大商家，但他的低调作风和谦恭的经商态度，却与日本商界作风不谋而合，因此取得了三菱株式会社负责人的好感，三菱株式会社决定与蔡继有合作。蔡氏就这样成功地打开了通往日本的渠道。商界的人都知道，对于日本这种封闭式的市场，一般人是很难打入进去的，因而蔡继有这一成功顿使商界震动，成为 1967 年香港商界的"黑马"。

1967 年的迅速壮大，巩固了蔡继有的事业基础，使他得以抢先一步建立了从采购、加工到销售一整条初步完善的产业链，其中的每个环节都渗透着他的心血和智慧，尽可能地节省了支出，增加了利润。

20 世纪 80 年代中期，蔡继有拥有主要股权的新华集团又开始进军地产业，其产业遍及加拿大、美国、澳洲、中国内地及澳门地区。至 90 年代，其财产总值已超过 30 亿港元。但在他的生活上，一直严格要求自己，并没有因为自己钱多而奢侈浪费，生活非常节约。正是这些优秀的品质，才造就蔡继有的今天。

中国的有钱人是这样成就的，美国的有钱人也不例外。美国的市场调查专家斯坦雷在接受《美国新闻与世界报道》周刊采访时，就美国的富翁的成功的管理支出发表了精彩的言论。

百万富豪是怎样走上致富之道的呢？其实收入与财富之间并不能必然地画等号。当今的富豪们一般都有较为丰厚的收入，但是比收入更重要的是他们注意积敛财富而不随意挥霍。他们多半生活在他们所能够承受的生活水平之下。调查过的百万富豪的年平均收入为 13 万多美元，可是绝大多数每年没有花费到 10 万美元。在美国，百万富豪的年平均花费是在 6 万至 10 万美元之间。

百万富豪的生活方式一般是怎样的呢？说起来让人难以相信，许多百万富豪的生活方式非常俭朴。有一个富豪，其家产在 2500 万美元以上，他从来没有买过一辆新车。他们有 4 个孩子，但他却只有一套 3 居室的住房。他的两个儿子睡的是上下铺，而他自己则驾驶着一辆有了 5 年历史的沃尔夫车，这对一般的美国人来说都是不可想象的。另一位富豪是一个自雇自的 50 岁开外的医生。自从医学院毕业以来，他总共才驾驶过两辆车。当然这两辆车都是奔驰。他的第一辆车行驶了近 30 万公里，然后才在 6 年前买了他的第二辆二手旧车。还有一位富豪从来没有在外面吃过饭。他的妻子为他准备午餐，他自己用一个牛皮纸袋将其带到公司里去吃。30 年过去了，他的节俭的生活为他省下了不少金钱。

妨碍财富积累的最大天敌是什么？有钱人认为，是在无实用价值的东西上花费过多，比如衣物、外出就餐等。如果你是一位医生、律师、会计师或工商管理硕士，你总会觉得自己应该生活在一定水平之上——有一个与你身份相符的居住环境，有一辆价值不一般的轿车等。有这样的一位人物，他有多套价值在 2000 美元以上的西装。在他走出服装店之后这些每套 2000 美元的西装还值多少钱呢？还有一个年轻的股票经纪人，他每年可以挣到 8 万美元的收入，他想买一幢豪华的别墅。看过他的账单，他要购买的东西的价值正好是在银行能够贷款给他的最大限额边沿。是不是有了一个经纪人的职业或一个工商管理硕士的学历，就意味着必须过上奢华的生活呢？其实不是的。"美国半数以上的百万富豪住在中产阶级、蓝领阶层集中的地方或乡村地区。记者曾采访过这样一位富翁，当他们走进他家时，他们没能从他的衣橱里找到一套西装，这简直让他们感到无比的惊讶。他穿着一条破旧的牛仔裤，驾驶着一辆10年以上的二手旧车，与他高中同学的一些人，现在却住着豪宅、驾着豪华车、送孩子上私立学校。但是，这位先生告诉他们，他的这些同学并没有积存什么财富，其实只是有名无实的。

在现实的生活当中，富翁大多都还是非常节约的，可想而知大手大脚花钱的人怎么积累财富、怎么才能投资、怎么才能成为今天赫赫有名的有钱人呢？即使这种人侥幸地成了有钱人，他们也不会维持很久的。所以，必须明白自己的每一个阶段都不能忘记像成功人士一样管理自己的支出，不能忘却勤俭节约、艰苦朴素的优良传统，让这种美德在每个人身上都得到体现。

花钱是一门学问

唯有懂得金钱真正意义的人，才能致富。在现代社会里，一些人虽然能够很快致富，却不能很好地使用金钱。有钱人认为，对于金钱，不仅仅要取之有道，而且还要用之有度，科学合理地使用金钱，才能够让金钱发挥出更大的价值。其实，金钱本身没有力量，只是使用得当，才产生无尽的力量。花钱是一门学问，花钱花得有水平，就能享受到赚更多钱的畅快。

中国的温州人不仅极会挣钱，而且最会花钱。但对于温州人来说，不该花的钱误花一分都痛悔不已，难以自我原谅，因而绝不会与人比试着喝"人头马"、用钞票点烟吸；该花的钱一定要花，大把大把如流水，花干花净不顾惜，花干花净了也敢去借贷。

在成都，有一家由温州人开设的专门批发皮货的商店。他有一批比较固定的成都私营制鞋厂老板为客户。刚来成都那阵子，这个温州人的店铺规模很小。有个成都老板每次都是骑着自行车来，进几千元的皮货。一年后，这个温州人的店面扩大了。而那个成都老板也换了摩托车，但每次还是进几千元的货。又过了两年，这个温州人将小店铺扩大为皮货批发商场。而那个成都老板又来进货，开了部小汽车，但所进的货量仍然没有增加。

这个温州人很奇怪，便问那个成都老板："几年过去了，你怎么总是进几千块钱的货？"那个成都老板十分无奈地说："我的厂只有那么大的生产能力。"这个温州人有些不解："这些年你赚的钱都哪里去啦？"成都老板笑了："你没见我换了摩托，又换了汽车吗？老实给你讲，我上月刚换了套新房，花了20多万呢……你倒是生意越做越红火，大把大把的钱怎样花呀？"这个温州人笑而不答。

又过了两年，那个成都老板生产的低档鞋没了销路，只好转行卖皮鞋。有一次，他去温州进一批名牌高档鞋，却认出那家装备有意大利生产线的鞋厂厂长就是当年在成都卖皮货的温州人。两人见了面，老客户、老熟识，亲热高兴劲自然甭提了。这个温州人一时兴至，便领着那个成都老板参观自己的工厂，说："老弟，当年你不是问我把钱花到哪里吗？今天我可以告诉你，就花到这些设备上了。"那个成都老板非常吃惊。他自叹弗如，从心里敬佩这个温州人。

把赚来的钱投资到扩大规模，提高质量上，再去赚取更多的钱，这就是温州人的花钱观念，也是一种个性魅力的体现。温州人做事都有既定目标，既已确定目标，钱就用在了正路上，这正如韩信点兵多多益善——钱再多，他们也不嫌烫手，也有地方花。

下面的一些事例，反映有钱人是如何善于花钱的。顺达制衣公司的董事长唐磊，20多岁从西南师大中文系毕业后回老家温州当了机关干部，捧上了"铁饭碗"，坐上了"铁交椅"，但他上班没几天就辞职下了海。他重返四川，用了两年时间在成都华阳镇建起了颇具规模的顺达制衣公司。现在，他所生产的"金蛙"西服已获四川省政府授予的4项殊荣，并在四川设立了90多家专营店。当自己独创事业辉煌之际，香港登仕国际集团又找上门来，要唐磊担任"登仕"西服公司的四川销售经理，年薪20万元。这样一来，唐磊就多种销售一起抓，生意做得非常红火。有趣的是，作为一名成功的商人，唐磊年薪数十万，他却日常只吃盒饭，挤大巴，如同普普通通的打工仔一个样。这种做派其实是温州人的共性，很多温州人和唐磊一样，在个人生活开销上花钱很小气，但他们投资事业再多也舍得。他们把资本像滚雪球一样越滚越大。

在上海，温州人大气魄、大手笔的投资让商业同行无不咋舌和叹服。温州的均瑶集团、天正集团、德力西集团纷纷进沪。这也是一年当中的几个分镜头：在最繁华的南京路，温州日月集团斥资1．2亿元建造了上海名牌银楼，温州奥康集团南京路大型鞋店开了业，温州"珍珠王"丁美富在南京路上创建了"珍珠城"，温州华东电器集团斥巨资购进了上海新世界麾下的一幢大楼……

在北京，由地摊到店铺再到商业街，再到商场或商厦，温州人一路走来。一年当中，由温州人投资 2700 万元创办的龙渊商贸批发中心和投资 1800 万元的天顺综合批发商场开张；由温州王伟鉴等人改造修建的 1700 个摊位的商贸批发中心，年商品成交额 7 亿元以上；以温州人为经营主体的"京温服装市场"年成交额达 15 亿元……

由此可见，无论做什么生意，必要的花钱是少不了的。所谓小财不出，大财不入，就是此道理。如果一味地吝啬，该开支的不开支，就会因小失大，丢掉更大的生意。财富在于使用，而不是在于拥有，在现代社会里，创造财富的理念就是会赚钱，更须会花钱，展示自我的个性魅力。同样，会不会花钱，也能看出生意人是不是精明，有些人一味地吝啬，什么开支都想省下来，本来要开支 1000 元，总想用 800 元对付过去，结果钱没少花，在生意上还没给人留下好印象。而一些精明的生意人，该开支的，大大方方拿出来，绝不显出吝啬相，而表现出豪气冲天之气派，钱花得自然有效果。对于不该花的钱，那又绝对是铁公鸡，一毛不拔。这样才是地道有出息的生意人。

生活中，也有许许多多的人没有安静地坐下来，好好考虑考虑这些问题。但是，为了追求真正的成功，首先搞清楚自己对金钱的看法是十分重要的。花钱的滋味如何？下回在你掏腰包或填支票时，不妨留意一下，花钱的时候，你是有失落感还是有施与感？掏钱的时候，不妨注意一下你的心理状态。

如果有施与感，那是为什么呢？如果有失落感，那又是为什么呢？你觉得什么时候付出对你来说容易？什么时候付出又最困难？注意一下在用金钱交易的时候，你的态度如何？你是怎样想的？我们对金钱的态度，往往也就是我们对生活的态度。你是否能大大方方、爽快地付出？在接受别人的施予时，你感觉有困难吗？

有钱人认为，要使成功在自己的人生旅途中永远有位置，必须用中庸之道来涵养自己的性格。对金钱的欲望必须与长远目标相结合，要预先计划好储蓄、花销，制定投资计划。要善于运用计划、合约等，唯有这样才能出人头地。与金钱打交道、交朋友时，要弄清楚"钱能载舟，也能覆舟"的道理。这便是致富者要做的重要的准备工作。

有钱人告诉你：金钱本身并不会使我们快乐，只有在我们对其合理安排、正确使用后，才能使自己和他人尽情享用、快乐无比，同样，花钱也是个人魅力的一种展现。

因性格而富的有钱人

成功意味着许多美好、积极的事物，成功就是生命的最终目标，人人都想要成功，每一个人都想要获得最美好的事物。但这一切并不是谁想就能可以获得的，因为每个人的性格是不一样的，有的性格能够获得赚钱的机会，有的性格则容易导致贫困。有钱人认为培养完美的性格是必要的致富准备，与此同时，还要了解阻碍你致富的性格，不要因为性格而走向了致富的误区。

一、容易导致贫困与失败的 15 种性格

（一）消极

消极的人往往给人一种不慕名利的虚假印象，但其实在他的外表之下，是极度消极的心态。什么都不想，什么也不去做。即使有再强的能力，终生也将一事无成。更可怕的是他却自认为很聪明，什么都知道，什么也都能看透，因而看不起别人。他最容易老，他的晚景最凄凉，因为他习惯于感受贫困和失败。

（二）轻信

容易轻信的人，往往能给人一种有品格有修养的错觉，其实轻信是人性弱点。比如轻信朋友、轻信下属、轻信合作对象，包括轻信自己的智慧，或轻信知识、轻信实力、轻信权威、轻信判断、轻信机遇、轻信学历、轻信经验……甚至有人轻信神灵……要知道，做生意赚钱是一种个人目的非常明确的事，也是一种以利益为根本的事，同时又是冒风险的事。所以，轻信的性格最容易把利益拱手让给他人，或使成功毁于失误。

（三）保守

这种人的生活全凭过去的经验，没人走过的路他不敢走，没人做过的事他不敢做。这种人也许早已经看到自己的现状不如别人，甚至差得很远。但他们不是去创造财富以迎头赶上，而总是想到马失前蹄。因此，新的东西没有得到，旧的东西反而丢失了，这种人永远不敢向新生活迈进一步半步，不贫困才怪呢！

（四）懒惰

一是身体懒惰，二是大脑懒惰。身体懒惰的人光想不干，大脑懒惰的人光干不想。身体懒惰的人每次想到的都是不同的问题，说不准常常还会想出些新鲜的思想和念头，但什么都不干；大脑懒惰的人一辈子干的都是同样的工作，但从来不考虑去改变什么。这两种懒惰一般很少出现在一个人身上，因为身体和大脑同时懒惰，结局只有死亡。

（五）自私

不想奉献，只想占便宜，这种人最终不会获得成功和财富，而只能拥有自己——形影相吊，对影长叹。

（六）怯懦

这种人胆子特别小，总是怕这怕那。哪一种成功不冒风险呢？所以，这种人总是眼睁睁地看着别人发财，而自己急得在家里团团转，着急了就骂娘。

（七）狭隘

一是心胸狭隘，二是视野狭隘，三是知识结构狭隘。狭隘的人一般都有严重的自恋情结，这种性格的人，是很难与人和社会相处的，并且最容易伤害人。这种人是天生的失败者，没有外援，只好又贫又困。

（八）孤僻

赚钱就是把别人的钱变成自己的钱。不与人打交道的人，怎么可能赚到钱呢？

（九）骄傲

有一点成绩就忘乎所以，这种人也许会成功，但很快又会丧失他获得的一切。这种人最容易犯错误，每个错误都是他失败的积累。这种人的心理最脆弱，既经不起成功的喜悦，又经不起失败的打击。所以这种人的结局一般是与可怜和自卑相伴，消极混世。

（十）狂妄

这种人在哪儿都不受欢迎，尽管他的口气很大，能力也许很强，但是一定会招来周围的人群起而攻之，以致丢盔弃甲，兵败乌江，最终一无所有，成为可笑的堂吉诃德，精神失常，一边牛气冲天，一边扮演着生活乞丐的悲惨角色。

（十一）自以为是

自以为是的人，一般都处理不好与周围的人关系。与人处不好关系，就不能形成长久的合作。与人合作不好，怎么能做成大事？

（十二）冲动

冲动的人往往多情。一冲动起来就随便许诺，信口开河。但许诺不能兑现，会极大地损害自己的信誉；而一旦轻率地泄露了自己的经营秘密，别人就会乘虚而入。冲动还有一个缺点是轻易作决策，或突然决定干什么，或突然决定撤销什么计划。这种轻率的行为本身，很可能就是失败——根本不需要等到结局发生。

（十三）多疑

轻信的另一面是过分地多疑，这是商家之大忌。怀疑的最大特点是把能够帮助自己的力量冷落在一边，从而形成孤军奋战的艰苦局面，以致使成功离自己越来越遥远。

（十四）自满

自己的总是最好的，甚至认为自己应该成为别人效仿的标准。这种人不屑于与外界来往，他们根本不知道社会进步到什么程度，怎么可能有更高的追求呢？

（十五）知足

只要有吃有穿，腹饱体暖，就感到满足。这种人对生活没有一点欲求，怎么会创造财富与成功呢？

以上15种性格基本上包括了阻碍人们创造财富的主要性格，一定要改变这些不利的性格。只要有恒心，有毅力，我们完全可以改变这一切。

二、消除自卑成就大业

在世界上，有许多的人让自卑感缠身，尽管如此，如果我们采取正当的措施来克服这种自卑感，这种痛苦会轻而易举获得解脱。创造财富时，我们也会碰到这样的心理，有钱人认为，只有消除这种心理障碍，克服自卑感，自信地走在创富的道路上，成就一番创富的伟业。

曾有这样一个故事，有一天，成功学大师拿破仑·希尔在某市文化中心举行的实业家会议发表演讲，当他正在讲台上致辞时，有一名男子朝他逐步走近，而且诚恳地对他说："我有个相当要紧而严重的问题，不知是否能私下与您谈谈？"他听了这句话后，便答应等会议结束后再与他详谈。

这位男子向他说明："我准备在这个城镇开创自己这一生中最大的事业，如果成功的话，将对我产生无比的意义；但若不幸失败，我将会失去所有的一切。"

听了这番话后，希尔先安抚他，希望他能放松心情，接着委婉地对他说："并非每件事都能达到预期的理想结果。成功固然美好，但即使失败，明天的风仍是继续地吹着，希望依然存在。"

然而，男子愁容满面地说："但是，有件令我相当苦恼的事，我始终无法对自己产生自信。对于任何事我都没有把握，甚至无法确信自己是否真的能顺利完成一件事。通常，在事情尚未开始着手之前，我的意志便不由自主地消沉下来。事实上，目前我已相当泄气了。"他继续说着，"如今，我已是40岁的中年人，却一直受困于自卑感的烦恼，因此对自己总是持否定的态度，今晚聆听您的演讲，对于您所谈有关思考力量的问题，希望有进一步的了解，我想明白该如何做，才能对自己产生自信与肯定。"

希尔对这名男子作了这样的回答："有两个方法可以解决你的问题：第一是探讨无力感的来源。当然，若要找出源头，必得花费不少时间分析，但这是绝对必要的重要步骤。我们必须学习科学家的做法，以科学方法来探究这种生活病态的原因。不过，这件事绝不可能在短期内得到答案，再者也不可能在短时间内能得心应手地运用，这是一种为达到永久治愈目标的治疗法，因此对你的迫切需要并不适宜。但是还有一个方法可以临时应急，以解决你迫在眉睫的问题。我要给你开一贴处方，若能好好运用，想必能有效解决你的困难。"希尔继续向他郑重说明："今天晚上，当你走在街上时，不妨重复默念我将告诉你的这句话；等你回到家，躺在床上时，也要对自己重复说上几次。每天睡醒时，记得在起床前把这句话说上三次。倘若你本着虔诚的心意来做这件事，你将会获得足够的能力面对这个问题。当然，如果可能的话，尝试花些时间去进行分析问题的基础研究，是再好不过的事。但不论研究结果如何，我现在要赠予你这贴处方，它将在治疗上扮演着绝对重要的角色。"

这句话的内容是："虔诚的信仰给了我无比的力量，凡事能做。"

由于在此之前，这名男子并未听过这句话，因此希尔把这句话写在卡片上递给他，并请他大声复诵三次。然后，再次细心叮咛："那么，你就按照我刚才所说的去做吧！我相信一切将很顺利！"

这名男子站起身来，先是静静地站在原地，一动也不动，后来带着激动的表情与口吻对希尔说："好的，先生，我知道了！"

希尔看着他昂首挺胸的身影在夜幕中逐渐消失，尽管那身影看来仍有些悲伤的意味，但是端视他那昂然离去的姿态，仿佛无言地暗示信仰已在他的心中萌芽。

日后，这名男子曾感激地对希尔表示："这贴简易的处方确实为他缔造了奇迹。"此外他还强调："简直令人难以置信，想不到这么一小句话竟能带给人们这么大的效果！"

后来，这名男子也应用科学的研究方法，努力探究自己自卑感的原因所在。结果，终于去除长久以来的自卑感。最重要的是，他真正学会了应该如何拥有信仰，并恪守某些特定的训诲。他逐渐拥有强大、坚定不移的信心，现在任何事情对他而言都不再是难以掌握地困难了，而是完全可以由他来操控安排。这样的变化实在令人惊讶，大量事实的确如此。他的人格再也不似昔日般消极悲观，而是充满积极与斗志，现在这名男子不仅不会与成功绝缘，相反的，他已将成功拉向自己。尤其可以肯定的一点是，他已经对于自己本身的能力真正具有信心了。

有钱人认为，致富的过程中，不能对自己充满自卑，应该对自己充满了信心，相信胜利，相信成功，相信自己是移山的人，就会成就自己的事业。

◉ 有钱人懂得放弃 ◉

要懂得放弃，善于放弃，一旦一种方案或计划在执行的过程中遇到障碍，难以实行下去时，就要果断放弃方案计划，然后采取其他灵活有效的方法。在一条路上没有成功的可能前提下，学会放弃是一种明智的选择。因为放弃了这条路，或许会重新选择一次机遇。

有钱人认为在商业上，适时的放弃，也是企业营运的重要手段。放弃是为了调整产业结构，保留实力。在形势不明朗时忍耐一会，不急进；在经济萧条时，作必要的放弃，保证能渡过难关，到经济复苏时，再扩大投资。

怎样在逆境中保存实力，是企业家的一项挑战。在顺境时，拥有巨额资金，收购这个，收购那个，何等意气风发。顺境中能攻，固然要讲究眼光和魄力；同样，在逆境中能守，也需讲究眼光和魄力。能攻能守，才称得上商业的全才。

要攻而获利，需靠准确的形势分析，掌握有利时机；要退而能保存实力，也得靠准确的形势分析。

李嘉诚投资地产，能攻能守，对攻守时机判断准确，已为业内公认。且看他在 1982 年股市地产陷入低潮之前，怎样评估形势，做出暂退的部署。

1982 年到 1984 年，全球经济不景气，对香港造成严重的冲击，工业衰退，股市暴跌，地产也一落千丈。结果，令投资地产者蒙受巨额的损失。

与此相反，李嘉诚的长江公司则采取稳健政策，暂时放弃，结果安然渡过这次经济危机，这得靠李嘉诚对形势的判断，独具慧眼，预见到地产业面临世界经济衰退和长期利息高涨的压力，1982 年将会大幅向下调整，并据此做出暂退的部署。

有描写李嘉诚的书这样说过："他发觉形势不妙，就从 1980 年开始，一方面尽量减少，甚至停止直接购入地皮；另一方面加速物业发展，尽快出售。目的是令各个公司的负债日益减少，现金充足，以应付任何意外的风波。"

挪威的船王阿特勒·耶伯生出生在卑尔根的一个殷实家庭，其父克列斯蒂·耶伯生是当地的一个小船主，家庭经济生活比较富裕。他开始在一所教会学校读书，后就学于英国剑桥大学。毕业后，曾到奥斯陆、汉堡和纽约做过商业经纪人。

受家庭环境的影响，耶伯生从小就接受实业思想的熏陶。因此，早在青年时期他就表现出做生意的才能。1967 年 8 月，他父亲在旅游途中因出车祸而丧生，31 岁的耶伯生继承了父亲的产业，开始管理一家船业公司。从此他走上了经商的道路。

经过十几年的艰苦奋斗，耶伯生公司已从原来只有 7 条船的小公司，变成了拥有总载重量达 120 多万吨的由 90 条船组成的大型船队，并且在世界各地的油田、工厂和其他项目中拥有大量投资。目前，他到底有多少财产，连他自己也说不清楚："我唯一能说清的是，接受保险的财产大约是 57 亿克朗。"他的船运公司曾获得"挪威 1977 年最佳企业"称号，这在挪威航运界是独一无二的。

耶伯生父亲在世时曾尝试经营油船，在他接管一年后就果断决定卖掉油船，放弃运油行业。他的理由是：当时的船运公司没有实力，命运操纵在石油大亨们的手中。如果把本钱的大部分压在两三条大油船上实在没有把握。耶伯生退出运油业后，迅速将资金投在散装货物的运输业上，并与工业部门签订了长期的运输合同。

事实证明，耶伯生的分析判断是极其正确的。油船脱手后，虽然他没有领受 1973 年石油运输短暂兴旺的好处，但是当石油运输的投资家们在 70 年代中期连遭厄运打击时，他却稳如泰山，丝毫无损。

他以长期合同为基础，逐渐增置了 6 千吨至 6 万吨的散装船，为大企业运输钢铁产品和其他散装原料，积累了雄厚的资本。

耶伯生主张，发展挪威的航运业，必须面向世界，走向世界市场，如果把眼光仅仅停留在国内的航运业，将会自我消亡。有钱人致富的信念是：必须坚决走出去，放弃过去的，哪里有可利用的资本，就到哪里去。这就是有钱人取得成功的最关键之处。

有钱人心态好

现实生活中，有些人由于没有良好的心态，在遇到困难和挫折时便丧失斗志，从此畏缩不前。任何困难和挫折都是暂时的，在创造财富的道路上没有平坦的大道，只有不畏惧艰难困苦，沿着陡峭山路攀登的人，才有希望达到光辉的顶点。不打持久战，绝不可能获得重大的成就。因此，有钱人认为，当遇到困难时，千万别徘徊、别沮丧，只要努力地付出，总会拥有你自己一片蔚蓝的天空。

这是一个成功商人的故事，有件事一直让他深刻地记得，那是 1943 年的冬天，这个冬天深深地刻在了这位犹太商人的记忆深处，是他一生中最难以忘怀的。

当时，父亲的去世使他对那渗透他柔嫩、幼弱的身躯，由肉体达到心灵深处的酷寒感到不堪忍受，更使他觉得整个世界像一座巨大且黑暗的冰窖，似乎人世间的最后一丝温暖也被父亲带走了。

然而，即使这样，他还是咬紧牙关、鼓足勇气，他希望自己能够带领全家平安地度过这个肃杀凄凉的冬天。

为了安葬父亲，他含着眼泪去买坟地。按照当时的交易规矩，买地人必须付钱给卖地人之后才可以跟随卖地人去看地。卖地给他的，是两个德国人。他将买地钱交给他们之后，便半步都不肯离开，坚持要看地。山路出奇地泥泞，不时夹带着雨点，寒意逼人的北风迎面而来……

仍旧沉浸在失去父亲巨大的悲痛中的他，想着连日来和亲戚朋友一起东奔西走，总算凑足了这笔安葬父亲的费用。想着自己能够亲自替父亲买下这块坟地，心里总算有了一丝慰藉。

这次买地葬父的几番周折，深深地铭刻在他的记忆深处，使他受到了一次关于人生、关于社会真实面目的教育。他暗下决心，不管将来创业的道路如何险恶，不管将来生活的情形如何艰难，他决定勇敢地走出自己心中的凄凉，战胜生活，同时也战胜自己，为家人和自己开拓更广阔的天空，以至于后来他成了一名著名的商人。

上述事例说明，决胜的关键往往在于冲破我们心中的那一道墙。

很多人花费许多力气去找寻"无法成功"的原因，其实自我设限就是主因，因此人们常说："自己是自己最大的敌人。"想要走向成功，自己就必须往前跨出步伐，勇于突破并且超越现状。

突破自我围墙最重要的一点，就是面对现实，确实地了解自我并认清环境，在自我与环境中摸索出突破的方向，这必须给予优先考虑。

人要做自己喜欢做的事，也就是有意义的事，在每一个阶段，寻求每一个阶段最有意义的事。"有意义的事，是永远没有终点的"，不是对职位、金钱的积极追求，而是一种使命，它可以使行动的热情永不枯竭。

史密斯·迪克是美国最受尊敬的法官之一，但他小时候却是个懦弱的孩子。

迪克在密苏里州圣约瑟夫城一个准贫民窟里长大。他的父亲是一个移民，以裁缝为生，收入微薄。为了家里取暖，迪克常常拿着一个煤桶，到附近的铁路去拾煤块。迪克为必须这样做而感到困窘。他常常从后街溜出溜进，以免被放学的孩子们看见。

但是，那些孩子还是时常看见他。特别是有一伙孩子常埋伏在迪克从铁路回家的路上，袭击他，以此取乐。他们常把他的煤渣撒遍街上，使他回家时一直流着眼泪。这样，迪克总是生活在或多或少的恐惧和自卑的状态之中。

有一件事发生了，这种事在我们打破失败的生活方式时总是会发生的。迪克因为读了一本书，内心受到了鼓舞。从而在生活中采取了积极的行动，这本书是荷拉修·阿尔杰著的《罗伯特的奋斗》。

在这本书里，迪克读到了一个像他那样的少年的奋斗故事。那个少年遭遇了巨大的不幸，但是他以勇气和道德的力量战胜了这些不幸。迪克也希望具有这种勇气和力量。

这个孩子读了他所能借到的每一本荷拉修的书。当他读书的时候，他就进入了主人公的角色。整个冬天他都坐在寒冷的厨房里阅读有关勇敢和成功的故事，不知不觉地树立取了积极的心态。

在迪克读了第一本荷拉修的书之后几个月，他又到铁路上去拣煤。有一次，隔着一段距离，他看见三个人影在一栋房子的后面飞奔。他最初的想法是转身就跑，但很快他记起了他所钦佩的书中主人公的勇敢精神，于是他把煤桶握得更紧，一直向前大步走去，犹如他是荷拉修书中的一个英雄。

这是一场恶战，三个男孩一起冲向迪克。迪克丢开铁桶，坚强地挥动双臂，进行抵抗，使得这三个恃强凌弱的孩子大吃一惊。迪克的右手猛击到一个孩子的嘴唇和鼻子上，左手猛击到这个孩子的胃部。这个孩子便停止打架，转身溜跑了，这也使迪克大吃一惊。同时，另外两个孩子正在对他进行拳打脚踢。迪克设法推开了一个孩子，把另一个打倒，用膝部猛击他，而且发疯似的揍他的腹部和下巴。现在只剩一个了，他是孩子头，已经跳到迪克的身上，迪克用力把他推到一边，站起身来。大约有一秒钟，两个人就这么面对面站着，狠狠瞪着对方，互不相让。

后来，这个小头头一点一点地退后，然后拔腿就跑。迪克也许出于一时气愤，又拾起一块煤炭朝他扔了过去。

迪克这时才发现鼻子挂了彩，身上也青一块、紫一块。这一仗打得真痛快。这是他一生中重要的一天，那一天他已经克服了恐惧。

迪克并不比去年强壮多少，那些坏蛋的凶悍也没有收敛多少，不同的是他的心态已经有了改变。他已经学会克服恐惧，战胜心魔，不怕危险了，再也不受坏蛋欺负。从现在开始，他要自己来改变自己的环境，他做到了。

在创富的过程中，要努力改变和完善自我的性格，培养完美的致富性格。勇于面对考验我们的环境，努力奋斗，才会把握住更多的机会，困难迫使我们向前进，否则我们将停滞不前。它会引导我们通过考验，获得成功。未经磨难，则无法得到任何价值的东西。简单的事情每个人都能做到，而成功必须经历一番艰苦的奋斗才能实现。人生是不断奋斗的过程，要勇于面对各种困难，克服困难，迎接各种挑战。

第十三章

金钱不是最重要的

　　生命有限，事业无限；金钱有价，真情无价。庸俗的人往往只知道以有限的生命去追逐物质财富，而又被金钱所累，成为守财奴；高尚的人则以有限的生命去创造财富，而又以此谋求造福千百万人的事业。他们重创造、重奉献、重付出、重给予，这种助人为乐、慷慨大方的精神值得人们去颂扬，他们也应该获得美好的祝福。现实生活中，有钱人大多属于后一种人。

有钱人的财富装在脑袋里

曾有则笑话，谈的是智慧与财富的关系。

两个人在交谈：

"智慧与金钱，哪一样更重要？"

"当然是智慧更重要。"

"既然如此，有智慧的人为何要为有钱人做事呢？而有钱人却不为有智慧的人做事？大家都看到，学者、哲学家老是在讨好有钱人，而有钱人却对有智慧的人摆出狂态。"

"这很简单。有智慧的人知道金钱的价值,而有钱人却不知道智慧的重要。"

这则笑话实际上也就是"智者说智"。

他们的说法不能说没有道理，知道金钱的价值，才会去为有钱人做事，而不知道智慧的价值，才会在智者面前露出狂态。笑话明显的调侃意味就体现在这个内在修养之上。

有智慧的人既然知道金钱的价值，为何不能运用自己的智慧去获得金钱呢？知道金钱的价值，但却只会靠为有钱人效力而获得一点带"嗟来之食"味道的酬劳，这样的智慧又有什么用，又称得上什么智慧呢？

所以，学者、哲学家的智慧或许也可以称为智慧，但不是真正的智慧。在金钱的狂态面前俯首帖耳的智慧，是不可能比金钱重要的。

相反，有钱人没有学者之类的智慧，但他们能驾驭金钱，有聚敛金钱的智慧，有通过金钱去役使学者智慧的智慧。这才是真正的智慧。

这样一来，有人会说，金钱岂不成了智慧的尺度，变得比智慧更为重要了。其实，两者并不矛盾：活的钱即能不断生利的钱，比死的智慧即不能生钱的智慧重要；但活的智慧即能够生钱的智慧，则比死的钱即单纯的财富——不能生钱的钱——重要。那么，活的智慧与活的钱相比哪一样重要呢？我们都只能得出一个回答：智慧只有化入金钱之中，才是活的智慧。钱只有化入了智慧之后，才是活的钱；活的智慧和活的钱难分伯仲，因为它们本来就是一回事。它们同样都是智慧与钱的圆满结合。

智慧与金钱的同在与统一，使商人成为最有智慧的商人，使商人的生意经成了智慧的生意经！

真正有智慧的有钱人，懂得金钱的价值，懂得如何用自己的知识来获取金钱，用自己的知识来创造现实社会的财富。

有钱人对待那些整天只知道学习的人的看法是："这些人过度钻研学问，以至于无暇了解真相。"他们甚至这样看待死读书的人："学者中也有类似驴马之人，他们只会搬运书本。学者中有人被喻为载运昂贵丝绸的骆驼，但骆驼与昂贵的丝绸是毫不相干的。"这样说来，他们只是书籍的搬运工而已，根本算不上是有知识的人。真正有知识的人就应该把自己所学的知识和实践联系起来，在实际的生活中，创造出他所能创造的价值。

财富不光是钱，也不光是财产。财富是智慧，财富是力量，财富是智慧和魄力的结晶，财富是物质和精神的统一。

有些人的财富装在脑袋里，有些人的财富装在口袋里，财富装在脑袋里的人才是真正的富翁。财富的源头是智慧。有智慧的人，赤手空拳也可以创造财富。

许多人拥有智慧，但是他们的智慧都没有用来创造价值，所以他们始终是十分贫困的。有钱人认为，应该运用知识来获得智慧，而且应该学习那些真正的智慧，可以赚钱的智慧。

一次，美国福特汽车公司的一台大型电机发生故障，公司的技术人员都束手无策。于是公司请来德国电机专家斯坦门茨，他经过检查分析，用粉笔在电机上画了一条线，并说："在画线处把线圈减去16圈。"公司照此维修，电机果然恢复了正常。在谈到报酬时，斯坦门茨索价一万美元。一根线竟然价值一万美元！很多人表示不解。斯坦门茨则不以为然："画一条线只值一美元，然而，知道在哪里画线值9999美元。"

这就是知识的价值。

有智慧的有钱人敢于为自己的知识喊价，这也是他们善于把知识转化为金钱的聪明之处。

财富不是有钱人的最终目的

金钱可以占据一切，但切莫让他占据你的头脑。"不要让你拥有的东西占据了你的思想感情。"许多人一生追求金钱，并认为自己曾拥有一切，事实上却什么也没有。有钱人认为，金钱本身并不是罪恶，对于金钱的贪婪之心和无止境的占有欲，才是万恶之源。谁都希望金钱越多越好，但要由你来支配它，而不能由它来支配你，这里就有这样一个故事。

1979年，历经92个春秋的富翁希尔顿安详地离开了人世。"希尔顿饭店帝国"在其次子威廉·巴伦·希尔顿的领导下，仍遵循着他的经验和原则健康顺利地发展着。

希尔顿不仅给他的子女、给社会留下庞大的企业帝国和亿万的财产，而且还留下了独树一帜的管理经验和弥足珍贵的精神财富。

他认为每个人志向要远大，必须怀有梦想，而且必须是博大的梦想。伟大的事业与鼠目寸光是格格不入的。许多人一事无成，就是因为低估了自己的能力，妄自菲薄，以至于缩小了自己的成就。

希尔顿曾举例说，一块价值5元的生铁，铸成马蹄铁后可值10.5元；如果制成工业上的磁针之类可值3000多元，如果制成手表发条，价值就是25万元。人们都应该对自己抱最大的人生希望，展现自己的最大价值。空想是白日做梦，永远难以实现，是懒汉和懦夫的消遣，而梦想是指以热诚、精力、期望和行动为后盾，一种具有想象力的思考。

希尔顿不是空想，他一生都爱做梦，一生都在做梦，他一生的事业可以说就是寻梦的历程。从政治家梦、银行家梦到经营莫布利旅店时的饭店大王之梦，那些充满想象力的梦想成了他行动的先导、精神的支柱。随着事业的发展，他的梦想也越来越多，越来越大。他追逐着梦想，把一个个美梦变为现实。

他还认为要发掘自己独到的才智，只有发掘出自己独具的才能，走一条最适于自己发展的道路，才能一步步走向成功。他说："华盛顿起初也不过是个验货员，毛姆提笔写作前读的是医学；史怀哲30岁以前是个神学家、音乐家，他毅然辞去神学院教授的职务去研读医学，最后将一生贡献给非洲的丛林，行医救人，他们最终都找到了能充分发挥自己才智的事业，从而走向成功。"

希尔顿作为出身于偏僻小镇的小商人的儿子，没有受过高等教育，没有成为梦想中的银行家，却在饭店业中建起了一个庞大的帝国，这一切都要归功于他的远大梦想和对饭店经营才华的发掘。

人活着就要热忱、执着，希尔顿15岁的时候，对他的同龄人，被誉为世界第八奇迹的海伦·凯勒产生了强烈的崇拜心理。一个出生第二年就又瞎、又聋、又哑的姑娘，从小就生活在无光、无声的世界中，可就是这样一位姑娘，居然读到雷多克利夫学院。希尔顿把她作为自己的偶像，在笔记本上抄下了她的名言："乐观是通向成功的桥梁，没有希望就一事无成。"热忱是一种无穷的动力，任何才华、能力、天赋都要借助热忱的动力，才能发挥到极点。

尊重别人，决不轻视任何人，这是希尔顿成功的一条重要的经验。在他事业生涯的任何一个阶段，他的身边总是聚拢着一批优秀的人才。他们中的许多人，既是希尔顿帝国的高级管理人员，又是希尔顿本人亲密的朋友。

希尔顿正是参透了这一点，为梦想而努力，为更好地发掘才智而奋斗，而不仅仅是为了财富。所以他很少为一次两次的失败而无力自拔，也从来没有因为腰缠万贯而丧失了进取的精神。他就是这样，财富是人生的一个目标，但不是最终的目的。

善举也是一种财富

假如有一天钱赚得够多了，你就会感觉到钱并非很重要。这句话显得很有禅味，一般人是没法体会的。但如果我们了解有钱人的生存背景以及文化渊源，我们就会有所理解。事实上，有钱人是最懂得赚钱的，同时，又是最懂得花钱的，在他们看来，金钱的用处各种各样，这其中也包括慈善用途，因此，他们在想做什么好事时，可以说做就做。

辩证地看，有钱人如此乐于做善事，事实上也是一种生意经。他们大量地捐资为所在地兴办公益事业，会赢得当地政府的好感，对他们开展各种经营十分有利。有些富商由于对所在国的公益事业有重大义举，获得了国王的封爵，如罗思柴尔德家族有人被英王授予勋爵爵位；有些犹太商人还获得当地政府给予优惠条件开发房地产、矿山、修建铁路等，赚钱的路子从中得到扩宽。

他们明白，企业与社会的关系，就好像鱼与水的关系。有的人经商办企业，只顾自己赚钱，挥霍享受。这种人往往由于胸怀欠宽，到头来不见得能把企业办大。而一些大企业家在事业取得一定成功之后，总忘不了回馈社会，积极主动地去承担社会责任。

有钱人的这种以善为本的情怀是许多优秀的商人所固有的。例如，台湾富翁王永庆在这方面也总是不遗余力，堪称典范。从某种意义上说，这也是他赖以取得成功的一种内在素质和基本功夫。

1984 年，王永庆和弟弟王永合捐了 1 亿元给社会福利事业，创下私人捐款的最高纪录。

1986 年，王永庆 70 岁时，做了几件有益社会的大事。

当年，台湾地区很多患者需要捐赠器官以挽救生命，可是台湾人传统有全尸的观念，不肯把器官舍弃，一定要带着完整的身体入土。他知道了后，公开宣布，在 5 年内，所有在死亡后捐出器官遗爱人间的人，他将赠给 10 万元作为丧葬补助费，钱虽然不多，但是对提倡捐赠器官的风气却有正面的作用。

在非营利性事业方面，王永庆先后成立了明志工业、长庚纪念医院、生活素质研究中心等，都是以台塑模式来进行管理，因此成效卓著，成为同业中的佼佼者。

在回馈社会，兴办公益事业方面，长庚医院可谓是王永庆的一大手笔，深得台湾人民赞赏。

长庚医院的设置，大大提高了当时的医疗科技水平。

创院时向外招来寥寥几个的医护人员参与开拓工作，其后每年接收实习医师，自行培养成住院医师，最后使其成为主治医师，至今其主治医师人数已达七百多人，构成了非常坚强有力的阵容。后来院方评估嘉云地区医疗资源严重不足，企业又有建厂计划，因而接受企业方面的请求，为了回报社会，王永庆决定前往设置医院，以满足当地的医疗服务需求。王永庆谈到，依据经验，在贫瘠的麦寮地区要提高医疗水准，并兼顾各方面的条件，必须设立一所具有一定规模的医学中心，除了提供当地的医疗服务外，从彰化以南到台南以北，在此一地区内的医疗机构也可以和长庚纪念医院相互配合支援，协同提升整个地区的医疗水准，充分发挥正面效果。

王永庆竭尽心力回报社会的行动，得到了大家的认同，在他的心中，善举其实也是一种财富，只是这种财富是精神的财富，让人们的精神得到了一种快乐。同时他的善举也带动了一大批事业有成的富商人士慷慨倾囊兴办公益事业。

◎ 与社会共享财富 ◎

如果你研究过有钱人的创富过程，你会发现他们总是在和别人分享财富。

这些人对于他们的成功有着深深的感激，非常了解他们的责任。值得注意的是，并不是说所有有钱人应该负责处理他们的钱，而是说所有幸福的有钱人，应该以负责的态度处理他们的钱。

有权利及有本事赚很多钱的人，也有义务关心那些收入较少的人。钢铁巨头卡内基有句话刚好切中要点："多余的财富是上天赐予的礼物，它的拥有者有义务终其一生将它运用在社会公益事业上。"

当一个人的资本达到了一定数量时，从某种意义上说，这个资本已不仅仅属于他个人，更属于整个社会。

许多持有消极心态的人常说："金钱是万恶之源。"而有钱人说："贪钱是万恶之源。"这两句话虽然只有一字之差，含义却有着很大的差别。

随着社会的不断发展，人们对生活水平的要求不断提高。现实生活中，我们每个人都承认，金钱不是万能的，但没有金钱却又是万万不行的。在现代社会中，金钱是交换的手段。金钱可用于干坏事，也可以用于干好事。说到这里不能不提到下列这些人：亨利·福特、威廉·里格莱、约翰·洛克菲勒、安德鲁·卡内基。

这些人建立了一些基金会，直到今天，这些基金会还有总计10亿美元以上的基金，基金会拨出的金额专用于慈善、宗教和教育。这些基金会为上述事业捐助的金额每年超过了2亿美元。

这些人之所以伟大，是因为他们能同别人分享他所拥有的金钱，同时也就与社会分享了其他财富。

在20世纪之初，许多曾使美国工业蓬勃发展的大人物开始陆续离开人世，他们的庞大家产将落在谁的手中，不少人都极为关心。人们自然也以极大的热情关注着小洛克菲勒。

此时，在老洛克菲勒晚年最信任的朋友和牧师的建议下，老洛克菲勒已先后分散了上亿巨款，分别捐给学校、医院、研究所等，并建立起庞大的慈善机构。

这就给小洛克菲勒提供了一个机会，他也牢牢地把握住了这一机会。

1901年，小洛克菲勒应慈善事业家罗伯特·奥格登之邀，和50名知名人士一起乘火车考察南方黑人学校，回来后写了几封信给父亲，建议创办普通教育委员会。老洛克菲勒在接信后，就给了1000万美元，一年半以后，继续捐赠了3200万美元。在往后的10年里，捐赠额不断增加。

在洛克菲勒的慈善机构中，小洛克菲勒最关注并最有情感的是社会卫生局。

1909年，纽约市长竞选活动中一个主要的争论问题是卖淫问题，结果成立了一个大陪审团调查买卖娼妓的生意。被人们看作"好好先生"的小洛克菲勒，应邀当上了这个大陪审团的陪审长。

他接受任务后，就把全部精力都扑上去，不分白天黑夜地工作，搞出了一份详细报告。报告建议组织一个委员会来处理这个社会弊病，但纽约市长拒绝成立委员会，于是小洛克菲勒决定自己干下去。

1911年，他建立了社会卫生局，投资50多万美元。

小洛克菲勒最大的一项义举是捐出5260万美元恢复和重建了整整一个殖民期的城市——弗吉尼亚州殖民时期的首府威廉斯堡。那里的开拓者们曾经最早喊出"不自由，毋宁死"的口号。

小洛克菲勒说："给予是健康生活的奥秘……金钱可以用来做坏事，也可以是建设社会生活的一项工具。"

有钱人认为，拥有无数的钱是你的资本，然而，你可以做出更加伟大的决定——与社会共享你的财富。这样，你会生活得更加愉悦。